Mit sozialistischen und anderen Grüßen

Porträt einer untergegangenen Republik
in Alltagstexten

D1987278

Dr Walter Fiedler

Seit dem Fall der Mauer und dem "staatlichen Vollzug der deutschen Einheit" hat sich die Alltagsrealität der DDR-Bürger radikal verändert. Sie wurden mit neuen Eigentumsverhältnissen, Konsumangeboten, Ämtern und Gesetzen konfrontiert. Pläne, Losungen, ja Urkunden, Verträge und selbst Zeugnisse waren plötzlich Makulatur.

Wer erinnert sich noch an den Wortlaut von Kindergartenliedern und Lesebuchtexten, vom Pioniergelöbnis oder von der Rede zur Jugendweihe? Wie setzte man sich mit Behörden und Funktionären auseinander? Wie begründete man den Antrag für eine größere Wohnung und ein Telefon? Was stand in Brigadetagebüchern und Protokollen von Debatten über "die Erhöhung der Effektivität mittels Rationalisierung" oder über realistische Kunst? Wie sahen Ehrenbanner der SED und Glückwunschschreiben des Kollektivs zur Silberhochzeit aus?

Ruth Reiher und ihre Mitarbeiterinnen haben solche und viele andere Texte, Gespräche sowie zahlreiche Dokumente gesammelt. Manche Aussagen entpuppen sich im nachhinein als reine Phrase, über gewisse Parolen kann man vielleicht schon wieder lächeln. Neben treffenden Urteilen finden sich naive, neben Klischees originelle Formulierungen, die dem offiziellen Kanon widersprachen.

Vielen werden die Texte und Faksimiles heitere Erlebnisse oder bittere Erfahrungen in Erinnerung rufen, anderen Anlaß zu nostalgischen Rückblicken sein. Nicht wenigen dürften sie überraschende Einblicke in die Lebensumstände und die Alltagssprache in einer untergegangenen Republik gewähren.

Ruth Reiher, geboren 1938, Studium der Germanistik und Geschichte, Promotion und Habilitation auf dem Gebiet der deutschen Gegenwartssprache. Lehre und Forschung zur deutschen Sprache des 19. und 20. Jahrhunderts. Professorin für Sprachwissenschaft an der Humboldt-Universität zu Berlin. Mitherausgeberin des Bandes "Wer spricht das wahre Deutsch?" (AtV 1993).

Mit sozialistischen und anderen Grüßen

Porträt einer untergegangenen Republik in Alltagstexten

Aufbau-Verlag

Herausgegeben von Ruth Reiher
unter Mitarbeit von
Antje Baumann
Sabine Grünert
Christine Willig

Mit 53 Abbildungen
ISBN 3-351-02436-3
2. Auflage 1996
© Aufbau-Verlag GmbH, Berlin 1995
Einbandgestaltung Torsten Lemme
Typographie Werner Heinrich
Printed in Germany

Inhalt

Vorwort

> „Es gibt ein lebendigeres zeugnis über die völker als knochen, waffen und gräber, und das sind ihre sprachen. Sprache ist der volle athem menschlicher seele, wo sie erschallt oder in denkmälern geborgen ist, schwindet alle unsicherheit über die verhältnisse des volks, das sie redete.“
>
> (Grimm, Jacob: *Geschichte der deutschen Sprache,* Bd. 1, Leipzig 1848, S. 5)

Wie haben die Menschen in der DDR tatsächlich geschrieben und gesprochen, wie haben sie ihr Leben sprachlich gestaltet? Inwieweit haben sie sich der offiziellen sprachlichen Norm und damit vorgefertigten Mustern angepaßt, wann sind sie kreativ mit ihrer Sprache umgegangen? Antwort auf solche und andere Fragen gibt diese Zusammenstellung von mehr als 300 authentischen Texten und Gesprächen aus dem Alltag in der DDR.

Die Gliederung folgt den Stationen eines Lebens, die Auswahl beginnt also mit einer Geburtsurkunde und endet mit einer Todesanzeige in der Zeitung. Von Kindheit und Schule, Lehre und Studium, Familie und Arbeitsleben bis hin zum Alter sind nahezu alle Bereiche berücksichtigt. Neben Heiratsannoncen, Kinderliedern, Schulbuchtexten, Tagebuchaufzeichnungen und Mietverträgen erscheinen Urkunden und private Dialoge, Zeugnisse, Beurteilungen, Lebensläufe; Kochrezepte, Gebrauchsanweisungen; Anträge sowie deren Ablehnungen und nicht zuletzt Eingaben als Stimmen der Kritik. Alle Texte sind zwischen dem 7. Oktober 1949 und dem 3. Oktober 1990 entstanden.

Da Sprache auch Kultur und Mentalität spiegelt, besitzt diese Sammlung von Dokumenten kultur- und sozialhistorische Relevanz. So läßt sich aus den Texten der „gerade Weg“ des „typischen DDR-Bürgers“ rekonstruieren: von Kindergarten und Schule, Pionier-, FDJ-Organisation und Jugendweihe, über Autoanmeldung und Einkaufsstreß bis hin zur Betreuung im Alter durch die Volkssolidarität. Hindernisse und Sackgassen werden nicht ausgespart – sei es die Verweigerung eines Studienplatzes, das Streitigmachen einer Wohnung oder jahrelanges Warten auf einen Telefonanschluß.

Entsprechend den Erfahrungen, die der einzelne mit dem Staat DDR gemacht hat, wird er in dem einen oder anderen Text eigene Erlebnisse, Gedanken und Empfindungen wiedererkennen und feststellen „So war's!“. Andere Texte hingegen, die nicht zu seinem Erfahrungsbereich gehörten, wird er kopfschüttelnd mit der Bemerkung zur Kenntnis nehmen „Das gab's auch?“. Denjenigen, die die DDR nur aus der Außenperspektive betrachtet haben, will diese Dokumentation Auskunft geben über einen Alltag, den sie selbst nicht kennengelernt haben, sich aber dennoch häufig berufen fühlen, ihn zu be- oder verurteilen.

In Betracht gezogen werden muß, daß es sich um „Texte aus einer untergegangenen Republik“ handelt. Die konkreten Produktions- und Rezeptionsbedingungen sind mit diesem Staat verschwunden und nur noch bedingt nachvollziehbar. In die Bewertung der Texte werden folglich Kenntnisse und Einsichten, aber auch Vorurteile eingehen, die sich in den letzten Jahren herausgebildet haben.

Zwei Eigenschaften vor allem prägten das Kommunikationsverhalten des DDR-Bürgers. Das waren als typische Rezeptionshaltung die Kunst des „Zwischen den Zeilen Lesens“ sowie das Überlesen sich wiederholender, ritualisierter Worthülsen. Zwischen den Zeilen zu lesen war notwendig, um z. B. aus der beschränkten und einseitigen Medienberichterstattung notwendige Informationen herauszufiltern. Die nichtssagenden Allgemeinplätze förderten die Technik des Überlesens und Überhörens. Das Schönfärben der eigenen Verhältnisse und das nicht weniger lebensfremde Schwarzmalen der Verhältnisse außerhalb der „heilen“ Welt des Sozialismus lösten einen Abstumpfungseffekt aus. Trotz oder gerade wegen der ständigen variationsarmen Wiederholungen sank die individuelle Bereitschaft, Botschaften aufzunehmen. Die Technik des Überlesens und Überhörens war so ausgeprägt, daß auch bestimmte Wahrheiten z. B. über den bundesdeutschen Alltag kaum mehr zur Kenntnis genommen wurden.

Darüber hinaus wurde dem DDR-Bürger die Fähigkeit zugeschrieben, problemlos zwischen offiziellem und nicht-offiziellem Sprachgebrauch umschalten zu können. Dieses sogenannte Codeswitching ist aus meiner Sicht kein DDR-typisches Phänomen. Diskrepanzen zwischen öffentlicher und privater Kommunikation lassen sich in allen Gesellschaften feststellen, sie waren in der DDR allerdings besonders ausgeprägt. Die Alltagssprache hob sich so deutlich von der offiziellen ab, daß man fast von einer „anderen“ Sprache reden konnte. Nominale Wendungen des Typs „Auf der Grundlage der Richtlinie zur Verleihung von Namen an Einrichtungen des Gesundheitswesens ...“ wechselten mit substantivischen Doppelungen wie „Stärke und Unbesiegbarkeit“, „Aneignung und Verbreitung“. Durch die Häufung von *-ung*-Bildungen wie „Die Vorbereit*ung* und Durchführ*ung* dieser Überprüf*ung* ... diente der Entspann*ung* und Friedenssicher*ung*“ fehlte der offiziellen Ausdrucksweise jede Form von Individualität. Viele schmückende Beifügungen führten zu hochtrabendem Pathos wie *„feste* und *unverbrüchliche* Freundschaft“, *„gewaltige* Verteidigungskraft“ und fanden ihren Höhepunkt in *„maximalen* Gefechtserfolgen bei der Erfüllung des *ehrenvollen* und *notwendigen* Klassenauftrags der Kampfgruppen der Arbeiterklasse“. Die offiziellen Texte besaßen besondere stilistische Merkmale, die als *gehoben* und *gespreizt* zu charakterisieren sind. So wurden institutionsgebundene Funktionsbezeichnungen stets in voller Länge angeführt: „Genosse Gerhard Schürer, Kandidat des Politbüros, Stellvertreter des Vorsitzenden des Ministerrates und Vorsitzender der Staatlichen Plankommission der DDR“. Erinnert sei in diesem Zusammenhang auch an die nahezu ritualisierten Anrede- und Grußformen „Werter Genosse ... Mit sozialistischem Gruß“, die unabhängig von der parteipolitischen Bindung oder ideologischen Position des Angesprochenen verwendet wurden.

Stephan Heym[1] charakterisierte diese Form des DDR-Deutsch in bezug auf die „Aktuelle Kamera“ des Jahres 1976 folgendermaßen: „Die Sprache ist Hoch-DDRsch, gepflegt bürokratisch, voll hochtönender Substantive, die mit entsprechenden Adjektiven verbrämt werden; die Sätze erfordern langen Atem von den Sprechern und Konzentration von den Hörern."

Ursache für diese Starrheit und Variationsarmut des *offiziellen* Sprachgebrauchs in der DDR war die fehlende Pluralität im öffentlichen Diskurs. Durch die absolute Dominanz einer Partei bestimmten ausschließlich deren Vorgaben, Ziele und Wertungen Inhalt und Form der offiziellen Kommunikation. Da sie die Begriffe „besetzte“, übertrug sich der inhaltliche Unfehlbarkeitsanspruch auch auf das *Wie* des Gesagten.

Die bevorzugte Beschreibung und Analyse dieses öffentlichen Sprachregisters suggerierte das weit verbreitete Bild von sprachlicher Homogenität in der DDR. Es entstand der Eindruck, alle hätten sich der gleichen gestelzten Ausdrücke, der gleichen hölzernen Konstruktionen bedient wie die Redner auf Parteitagen oder die Sprecher der „Aktuellen Kamera“: die Frau beim Einkauf, der Mann beim Plausch mit den Gartennachbarn oder gar die Jugendlichen in ihrer Clique.

Der sogenannten Alltagssprache wurde bislang kaum Aufmerksamkeit geschenkt. Ein Grund dafür ist, daß offizielle Texte leichter zugänglich waren als persönliche Dokumente. Um einen plastischen Eindruck von der *Alltagssprache* vermitteln zu können, bedurfte es zunächst der Präsentation von *Alltagstexten* und *-gesprächen.* Erst ein Vergleich zwischen offiziellem Sprachgebrauch und Abweichungen von diesem ermöglicht empirisch gesicherte Aussagen über das Verhältnis der verschiedenen Sprach- und Kommunikationsformen.

Die vorliegenden Texte illustrieren zumindest Folgendes: Die offiziellen Sprachmuster waren relativ fest im Bewußtsein des einzelnen verankert. Prinzipiell verfügte jeder über das für seinen Handlungsbereich notwendige Musterwissen und konnte sich den systembedingten Normvorstellungen anpassen, unabhängig davon, wie er zum System stand. Aus heutiger Perspektive ist erstaunlich, in welch starkem Maße offizielle Floskeln und Topoi auch nichtideologische Texte geprägt haben: „Bei der weiteren Gestaltung der sozialistischen Gesellschaft" oder „für eine glückliche Zukunft unseres Volkes im Rahmen der sozialistischen Gesellschaftsordnung" und andere Versatzstücke aus dem öffentlichen Diskurs kann man z. B. auch in Kochbüchern oder in der Straßenverkehrsordnung entdecken.

Dennoch finden sich neben klischeehaften Wendungen oft originelle Formulierungen, treffende Urteile neben „sozialistischen" Phrasen. Auf diese Weise belegen die Texte eben auch die Fähigkeit, unter bestimmten kommunikativen Bedingungen von offiziellen Mustern abzuweichen, und spiegeln damit einen Facettenreichtum stilistischer Ausdrucksmöglichkeiten, der zum Bild einer homogenen Sprache in der DDR in deutlichem Widerspruch steht.

Mit den ersten Überlegungen zu diesem Band stellten sich zwei Fragen: Welche Texte sollen aufgenommen werden, und wie sind sie zu finden? Die zweite Frage löste sich fast von selbst. Kolleginnen und Kollegen, Studentinnen und Studenten, Freunde, Bekannte überschütteten mich geradezu mit von ihnen selbst verfaßten Eingaben, persönlichen Briefen und Beurteilungen, mit eigenen Schulaufsätzen oder Urkunden, Zeugnissen und vielem anderen mehr. Das Fehlende wurde durch zielgerichtetes Suchen in Archiven und Anfragen bei Institutionen und Einzelpersonen zusammengetragen.

Das eigentliche Problem war die Auswahl. Sollte doch Alltagssprache von 17 Millionen Menschen in 40 Jahren DDR auf 300 Seiten dargestellt werden, ohne daß der Eindruck einer willkürlichen oder zufälligen Aneinanderreihung entsteht. Zwei Kriterien waren entscheidend: die *DDR-Spezifik* und der *inoffizielle Charakter der Texte.*

Das gesellschaftliche Leben wie auch die sozialen Beziehungen waren in der DDR grundsätzlich anders organisiert als in den anderen deutschsprachigen Ländern, speziell der Bundesrepublik. Das führte zu besonderen Formen der Sprach- und Textgestaltung. Eine Vielzahl von Texten identifiziert man aufgrund der Wortwahl oder bestimmter stilistischer Merkmale auf den ersten Blick als DDR-typisch. Unter diesem Gesichtspunkt konnten weder die „Fahrerlaubnis", die „Beurteilung", die „Zeitungsschau" noch das „Brigadetagebuch" fehlen. Neben dieser Art von Texten habe ich auch Materialien einbezogen, die sich sprachlich nicht wesentlich von denen in anderen deutschsprachigen Ländern unterschieden. Als Beispiel seien die Geburts- und Sterbeurkunde genannt.

Natürlich können nicht alle gesellschaftlichen Bereiche in der gleichen Breite und Vielfalt präsentiert werden. So konzentriert sich das Kapitel Arbeits- und Berufsleben auf die Industrie, im Alltag erfahren Auto, Telefon und Wohnen besondere Berücksichtigung. Dabei war auch die Verzahnung der einzelnen Bereiche in Rechnung zu stellen. Arbeits- und Berufsleben z. B. war mehr als nur Arbeit. Im Arbeits„kollektiv" wurde auch ein Teil der Freizeit erlebt, private Belange wurden nicht ausgeklammert. Davon zeugen Berichte über gemeinsame Theaterbesuche und Ausflüge oder Gratulationen der Brigaden zu Familienfeiern. Verstöße gegen die Disziplin wie Arbeitsbummelei oder Alkohol am Arbeitsplatz wurden nicht nur öffentlich geahndet, sondern auch in der Arbeitsgruppe diskutiert. Durch Briefe der Arbeitsbrigade an „ihre" Soldaten, Patenschaftsverträge zwischen den Angehörigen der Nationalen Volksarmee und Schulklassen wurden Kontakte hergestellt und aufrecht erhalten. Der Betrieb kümmerte sich zudem um die Betreuung der „Veteranen". Die Arbeitskollektive verpflichteten sich zu Sonderschichten „zu Ehren des ... Parteitages" und richteten Grußbotschaften an die betriebliche Parteikonferenz der SED. Beredte Beispiele von dieser Verflechtung der einzelnen Lebensbereiche finden sich vor allem in den Auszügen aus Brigadetagebüchern. Wenn auch teilweise zum Selbstzweck formuliert, vermitteln sie dennoch ein Bild von der angestrebten und zum Teil auch angenommenen Zielvorstellung kollektiven Zusammenlebens.

Die komplexe Erfassung dieser Zusammenhänge erfolgte auf Kosten der Dokumentation anderer Bereiche. So wurde auf die Unterlagen des Ministeriums für Staatssicherheit bewußt verzichtet, da sie im wesentlichen geheime Insidertexte des Machtapparates waren und deshalb für die Alltagssprache keine Rolle spielten. Des weiteren wurden Texte ausgespart, die bis in die Gegenwart hineinreichen und anderweitig bereits mehrfach untersucht sind, so der große Bereich der Wendesprache.[2] Um den sprachhistorischen Aspekt wenigstens ansatzweise zu berücksichtigen, wurden neben Texten aus den 70er und 80er Jahren auch Beispiele aus der früheren DDR-Zeit einbezogen. Interessant ist dabei, daß einige DDR-typische Bedeutungsentwicklungen in diesem Zeitraum noch nicht erkennbar sind. So finden wir ein *Arbeitszeugnis* aus dem Jahre 1952 tatsächlich noch mit *Zeugnis* und nicht mit *Beurteilung* überschrieben.

Der zweite Auswahlaspekt betraf den *inoffiziellen* Charakter der Texte. Nicht Zeitungsartikel, Parteitagsreden oder Gesetzestexte sollten dokumentiert werden; denn über die Sprache in diesen Bereichen wissen wir bedeutend mehr als über die Alltagssprache.[3] Es ging um die Kommunikation der Bürger in ihren jeweiligen Tätigkeitsbereichen und in der Freizeit. Dabei war neben privaten Mitteilungen auch der sprachliche Austausch zwischen Institutionen zu berücksichtigen, seien es nun Parteien, Massenorganisationen oder auch Schulen und Betriebe; gleichermaßen die Kommunikation zwischen dem einzelnen Bürger und Institutionen wie dem Wohnungsamt, der Kaufhalle oder dem Kindergarten. In diesem Sinne werden Texte von Behörden, staatlichen Betrieben, gesellschaftlichen Organisationen ungeachtet ihres amtlichen, im strengen Wortsinn also offiziellen Charakters, hier als Teil der inoffiziellen Kommunikation gewertet.

Dennoch konnte z. B. auf Auszüge aus der Kindergartenordnung, dem Wehrdienstgesetz oder von Statuten gesellschaftlicher Organisationen nicht gänzlich verzichtet werden, da sie den allgemeinen historischen Rahmen für andere Texte aus den jeweiligen Bereichen vermitteln. Gerade an der Gegenüberstellung von offiziell – inoffiziell in dem oben beschriebenen Verständnis ist das Wechselverhältnis zwischen systembedingten Anpassungen an gesellschaftliche Normvorstellungen und den Gestaltungsmöglichkeiten des einzelnen ersichtlich.

Um die sprachliche Vielfalt und Differenziertheit zu erfassen, erscheinen neben schriftlichen Texten auch zahlreiche Gespräche. Auf deren „Festhalten" und Präsentation kam es mir besonders an. Hier konnte ich auf sprachliche Untersuchungen germanistischer Fachkolleginnen und -kollegen, auch auf meine eigenen, zurückgreifen, die mündliche Texte aus unterschiedlichsten Interessen aufgezeichnet hatten. Um der Leserfreundlichkeit willen wurde bei der Wiedergabe dieser Dialoge auf komplizierte Transkriptionsmethoden verzichtet.

Der Aufforderung vieler Kollegen und Freunde sowie dem eigenen Drang nach Kommentierung der Texte bin ich nicht gefolgt. Das hätte eine Einführung in historische Zusammenhänge sowie in DDR-typische Lebensumstände erfordert. Aber gerade das vermögen die Zeitzeugnisse allein zu leisten. Die einzige Form des Kommentars sind die den Texten vorangestellten Überschriften und die Jahreszahlen ihrer Entstehung. Handelt es sich um komplexe Vorgänge, die aus mehreren Texten und/oder Gesprächen bestehen, so werden diese durch eine Überschrift mit Großbuchstaben zusammengefaßt und die einzelnen dazugehörenden Texte durch a), b) ... gekennzeichnet.

Damit die Authentizität der Texte gewahrt bleibt, wurden die häufig verwendeten Abkürzungen nicht getilgt. Sofern es sich um Abkürzungen handelt, die gesellschaftsbedingt oder die nur in diesem speziellen Kontext anzutreffen sind, finden sich deren Auflösungen im Abkürzungsverzeichnis, z. T. ergänzt durch kurze Bedeutungsangaben. Orthographische und Interpunktionsfehler, die vornehmlich in Schülertexten auftreten, wurden nicht korrigiert.

Angaben, die Hinweise auf die Identität der Textproduzenten oder der in den Texten besprochenen Personen enthalten, wurden geändert. Dazu gehören Personennamen, teilweise Bezeichnungen von Institutionen sowie Orts- und Straßennamen. Eine Ausnahme bilden Personen, deren Namensänderung sich aufgrund ihres Bekanntheitsgrades von selbst versagte, sowie Namen großer Städte. Bei kleineren Orten ist auf jeden Fall die Region identisch.

Zum Schluß sei mir noch ein Wort des Dankes gestattet. Es gilt den Kolleginnen und Kollegen, den Studentinnen und Studenten, Freunden und Bekannten, ohne deren Hilfe dieser Band nicht zustande gekommen wäre. Nicht nur Texte waren es, die sie sammelten. Zahlreiche Hinweise über Aspekte sowie Situationen, die den Alltag in der DDR prägten, rundeten die eigenen Vorstellungen und Erfahrungen ab. Dank auch den Mitarbeiterinnen des „Archivs Schreibende ArbeiterInnen" sowie des Archivs „GrauZone. Dokumentationsstelle zur nichtstaatlichen Frauenbewegung in der DDR", die mich nicht nur bei der Textsuche und -auswahl unterstützten, sondern auch die Formalitäten um Abdruckgenehmigungen erledigten. Zahlreiche Faksimiles verdanken wir der freundlichen Unterstützung des Museums „Berliner Arbeiterleben".

Berlin, 1. September 1995 *Ruth Reiher*

1 Heym, Stephan: *Stalin verläßt den Raum. Politische Publizistik.* Leipzig 1990, S. 154.

2 Vgl. u. a.: Burkhardt, Armin / Fritzsche, K. Peter (Hrsg.): *Sprache im Umbruch. Politischer Sprachwandel im Zeichen von „Wende" und „Vereinigung".* Berlin - New York 1992.

Reiher, Ruth / Läzer, Rüdiger (Hrsg.): *Wer spricht das wahre Deutsch? Erkundigungen zur Sprache im vereinigten Deutschland.* Berlin 1993.

3 Vgl. u. a.: Schlosser, Horst Dieter: *Die deutsche Sprache in der DDR zwischen Stalinismus und Demokratie. Historische, politische und kommunikative Bedingungen.* Köln 1990.

I. „Hänschen klein ging allein ...“

1.Geburt und Familie

Geburtsurkunde

Standesamt .... **West..Dresden** .... **Nr.:** 125 / 1961
.... Wolfgang Bodo Groß ....
ist am .... 06. Februar 1961 ....
in ... Dresden .... **geboren**

Vater: .... Wolfgang Detlef Groß ....
Mutter: .... Hedwig Ida Groß, geb. Lamack ....
....

Vermerke: .... keine ....

.... Dresden ...., **den** 8.12.1961

Der Beauftragte für Personenstandswesen
.... *Krause* ....

Sehr geehrte Frau Langhans!

Anläßlich der Geburt Ihres Kindes im 750. Jahr der Gründung Berlins, unserer Hauptstadt, beglückwünsche ich Sie auf das herzlichste.

Ich verbinde meine Gratulation mit den besten Wünschen, daß Ihr Kind in der Stadt des Friedens glücklich und gesund aufwächst.

Berlin 1987

ERHARD KRACK
Oberbürgermeister

TAUFURKUNDE

Am 13. Mai im Jahre des Heils 1962
wurde in der St. Anna-Kirche zu Pritzwalk

Claudia Stemmer

in der heiligen Taufe durch die Güte des barmherzigen Gottes und Seinen unerforschlichen Ratschluß auserwählt und berufen zum Kinde Gottes + Sie wurde geboren aus Gott, wiedergeboren aus dem Wasser und dem Heiligen Geist, ausgestattet mit göttlichem Leben, neugestaltet nach dem Ebenbild Gottes zur Schwester Jesu Christi, erhoben zum Tempel des Heiligen Geistes, umgewandelt zum Glied am Leibe Christi, eingepflanzt als Zweig an Seinen heiligen Weinstock, aufgenommen in das heilige Volk, das königliche Priestertum, das göttliche Geschlecht der getauften Söhne und Töchter Gottes + Nun ist sie Glied der Kirche Gottes, der heiligen katholischen Kirche + Sie hat das Recht, den Leib des Herrn zu empfangen, in der heiligen Beichte Nachlaß der Sünden zu erhalten, im Sakrament der Firmung mit dem Heiligen Geiste erfüllt und Streiterin Christi zu werden + Gedenkt sie zu heiraten, so empfängt sie im Sakrament der Ehe die Gnade, ihre Aufgabe als Gattin und Mutter nach Gottes Wohlgefallen zu erfüllen + In schwerer Krankheit wird jeder Priester ihrem Rufe folgen, um ihr im Sakrament der Ölung den Krankensegen des Herrn und die Weihe zum Todeskampfe zu spenden + Sie hat Recht und Anspruch auf alle Segnungen und Weihen der Kirche, Anteil an jedem Meßopfer, das je auf dem Erdkreis dargebracht wird, und empfängt aus der Fülle der Verdienste Christi und aller Heiligen Gnade um Gnade + Denn ihre Gemeinschaft reicht bis in das Reich der Toten und bis zu den Seraphim vor dem Antlitz Gottes + Ruft sie der Herr zu Sich, so steht ihr zu, kirchlich begraben zu werden, denn sie ist berufen zur Herrlichkeit der Auferstehung und zur unaussprechlichen Freude des glückseligen Gottes, der lebt und herrscht in alle Ewigkeit + Der Herr gebe, daß sie ihrer Berufung eingedenk sei und würdig danach lebe +

DIE PATEN
Gudrun Franz

DER PFARRER
Pfarramt St. Anna
i. V. [illegible]

Dem lieben Patenkinde

Wann immer ein Kind wird geboren,
huschen, schon ehe es spricht,
Lichter und Schatten und Lichter
über sein kleines Gesicht.

Dürft' ich dem Kind etwas schenken,
schenkt' ich gewiß, daß das Licht
nie ganz den Schatten verrät und
nie ganz am Schatten zerbricht.

Sollt' ich das Kind aber führen,
wählt' ich die Märchenpracht nicht,
wiese ihm Schatten und Lichter
auf einem Menschengesicht.

(Susanne Kerckhoff)

Alle meine guten Wünsche
begleiten Dich,
mein liebes Patenkind

Juliane

....

Auf Deinem Lebensweg.

Zur Erinnerung
an den Tag Deiner Taufe
in Herzlichkeit gewidmet

Dein Opa
Wilhelm Schulte

....

Serie A | **Nicht übertragbar!** | Sorgfältig aufbewahren! (bei Verlust erfolgt kein Ersatz)

307404

Mütter- und Stillkarte
für die staatliche Geburtenhilfe

.....*Michalski*.........*Jörg*...................geb. am:..... *27.12.1978*..
(Name) (Vorname)

.........*1058 Berlin*......*Schönhauser Allee 12*....PA-Nr.:...*A 1703184*..
(Wohnort) (Straße)

für das am...........*27.12.1978* ....geborene Kind

Gegen Vorlage dieser Mütter- und Stillkarte und des Ausweises für Arbeit und Sozialversicherung bzw. des Versicherungsausweises werden die von der Schwangerenbetreuungs- und Mütterberatungsstelle durch Unterschrift und Stempel bestätigten Zahlungsabschnitte sowie der vom Leiter des Standesamtes bestätigte Abschnitt 2 **von der zuständigen Stelle des jeweiligen Versicherungsträgers abgetrennt und eingelöst.**

Wohnungswechsel ist der bisher zuständigen Beratungsstelle mit Angabe der neuen Anschrift umgehend mitzuteilen.

Bei einer Fehlgeburt ist diese Karte der Schwangerenbetreuungsstelle zurückzugeben.

Bitte beachten Sie unsere Hinweise!

Die Förderung der heranwachsenden jungen Generation ist eine der vornehmsten Aufgaben der sozialistischen Gesellschaft. Deshalb sind in unserer Republik alle Voraussetzungen für eine glückliche Mutterschaft und die allseitige Betreuung der Schwangeren, Wöchnerinnen und jungen Mütter geschaffen. Indem Sie diese Möglichkeiten voll nutzen, helfen Sie sich und Ihrem Kind. Der vorbeugende, überwachende und nachgehende Gesundheitsschutz für Mutter und Kind wird in den Schwangerenbetreuungs- und Mütterberatungsstellen kostenlos durchgeführt.

I. Wenn Sie sich rechtzeitig in der Schwangerenbetreuungsstelle vorstellen, d. h. erstmalig innerhalb der ersten 10 Schwangerschaftswochen und in der 21. bis 28. Schwangerschaftswoche sich dort erneut einer ärztlichen Untersuchung unterziehen und nach der Entbindung in den ersten 4 Lebensmonaten den Säugling monatlich einmal in der Mütterberatungsstelle vorstellen, erwerben Sie den Anspruch auf eine staatliche Geburtenbeihilfe in Höhe von

1 000 Mark für jedes Kind.

II. Weitere Untersuchungen in der Schwangerenbetreuungsstelle sind im Interesse der Gesundheit der werdenden Mutter und des zu erwartenden Kindes dringend erforderlich (bis zur vollendeten 28. Schwangerschaftswoche in vierwöchentlichen, von der 29. bis zur vollendeten 36. Schwangerschaftswoche in dreiwöchentlichen und von der 37. bis zur vollendeten 40. Schwangerschaftswoche in ein- bis zweiwöchentlichen Abständen).

III. Nehmen Sie an den Kursen zur Vorbereitung auf eine schmerzarme Geburt teil, die von der Schwangerenbetreuungsstelle oder der Entbindungseinrichtung durchgeführt werden. Besonders jungen Müttern ist die Teilnahme an einem Mütterkurs zu empfehlen, in dem sie die wesentlichen Kenntnisse über die Pflege des Säuglings und die Zubereitung der Nahrung erhalten.

IV. Die Mütterberatung berät Sie in allen Fragen der Pflege, Ernährung und Erziehung Ihres Kindes bis zum 3. Lebensjahr, überwacht die körperliche und geistige Entwicklung, sorgt für die frühzeitige Behebung von Gesundheitsstörungen und führt zum Schutz gegen ansteckende Erkrankungen die notwendigen Impfungen durch. Gegen die Rachitis erhält Ihr Kind Vitamin D als Schutzstoff.

Gehen Sie daher gleich in den ersten Wochen nach der Entbindung zur Mütterberatung und befolgen Sie genau den Rat des Arztes und der Fürsorgerin. Im 1. Lebensjahr soll das Kind monatlich vorgestellt werden. Bringen Sie immer den Sozialversicherungs- und Impfausweis für Kinder und Jugendliche mit. Aus dem Impfkalender erfahren Sie, in welchem Alter die verschiedenen Impfungen durchgeführt werden.

Im Interesse Ihrer Gesundheit weisen wir Sie auf die Wichtigkeit einer Nachuntersuchung spätestens 4 bis 6 Wochen nach der Entbindung hin. Diese Untersuchungen werden in Ihrer Schwangerenbetreuung bzw. in der gynäkologischen Fachabteilung Ihrer Poliklinik durchgeführt.

Die beste und bekömmlichste Nahrung für den Säugling ist die Muttermilch. Stillende Mütter erhalten bis zu 6 Monaten zusätzlich in jedem Monat 10 Mark.

Gewährung bezahlter Freistellung

Kollegin `Margret Tellin`

Bereich *`Projektierung`*

Gewährung von bezahlter Freistellung gemäß § 1/ § 12 der
Regelungen zu den sozialpolitischen Maßnahmen vom 22. 4. 1986

Hierdurch teilen wir Ihnen mit, daß wir Ihnen im Anschluß an den Wochenurlaub vom *17.5.89* bis *26.12.89* bezahlte Freistellung gewähren.
Bei einer vorzeitigen Arbeitsaufnahme verpflichten Sie sich, die Hauptabteilung Kader und Bildung 14 Tage vor Arbeitsbeginn davon in Kenntnis zu setzen.

Dietrich
Abt.-Ltr. Kader

Kenntnis genommen:

...... *Tellin* ....

Säuglings- und Kleinkindernahrung

Ein umfangreiches Sortiment gibt es für Säuglings- und Kleinkinderernährung. Industriell gefertigte Säuglings- und Kinderzusatznahrungen sind Erzeugnisse auf Milch-, Obst-, Gemüse- und Getreidebasis mit bzw. ohne Zusatz anderer Lebensmittel oder Vitamine und Mineralstoffe. Sie sind nach ernährungsphysiologischen Erfordernissen für die optimale Ernährung von Säuglingen und Kleinkindern bestimmter Altersgruppen hergestellt. Für die Versorgung stehen die Warenarten **Säuglings- und Kleinkindernahrung auf Milchbasis** mit den Sorten Ki-Na-Säuglingsnahrung, Ki-Na-Milchbrei und Milasan sowie **Säuglings- und Kleinkinderfertignahrung auf Obst- und Gemüsebasis** zur Verfügung. Außerdem sind für die Kleinsten noch Zusatznahrungssortimente auf Milchbasis (Babysan), auf Obst- und Gemüsebasis (z. B. „Möhren pur", „Ki-Na-Aprikosenbrei", trinkfertige Säfte „Für's Kind") und mit hoher Qualität auf Getreidebasis (z. B. Instant Mekorna) entwickelt und in die Produktion aufgenommen worden. Alle diese Erzeugnisse erleichtern den Müttern die gesunde Ernährung ihrer Säuglinge und Kleinkinder.

Zentralinstitut für Ernährung

(Guten Appetit Kalender mit vielen Rezepten, 1980)

FÜRS KIND ist diese Fertignahrung auf Obst- und Gemüsebasis entwickelt worden. Wir sagen: Auch für den Vater – denn für ihn ist die Ernährung seines Babys jetzt kein Problem mehr! Nach neuesten wissenschaftlichen Erkenntnissen zusammengesetzt, geben ihm die vom Handel angebotenen 12 löffelfertigen Breigerichte (dazu 5 trinkfertige Obst- und Möhrensäfte) Gewähr für eine abwechslungsreiche, vollwertige, d. h. gesunde Ernährung seines Kindes. Außerdem: Seine ganze Arbeit bei der Zubereitung der Mahlzeit besteht darin, die Glaskonserve im Wasserbad auf Handwärme zu bringen – ein weiterer Grund für den modernen Vater, zum ständigen »Verbraucher« dieser ausgezeichneten, preisgünstigen Kinderfertignahrung zu werden.
FÜRS KIND
löffelfertig
FÜRS KIND
Möhren-Aprikos
trinkfertig
Möhren-Früchte-Mischung
trinkfertig
Möhren-Bananen
trinkfertig
ab 3. Monat
üchte-C-für's Kind
ZENTRALES WARENKONTOR FÜR LEBENSMITTEL, OBST UND GEMÜSE

DDR-Familien-*Glücksgeschichten* ohne Ende (4)

Bei Familie Marold, Suhl

Es ist mir ein Bedürfnis, hier noch einige Gedanken zu den neuesten sozialpolitischen Maßnahmen darzulegen:

Ich bin 30 J., verheiratet, Diplomingenieur, und habe 4 gesunde, fröhliche Kinder (3 Mädchen 11, 6, 3 – 1 Jungen 1/4 J.). Wir sind eine glückliche junge Familie, und die neuen Beschlüsse sind ein erneuter Beweis der kontinuierlichen Politik meiner Partei für das Wohl der Menschen. Nur wenige Kilometer westwärts wäre eine Entwicklung wie meine unvorstellbar. Als wir zu Beginn des Jahres 1972 heirateten, gab es noch keinen Ehekredit, aber unsere große Tochter war schon eines der ersten Kinder, für die es 18 Wochen Schwangerenurlaub und 1 000 M Geburtenbeihilfe gab. 1973 begann ich ein vierjähriges Direktstudium an der TH Karl-Marx-Stadt, mein Mann versah zu dieser Zeit noch seinen Ehrendienst bei der NVA und folgte ein Jahr später. Eine Studentin mit Kind war damals durchaus noch nicht die Norm, und es gab so einige Schwierigkeiten. Aber Dank vorbildlicher Betreuung im hochschuleigenen Kindergarten, guter Wohnbedingungen im Internat und viel Eigeninitiative gelang es mir, gleichzeitig mit meinen Kommilitonen mein Studium mit gleich guten Leistungen abzuschließen und im VEB Elektrogerätewerk Suhl meine Arbeit in der Rationalisierung aufzunehmen.

1978 wurde unsere zweite Tochter geboren. Damals konnte ich schon 26 Wochen Schwangerenurlaub genießen und ein bezahltes Mütterjahr. Ich habe das Mütterjahr damals nicht in Anspruch genommen, da sich die Versorgung mit einem Krippenplatz so ergab. Aber das war ja meine eigene Entscheidung.

1980 kam unser drittes Mädchen an. Das Jahr daheim war für die ganze Familie eine wunderbare Zeit. Dazu wurde noch das Kindergeld erhöht, und 1981 bekamen wir – endlich – eine sehr schöne 4-Raum-Neubauwohnung. Im Februar 1984 wurde unser Sohn geboren. Ehrlich gesagt – ursprünglich kein Wunschkind. Aber wie schnell vergißt man diese Gedanken, wenn man all die Fürsorge in der Schwangerenbetreuung, im Betrieb, in der Hausgemeinschaft und nicht zuletzt in der Entbindungsstation spürt! Und nun darf ich 18 Monate frei von allen finanziellen Sorgen seine Entwicklung beobachten und das Geschwisterkollektiv noch fester machen. Und kein Gedanke, daß ich dann vielleicht meinen Arbeitsplatz verlieren könnte, und auch kein Gedanke, daß meine 4 Kinder gar keine Lehrstelle finden könnten.

(Bummi für Eltern 9/84. In: *Bummi,* Nr. 17, Berlin)

Klaus Schönfelder
Hermann-Matern-Str. 13
Berlin

Berlin, 21.5.1986

Rat des Stadtbezirks Weißensee
Abt. Gesundheits- und Sozialwesen
Stadtbezirksstomatologie
Woelckpromenade 1
Berlin
1020

Eingabe

Bei einer im Jahr 1980 erfolgten Schuluntersuchung erhielt unsere Tochter Carola, geb. 1972, eine Überweisung zum Kieferorthopäden. Wir kamen dieser Aufforderung nach und stellten sie erstmals im

Januar 1981 der Kieferorthopädischen Beratung in Berlin-Weißensee, Tassostraße, bei Dr. T. Schmidt, vor.

Zum damaligen Zeitpunkt waren wir noch in Berlin-Hohenschönhausen wohnhaft. Von dieser Fachärztin wurden wir zum Herbst 1981 wiederbestellt, und wir nahmen diesen Termin im Oktober 1981 wahr.

Ein Jahr später, im Oktober 1982, erfolgte in der genannten Beratungsstelle eine erneute Konsultation, wobei wir darüber informiert wurden, daß die Kieferorthopädische Beratung von Frau Dr. Schäfer übernommen wird.

Als sich Carola im August 1983 dort vorstellte, wurde sie ohne Aufnahme einer Behandlung auf das nächste Jahr vertröstet.

Im Oktober 1984 suchten wir mit unserer Tochter die Beratungsstelle zum fünften Mal auf und erhielten eine erneute Bestellung für das kommende Jahr.

Im Herbst 1985 unternahmen wir einen nochmaligen Anlauf zur Kieferorthopädischen Beratung. Die Angelegenheit erschien uns mittlerweile unverständlich, und wir gelangten zu der Auffassung, daß mit fortgeschrittenem Alter nun endlich etwas unternommen werden müßte.

Nachdem wir die Praxis von Frau Dr. Schäfer mehrmals vergeblich (im Herbst 1985) aufgesucht hatten (Ausfall durch Urlaub und Krankheit), stellte ich, angeregt durch eine Empfehlung des behandelnden Zahnarztes, daß mit dem Gebiß etwas passieren muß, Carola im November 1985 in der Kieferorthopädischen Beratung der Jugendzahnklinik Marzahn vor.

Dort wurde uns mitgeteilt, daß eine „Behandlung" in der Einrichtung zu Ende geführt werden muß, wo sie eingeleitet wurde. Andererseits wären nach Ansicht des Arztes schon längst konkrete Schritte erforderlich gewesen.

Demzufolge erfolgte durch uns im Januar 1986 eine erneute Vorstellung unserer Tochter bei Frau Dr. Schäfer in Berlin-Weißensee.

Mit der Begründung, daß wir jetzt zum Stadtbezirk Marzahn gehören, dort mehrere Kieferorthopäden tätig seien, sie jedoch für Weißensee die einzige sei, wurden wir abgewiesen, erhielten eine Überweisung zum Röntgen und sollten mit dieser Aufnahme wiederum in Marzahn vorstellig werden.

Am 6. Mai diesen Jahres suchten wir die Jugendzahnklinik Marzahn auf, wo wir zur Kenntnis erhielten, daß eine Behandlung aufgrund des Alters unserer Tochter, sie war zwischenzeitlich 14 geworden, nicht mehr möglich ist.

Mit dieser deprimierenden Nachricht konfrontiert stellen wir uns zwei Fragen:

- Ist es vom ärztlichen Standpunkt aus zu verantworten, daß die Behandlung eines in der Entwicklung befindlichen Menschen auf die geschilderte Weise derart vernachlässigt wurde oder haben wir als Eltern, die Ärzten gegenüber bisher immer Vertrauen entgegenbrachten, vielleicht zuviel Geduld bewiesen?
- Wir möchten auf diesen Sachverhalt aufmerksam machen – wie wir hörten, soll Carola inbezug auf negative Erscheinungen in der Kieferorthopädischen Beratungsstelle Weißensee kein Einzelfall sein – und erwarten Ihrerseits Maßnahmen zur Verbesserung der Kieferorthopädischen Betreuung bzw. Behandlung in dieser gesundheitlichen Einrichtung.
- Sollte die Vorstellung unserer Tochter Carola bei der Kieferorthopädischen Beratung im Zeitraum von 5 Jahren umsonst gewesen sein, ohne daß eventuell dort noch die Möglichkeit besteht, eine unkomplizierte Behandlung aufzunehmen?

Wir bitten um baldige Klärung des Problems.

Tips für Spangenträger

Beachte alle Hinweise

des Kieferorthopäden!
Hilf mit, Deine Behandlung erfolgreich abzuschließen!
Deine „Spange" ist nach Anweisung des Arztes zu tragen!
Spiele nicht mit den Fingern an ihr herum!

Vermeide den Genuß

von Süßigkeiten und Kaugummi!

Wenn die „Spange" auch beim Essen getragen werden soll, muß sie nach der Mahlzeit gereinigt werden, damit keine Speisereste zwischen Zähnen und „Spange" bleiben!

Vergiß nicht, die „Spange" morgens nach dem Frühstück und abends vor dem Schlafengehen gründlich zu putzen! Zur Reinigung der „Spange" darfst Du keine Zahnpasta benutzen, damit die Schrauben nicht verschmiert werden. Du bürstest sie am besten unter fließendem Wasser.

Beim Sportunterricht

mußt Du Deine „Spange" herausnehmen. Benutze zur Aufbewahrung eine Seifendose, auf der Dein Name steht!

Frage Deinen Zahnarzt, ob Du Deine „Spange" im Ferienlager nur nachts tragen darfst. Wenn Du sie ohne Erlaubnis wegläßt, wandern Deine Zähne in die alte Stellung zurück, und die Behandlung muß von vorn beginnen.

Bei Druckstellen

melde Dich sofort!
Auch wenn Deine „Spange" beschädigt ist, solltest Du umgehend den Arzt aufsuchen!
Die Dir aufgetragenen Übungen mußt Du stets gewissenhaft und regelmäßig durchführen!

2. Kinderkrippe und Kindergarten

Ingenieurhochschule Köthen
Hauptabteilung Wirtschafts- und Sozialwesen

Köthen, den 10.1.1984

Information
zur Einweisung in die Kinderkrippe der IH Köthen

Werte Frau .... Rasch .... !

Mit der Einweisung Ihres Kindes ab .... 1.2.84 .... sind folgende Bedingungen verbunden:

1. Stuhluntersuchung (gültig für 3 Wochen)
2. Untersuchung vom Kinderarzt (gültig 3 Tage)

Die ärztlichen Untersuchungen können in jedem Ort der DDR vorgenommen werden.

Stuhluntersuchung im Kreis Köthen:

Das Stuhlröhrchen sowie die Einweisung sind bei der zentralen Krippenvereinigung, Wallstraße, abzuholen.

Die Verpflegungskosten betragen täglich 1,40 M und sind bis zum 10. jeden Monats in der Kasse (Gebäude 01) zu bezahlen.

Mit Erhalt dieses Informationsblattes melden Sie sich bitte bei der Leiterin der Kinderkrippe, Schwester Clara, wo Ihnen nähere Auskünfte zur Aufnahme Ihres Kindes gegeben werden.

Aufgrund der angespannten Situation zur Krippenplatzvergabe ist es notwendig, daß der Einweisungstermin unbedingt eingehalten wird. Bei Nichtinanspruchnahme des Platzes innerhalb einer Woche wird der Krippenplatz anderweitig vergeben.

Straßenbahn, Straßenbahn,
halt an dieser Stelle an!
Laß mich doch nicht warten,
muß zum Kindergarten.

(Verfasser unbekannt)

(*Reime – Gedichte – Geschichten für den Kindergarten.* Berlin 1969)

Kindergartenordnung in Auszügen, 1968

§ 3
Gruppeneinteilung

(1) Die Kinder werden im Kindergarten in Altersgruppen zusammengefaßt. Es gibt jüngere Gruppen, mittlere Gruppen und ältere Gruppen. Wenn es die Anzahl der gemeldeten Kinder bzw. deren Altersstruktur erfordert, können gemischte Gruppen gebildet werden.

(2) Die Gruppenstärke beträgt in der Regel 18 Kinder.

§ 4
Planmäßigkeit der Erziehung

Die sozialistische Erziehung der Kinder erfolgt auf der Grundlage des vom Ministerium für Volksbildung herausgegebenen Bildungs- und Erziehungsplanes sowie der vom Ministerium für Volksbildung dazu erlassenen inhaltlichen Orientierung.

§ 5
Die Pläne im Kindergarten

Die Bildungs- und Erziehungsarbeit ist sorgfältig zu planen. Folgende Pläne sind dazu auszuarbeiten:
- der Jahresarbeitsplan des Kindergartens
- die Pläne für die pädagogische Arbeit in den Kindergruppen
- der Zeitplan des Tagesablaufes
- der Dienstplan für den Einsatz der pädagogischen und technischen Kräfte.

§ 6
Der Jahresarbeitsplan im Kindergarten

(1) Der Jahresarbeitsplan des Kindergartens ist die Grundlage für die politische und pädagogische Tätigkeit aller Mitarbeiter. Er beinhaltet die Aufgaben für die Zusammenarbeit der Leiterin mit den gesellschaftlichen Organisationen, den Betrieben, dem Elternaktiv und allen Eltern.

(3) Der Jahresarbeitsplan wird von der Leiterin auf der Grundlage der Beschlüsse der Sozialistischen Einheitspartei Deutschlands und der zentralen staatlichen Dokumente sowie der Analyse der erreichten Erziehungsergebnisse erarbeitet.

§ 16
Aufgaben der Gruppenleiterin

(1) Die Gruppenleiterin hat die Aufgabe, die ihr anvertrauten Kinder allseitig zu bilden und sozialistisch zu erziehen. Sie trägt die volle Verantwortung für die Persönlichkeitsentwicklung und Gesundheit der Kinder. Durch eine sinnvolle Gestaltung des Lebens sorgt sie dafür, daß sich die Kinder im Kindergarten wohl fühlen und ein inhaltsreiches, interessantes Leben in der Kindergruppe führen.

Brief einer Gruppenleiterin an die Eltern

2. Elternbrief / März – Mai 1978

Zurückblickend auf das vergangene Quartal haben die Kinder große Fortschritte gemacht. Wir möchten Ihnen, liebe Eltern, für Ihre Bemühungen danken. Die Kinder haben sich besonders sprachlich enorm entwickelt.

Vielen Dank auch für Ihre finanzielle Unterstützung bei der Essengeldkassierung, für Spielzeug und Material. Trotzdem muß ich einige Eltern immer wieder auf bestimmte organisatorische Dinge hinweisen. Wir hoffen, daß auch dies im kommenden Quartal besser klappen wird.

1. Selbstbedienung
   - gute Umgangsformen „bitte“ und „danke“ festigen
   - sprachliche Äußerungen von Wünschen
   - Geschirr selbst austeilen und abräumen

2. Toilettenbenutzung
   - Gewohnheit herausbilden „nach Toilettenbenutzung die Hände waschen“
   - Hosen selbst herunter- und hochziehen

3. An- und Ausziehen
   - selbständiges Ausziehen üben
   - mit kleinen Hilfeleistungen durch Erwachsene anziehen

4. Waschen
   - Kind dreht Wasserhahn selbst auf und wäscht sich mit Seife die Hände

5. Nase säubern
   - mit Zellstofftupfer selbständig die Nase säubern
   - darauf achten, daß schmutziger Zellstoff in ein dafür bestimmtes Gefäß kommt

6. Spiel mit Bausteinen
   - aus unterschiedlichen Bausteinen eine Straße bauen

7. Puppenspiel
   - Tagesablauf mit der Puppe spielen
   - Spaziergang mit Puppe

Organisatorisches

- Plastetüte mit Wechselwäsche (bitte nicht zu viele Kleidungsstücke an den Bügel hängen!)
- Schuhe zeichnen (möglichst Sandalen für den Gruppenraum)
- Turnzeug
- Kinder nur im kurzärmeligen Pullover in die Gruppe

- Kind nicht mit Süßigkeiten in die Gruppe, wenn, dann für alle Kinder
- von 7.30 – 8.00 Uhr Frühstück – Kinder werden in dieser Zeit nicht angenommen (Unfallgefahr!!)
- Kinder müssen bis 8.15 Uhr in der Einrichtung sein (Ausnahmen sind mit der Erzieherin vorher abzusprechen)
- Kinder sollen lernen, den Löffel richtig anzufassen
- geben Sie Ihrem Kind oft Gelegenheit, sich selbst an- und auszuziehen
- Schuhe innen mit Punkten zeichnen
- in Strumpfhose an vordere Naht ein Kreuz sticken

Alle diese vielen kleinen Dinge, die so umfangreich erscheinen, sollen Ihrem Kind helfen, sich weiter in der Selbständigkeit zu entwickeln.
Außerdem bitte ich Sie, sofort zu melden, wenn Ihr Kind krank oder entschuldigt ist (ansonsten müssen Fehltage bezahlt werden!).
Weiterhin bitte ich um Ihr Verständnis. In meiner Gruppe arbeiten z. Z. 2 Studentinnen, die ihr Praktikum hier absolvieren. Bei Anliegen bzw. Fragen wenden Sie sich bitte an mich.

Renate Unterhof

Gruppenleiter

Gespräch im Kindergarten, Berlin 1983
(Erz. = Erzieherin)

Erz.: So, nun kommt mal her, wenn ihr noch ein Lied singen wollt.
Timea: Ja.
Ulrike: Was denn für ein Lied?
Erz.: Ja, da müßt ihr euch selber einigen.
Timea: Wolln wir „Wir haben uns alle im Kreis aufgestellt"?
Ulrike: (ablehnend) Nä.
Timea: Ja! Das ist ein neues Lied. Muß doch Frau Scherz mal hören.
Ulrike: Ich kann das nicht.
Erz.: Du kannst das nicht.
Timea: Aber ich. (will beginnen zu singen)
Erz.: Nö, nö. Wir wolln ja ein Lied, das ihr beide zusammen singt. Nicht?
Timea: Ulrike kennt das doch. Aber ich kenn das schon ganz richtig.
Erz.: Ja. Aber wenn Ulrike das nicht kennt, kann sie nicht mitsingen.
Timea: Wolln wir, das halbe, was du schon kennst, singst du mit, ja?

Ulrike:	Was denn?
Timea:	Na was du davon kennst. Das kannst du mitsingen. Und was du nicht kennst, da hörst du auf.
Ulrike:	Nee.
Timea:	Was wolln wir denn singen?
Ulrike:	Erst mal überlegen.
Timea:	(nach einer längeren Überlegungspause für Ulrike) Eh! Bei dir dauerts aber lange!
Ulrike:	Wolln wir „Eine kleine Friedenstaube" singen?
Timea:	(ablehnend) Gott! Ist doch kein Mai mehr.
Ulrike:	Doch. Ist noch Mai.
Erz.:	Ja. Heute ist der 17. Mai.
Timea:	Aber kein Frühling ist es mehr.
Erz.:	Ach. Die Friedenstaube fliegt doch immer. Das hoffen wir jedenfalls. Nicht?
Ulrike:	Ja.
Timea:	Na gut. Singen wir „Kleine weiße Friedenstaube".

Feste und Feiern im Kindergarten

Wer schaffen will,
muß fröhlich sein!

Feste sind Höhepunkte im menschlichen Leben und Ausdruck eines gehobenen Lebensgefühls. Frohsinn und glückliche Gelöstheit verbinden sich mit spannungsreicher Erwartung zu jenem Erlebniszustand, den wir „Feststimmung“ nennen. [...]

Das trifft auch auf die Gestaltung der Feste im Kindergarten zu. Unsere Erzieherinnen sind bestrebt, die Kinder mit der Arbeit der Werktätigen, mit ihren Leistungen und Erfolgen bekannt zu machen, sie am gesamten Leben der Erwachsenen Anteil nehmen zu lassen. Es ist daher verständlich, daß unsere Kinder auch gemeinsam mit den Erwachsenen den 8. März, den 1. Mai, den 7. Oktober und andere Staatsfeiertage festlich begehen. [...] Auch die der Jahreszeit entsprechenden Feste, wie Weihnachten, Fastnacht, stellen Höhepunkte im Leben des Kindergartens dar. Wir füllen sie mit neuem Inhalt und ordnen sie sinnvoll in die Bildungs- und Erziehungsarbeit ein. [...]

In unseren Kindergärten werden verschiedene Feste gefeiert, die sich in ihrer Gestaltung ähneln; häufig werden sie in gleicher Weise vorbereitet und ausgestaltet. Bei unseren Kindern verwischt sich daher die Besonderheit des einen gegenüber dem anderen Fest. So geschieht es leicht, daß die Kinder zwar mit den Festen Ostern, Weihnachten und Schulanfang feste Vorstellungen verbinden, denn diese unterscheiden sich durch immer wiederkehrende einprägsame Symbole, wie Ostereier, Osterhase, Weihnachtstanne, Zuckertüte und ähnliche, aber die in der gesellschaftlichen Entwicklung bedeutsamen Feiertage verwechseln sie. [...]

(Laffin, Elisabeth: *Feste und Feiern im Kindergarten.* Berlin 1961)

Kleine weiße Friedenstaube (Erika Mertke)

Kleine weiße Friedenstaube
fliege übers Land;
allen Menschen, großen, kleinen,
bist du wohlbekannt.

Fliege übers große Wasser,
über Berg und Tal;
bringe allen Menschen Frieden,
grüß sie tausendmal.

Und wir wünschen für die Reise
Freude und viel Glück,
kleine weiße Friedenstaube,
komm recht bald zurück.

(*Reime – Gedichte – Geschichten für den Kindergarten.* Berlin 1973)

30 JAHRE DDR
ERNST
Kindertag

Zum Frauentag

Eine Seite nur für den Vati und das Kind

Am 8. März wird in vielen Ländern der Welt – auch bei uns in der Deutschen Demokratischen Republik – der Frauentag gefeiert. An diesem Tag danken die Menschen den Frauen ganz besonders für ihre Arbeit, die sie in den Betrieben, in den LPG, im Hause und an anderen Plätzen leisten. Hast du schon daran gedacht, deiner Mutti, die auch eine dieser fleißigen Frauen ist, zum Frauentag zu gratulieren und sie mit einem kleinen Geschenk zu überraschen? Du kannst zum Beispiel einen Blumentopf mit bunten Mustern bemalen. Dazu brauchst du einen sauberen Blumentopf, eine oder zwei Farben aus deinem Tuschkasten und einen Pinsel. Du weißt ja jetzt, wie man mit dem Pinsel umgehen muß. Verwende die Muster, die du auf dem Bild siehst, oder denke dir selbst andere aus!

Wenn du mit der Arbeit fertig bist und alles getrocknet ist, setzt du eine kleine Pflanze mit Erde in den Blumentopf. Bitte den Vati oder deine Geschwister, daß sie dir dabei helfen! Am Frauentag überreichst du Mutti dann dein Geschenk und sagst dazu dieses kleine Gedicht auf.

Wir feiern heut den Frauentag, / da hab ich mir gedacht,
ich schenke dir den Blumentopf. / Ob er dir Freude macht?

Vielleicht möchtest du deiner Mutti zum Frauentag auch ein Bild schenken, das du selbst angefertigt hast? Dann überlege einmal, was sie im Haushalt alles zu tun hat, und male etwas davon!

Wenn es sich darum handelt, jemandem eine Freude zu bereiten, ist das Kind mit besonderem Eifer bei der Sache. Es müssen nicht unbedingt ein bemalter Blumentopf und gerade dieses Gedicht sein, mit dem die Mutti überrascht wird. Ihrer Erfindungsgabe sind keine Grenzen gesetzt.

(*Bald bin ich ein Schulkind.* Ein Buch zur Vorbereitung der Kinder auf die Schule. Berlin 1968)

Mutti ist tüchtig

Meine Mutti, die ist tüchtig!
Alles macht sie flink und richtig.
Schafft zu Haus und im Betrieb.
Mutti, ich hab' dich so lieb,
und ich schenke heute dir
dieses kleine Sträußchen hier.

(*Reime – Gedichte – Geschichten für den Kindergarten.* Berlin 1973)

Ein Besuch in der LPG

Karola ist oft in Wiesendorf zu Besuch. Viele ihrer Verwandten arbeiten dort in der LPG: Onkel Jürgen ist Schäfer und Tante Helga Viehzüchterin, Großmutter betreut das Geflügel, und Großvater fährt einen der

vielen Traktoren der Genossenschaft. Sieh dir das Bild an und erzähle, was du von der Arbeit der Menschen in der LPG weißt! Warum ist ihre Tätigkeit für uns alle so wichtig? – Überlege, wohin Karolas Großvater fahren und was er dort mit dem Traktor zu tun haben könnte! – Nenne noch andere Maschinen und Geräte, die den Menschen die Arbeit erleichtern, z. B. im Haushalt und beim Häuser- und Straßenbau!

Ausbilden und Anregen der Beobachtungsfähigkeit und Erzählfreudigkeit und Bekanntmachen mit der sozialistischen Umwelt: das sind hier die Hauptanliegen. Sprechen Sie mit Ihrem Kind – ausgehend von den auf dem Bild dargestellten Einzelheiten – über die Arbeit unserer LPG-Bauern. Das Kind wird viel aus eigenem Beobachten und Erleben dazu beisteuern können.

(*Bald bin ich ein Schulkind.* Ein Buch zur Vorbereitung der Kinder auf die Schule. Berlin 1969)

II. „Nicht für die Schule, für das Leben lernen wir“

UNSER KIND KOMMT ZUR SCHULE

Ein Brief an alle Eltern der Schulanfänger 1976

1. Einschulung

Vom ersten Schultag an werden die Kinder mit den vielfältigsten Fragen des Lebens vertraut gemacht. In unserer Schule erhalten die Kinder eine hohe Bildung und eine gute sozialistische Erziehung. Dazu gehört auch die Vorbereitung auf die Arbeit, die Erziehung zur Liebe zur Arbeit und zu den arbeitenden Menschen. Bis Ihr Kind zum ersten Mal zum Unterricht in die sozialistische Produktion gehen wird, vergehen noch einige Jahre. Aber die Erziehung zur Arbeit erfolgt bereits in der ersten Klasse. Es werden den Schülern zum Beispiel Grundfertigkeiten und Grundkenntnisse im Werkunterricht und im Schulgartenunterricht vermittelt. Sie verrichten auch schon kleine gesellschaftlich nützliche Tätigkeiten.
Zur sozialistischen Bildung und Erziehung der Jüngsten gehört auch, daß sie den Patenbetrieb ihrer Schule kennenlernen. Das beginnt damit, daß sie erfahren, was in dem Betrieb hergestellt wird. Diese Kenntnisse und Erfahrungen werden nach und nach erweitert. Sehr wichtig ist die Verbindung zu den Arbeitern und Genossenschaftsbauern, die durch den Abschluß von Patenschaften gefördert wird.

(*Unser Kind kommt zur Schule. Ein Brief an alle Eltern der Schulanfänger.* 1976)

---

2. Schulbuchtexte und Schülerhefte

a) Deutsch

Schreibübungen der ersten Klasse

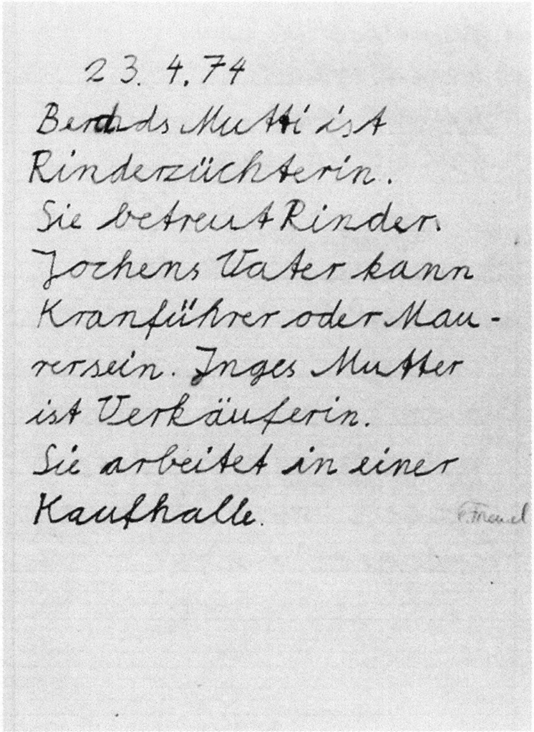
23.4.74
Berchds Mutti ist
Rinderzüchterin.
Sie betreut Rinder.
Jochens Vater kann
Kranführer oder Mau-
rer sein. Inges Mutter
ist Verkäuferin.
Sie arbeitet in einer
Kaufhalle.

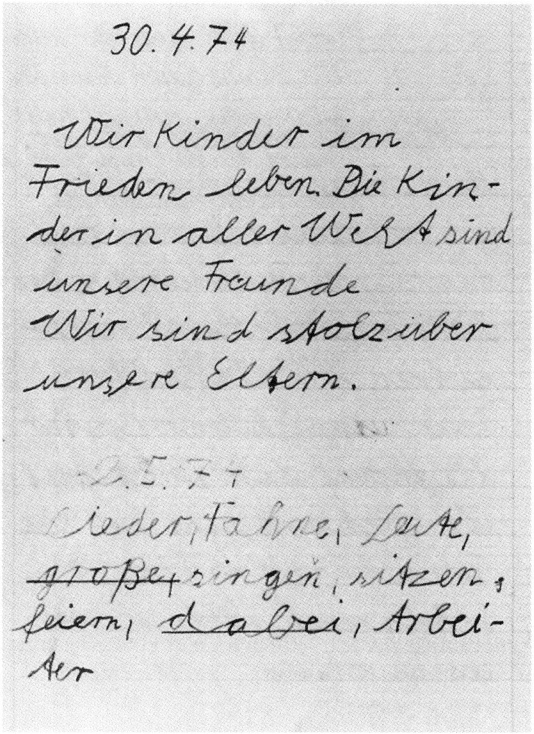
30.4.74
Wir Kinder im
Frieden leben. Die Kin-
der in aller Welt sind
unsere Fraunde
Wir sind stolz über
unsere Eltern.

2.5.74
Lieder, Fahne, Leute,
~~großer~~ singen, sitzen,
feiern, dabei, Arbei-
ter

Bald sind Ferien

Hannelore hat in diesem Jahr zum ersten Mal große Ferien.
Sie freut sich schon auf die Ferienspiele.
Jeden Tag fragt sie ihren großen Bruder, was sie dort alles spielen können.

Klaus erzählt gern von seinen Ferien. Im vorigen Jahr war er an der Ostsee. Mutters Betrieb hat dort ein Ferienheim. Jeden Tag konnten die Kinder baden und spielen. Einmal fuhren sie zu einem großen Hafen. Dort sahen sie viele Kräne und Schiffe. An einem Schiff lasen sie den Namen „Frieden". Am Mast wehte die Fahne der Republik.

Klaus weiß, warum das Schiff „Frieden" heißt. Es fährt in viele andere Länder. Allen Menschen auf der Welt soll es sagen, daß wir in unserer Deutschen Demokratischen Republik im Frieden leben und arbeiten wollen.

In diesem Jahr darf Klaus nach Thüringen in ein Pionierlager fahren.

Die Jungen und Mädchen wollen auf die Berge klettern und durch den Wald wandern. Klaus und die anderen Pioniere haben ihren Soldaten bei der Volksarmee schon geschrieben, wohin sie fahren. Heute hat Klaus einen Brief vom Soldaten Heinz bekommen. Nun kann er die Ferien kaum erwarten. Lest den Brief! Dann wißt ihr, worauf Klaus sich freut.

Wer sorgt in unserer Republik dafür, daß alle Kinder frohe Ferien verleben können?

Lieber Klaus! *20. Juni*

Wir danken Dir und den anderen Pionieren für Euren Brief. Wißt Ihr was? Euer Lager ist ganz in unserer Nähe. Besucht uns doch einmal!
Es ist fein, daß Ihr alle gut gelernt habt. Die Fahrt ins Pionierlager habt Ihr Euch wirklich verdient.
Seid weiter fleißig! Helft auch mit, daß immer Frieden bleibt! Fragt Eure Eltern und Eure Lehrer, was Ihr schon tun könnt!
Unser Dienst ist schwer. Aber wir tun ihn gern, damit Ihr in Ruhe lernen und spielen könnt.
Kein Feind soll es wagen, unsere Deutsche Demokratische Republik anzugreifen.

Auf Wiedersehen!
Es grüßt Dich und die anderen Pioniere
Dein Soldat Heinz

Kennt Ihr auch einen Soldaten? Was könnt Ihr ihm schreiben?
Weißt Du, was NVA heißt?
(*Unsere Fibel.* Berlin 1973)

Diktat aus einem Schülerheft der 3. Klasse

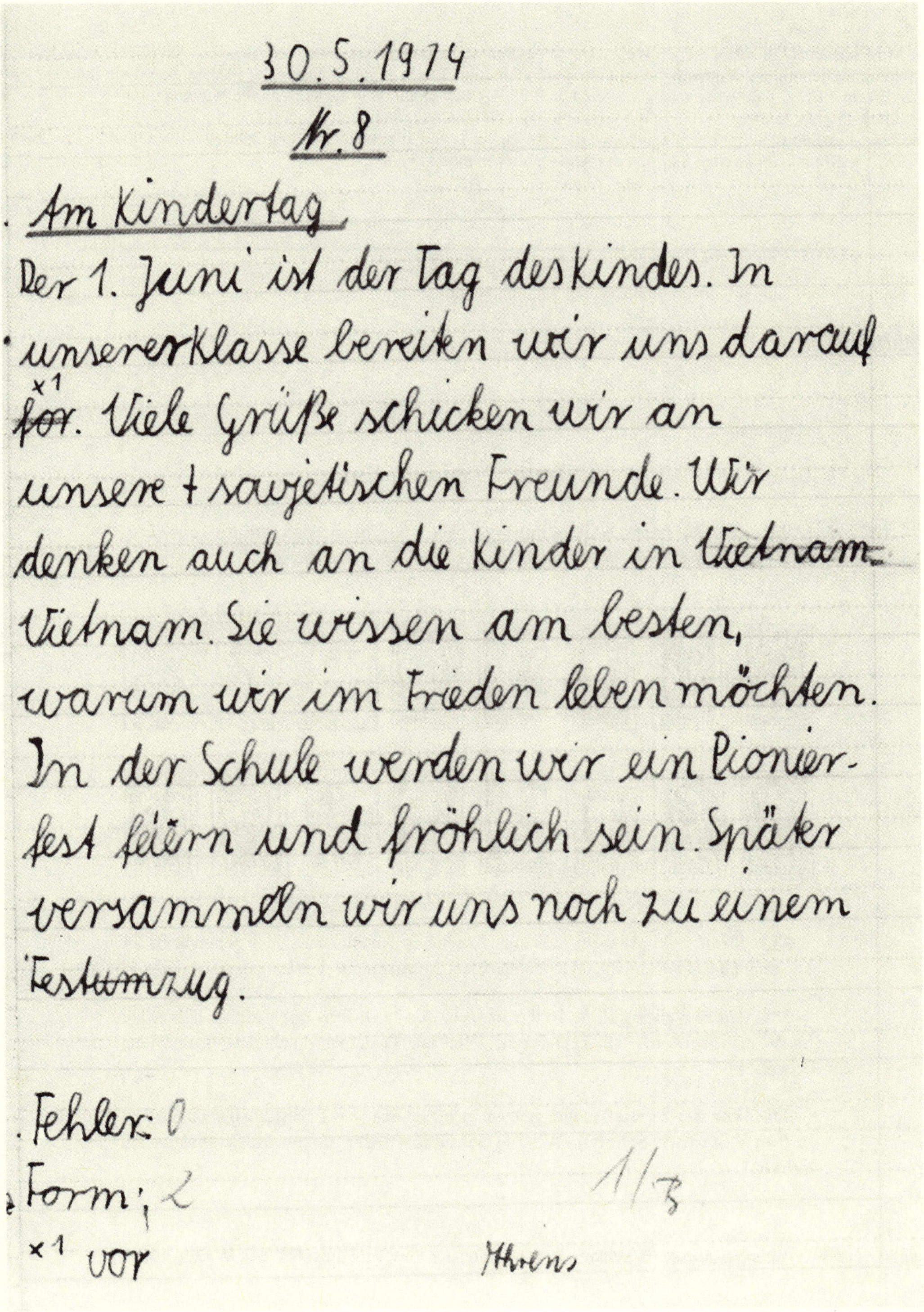

30.5.1974

Nr. 8

Am Kindertag

Der 1. Juni ist der Tag deskindes. In
unsererKlasse bereiten wir uns darauf
x1 för. Viele Grüße schicken wir an
unsere + sawjetischen Freunde. Wir
denken auch an die Kinder in Vietnam
Vietnam. Sie wissen am besten,
warum wir im Frieden leben möchten.
In der Schule werden wir ein Pionier-
fest feiern und fröhlich sein. Später
versammeln wir uns noch zu einem
Festumzug.

Fehler: 0
Form: 2 1/3
x1 vor Ahrens

Diktatbeispiel für die Klasse 3

Die Überraschung

Petras Mutter arbeitet / in einem großen Werk. Als sie gestern / müde nach Hause kam, / blitzte schon die Küche. Petra hatte sich / eine Schürze umgebunden / und rasch die schmutzigen Teller / und Tassen abgewaschen. Alles glänzte. Selbst die Schuhe / standen geputzt / in einer Ecke. Zuletzt legte sie noch / eine saubere Tischdecke auf. Wie hat sich da / die Mutter gefreut!
(59 Wörter)

Anmerkung: „Überraschung" (nicht Mindestwortschatz Klasse 3) vorher zusätzlich orthographisch sichern oder anschreiben! Das Komma im zweiten Satz und das Ausrufezeichen mitdiktieren!

b) Mathematik

Aufgaben

(zum Aufsuchen eines unbekannten Summanden)

332. Sascha hatte 5 Briefmarken. Als man ihm noch einige schenkte, hatte er 8 Marken. Wieviel Marken schenkte man Sascha?

333. Sima beobachtete, wie die Erbsen keimten. Am Morgen waren es 18, am Abend schon 30. Wieviel Erbsen keimten im Verlauf des Tages?

334. Im Sowchos gab es 16 Traktoren. Als man ihm noch einige schickte, hatte er insgesamt 22 Traktoren. Wieviel Traktoren schickte man dem Sowchos?

335. Vor der Sowjetmacht gab es in einer Stadt 6 Schulen. Jetzt gibt es in dieser Stadt 32 Schulen. Wieviel Schulen wurden durch die Sowjetmacht gebaut?

(*Arithmetik, Lehrbuch für die 2. Klasse.* Bestätigt vom Ministerium für Volkbildung der RSFSR. Moskau 1962)

c) Musik

NATIONALHYMNE
DER DEUTSCHEN DEMOKRATISCHEN REPUBLIK

Worte: Johannes R. Becher
Melodie: Hanns Eisler

2. Glück und Friede sei beschieden Deutschland, unsrem Vaterland!
Alle Welt sehnt sich nach Frieden, reicht den Völkern eure Hand!
Wenn wir brüderlich uns einen, schlagen wir des Volkes Feind.
Laßt das Licht des Friedens scheinen, daß nie eine Mutter mehr
ihren Sohn beweint, ihren Sohn beweint.

3. Laßt uns pflügen, laßt uns bauen, lernt und schafft wie nie zuvor,
und der eignen Kraft vertrauend, steigt ein frei Geschlecht empor.
Deutsche Jugend, bestes Streben unsres Volks in dir vereint,
wirst du Deutschlands neues Leben. Und die Sonne schön wie nie
über Deutschland scheint, über Deutschland scheint.

(*„Komm, sing mit“*. Lehrbuch Musik, Klasse 1 – 4. Berlin 1957)

d) Heimatkunde

Schülerheft Heimatkunde 3. Klasse, 1974

4. Die Herrschaft der Faschisten und der 2. Weltkrieg

Im Jahre 1933 kamen die Faschisten an die Macht. Vom ersten Tage an verfolgten sie das deutsche Volk, besonders die Arbeiter. Ihr Ziel war es, andere Völker zu überfallen und zu unterdrücken. Besonders verfolgt wurden die Arbeiter und Antifaschisten. Sie sollten den Arbeitern und Bauern nicht mehr erklären können, welches Unheil die Faschisten über Deutschland bringen würden.

5. Der Kampf der Antifaschisten und die Folgen des Faschismus für Deutschland

- *Viele Menschen in Deutschland kämpften gegen den Faschismus*
- *Oft wurden Arbeiter verhaftet und in KZ gebracht, die von den Faschisten eingerichtet wurden*
- *andere Antifaschisten kämpften an der Seite der Roten Armee oder bei den Partisanen gegen den Faschismus*
- *Viele Städte und Dörfer wurden zerstört, viele Männer und Frauen und Kinder getötet. Der Krieg brachte für Tausende von Familien großes Leid.*

[...]
Die Arbeit der Werktätigen

Vor 1945	*in einem sozialistisch Betrieb*	*in einem kapitalist. Betrieb*
einem Kapitalisten gehört der Betrieb	*Betriebe gehören dem Volk*	*Betriebe gehören 1 Kapitalisten oder Gesellschaften (Monopole)*
6 Tage Arbeitswoche	*5 Tage Arbeitswoche*	*6 oder 5 Tage Arbeitswoche*
Unsicherheit des Arbeitsplatzes	*Sicherheit des Arbeitsplatzes, Möglichkeit zur Qualifizierung*	*Unsicherheit des Arbeitsplatzes, Möglichkeit zur Qualifizierung nur zum Vorteil des Kapitalisten*
Entlassung, Streiks, kein Recht auf Mitbestimmung	*Verbesserung der Lebensbedingung, Mitbestimmung Neuererkollektive*	*Entlassungen, Streiks, begrenztes Recht auf Arbeit*
schwere Handarbeit	*Arbeit mit modernen Maschinen*	*Arbeit mit modernen Maschinen*

Gewinn an den Besitzer der Produktionsmittel:

Kapitalist	*Volk*	*Kapitalisten*

(*Plakat, fünfziger Jahre*)

Frau
Margot Honecker
Ministerin für Volksbildung
1086 Berlin

Dr. Marianne Harnisch

Betr.: **Eingabe zum Pädagogischen Kongreß**

In Vorbereitung des Pädagogischen Kongresses haben wir uns mit den Lehrbüchern der Klassen 1–4 beschäftigt.
Ich bin sehr betroffen darüber, daß psychisch, geistig sowie körperlich kranke und behinderte Menschen, denen ich mich als ambulant tätige Nervenärztin widme, an keiner Stelle auch nur Erwähnung finden, geschweige denn Möglichkeiten des Miteinanderlebens und der gegenseitigen Achtung aufgezeigt werden. Dadurch wird der Ignoranz und Ausgrenzung dieser Menschen der Boden bereitet. Dem muß durch entsprechende Thematisierung dieser Problematik wie auch durch gemeinsame Unternehmungen der Schülerinnen und Schüler (Musizieren, Bewegungsspiele, kreatives Gestalten u.a.m.) entgegengewirkt werden.
Im Interesse einer Prophylaxe der im Anstieg begriffenen Verhaltensstörungen bei Kindern müßten geringere Klassenstärken von maximal 15 Kindern ermöglicht werden und eine ganzheitliche individuellere Erziehung die Leistungsorientierung in der Schule ersetzen. Dazu ist eine entsprechende Qualifizierung der Lehrerinnen und Lehrer Voraussetzung wie auch eine Eignungsprüfung im Hinblick auf die notwendigen pädagogischen Fähigkeiten.
Es ist wohl nicht zu vertreten, daß Pädagogik zu den Umlenkungsstudien gehört. Gewaltfreies Kommunikations- und Konfliktlösungsverhalten sollte durch die Pädagogen lebendig vermittelt werden. Anstelle von nicht altersentsprechenden (und häufig dem alltäglichen Leben fernen) Fachkenntnissen sollte eine ganzheitlichere Allgemeinbildung, zu deren Schwerpunkten soziales Lernen gehört, erfolgen. Hausaufgaben sollten zugunsten individueller Kreativität auf ein Minimum eingeschränkt werden, zumal ihr Nutzen ohnehin nur gering zu sein scheint.
In den Fächern, in denen Begabungen bzw. Haltungen und Einstellungen wesentlich sind (Musik, Zeichnen, Sport, Werken, Gartenarbeit, Heimatkunde, Staatsbürgerkunde) müßte zur Erhaltung der Freude an eigener Kreativität und Meinungsäußerung auf Notengebung verzichtet werden.
Längst überfällig ist für mich die Ersetzung von Wehrkunde und vormilitärischer Ausbildung durch das Erlernen gewaltfreier Kommunikation und Friedensfähigkeit.
Unzureichend sind die vorhandenen Plätze an den Sonderschulen für in ihrer psychischen Einstellungsfähigkeit eingeschränkte (verhaltensgestörte) Kinder, deren Klassen bis zur Berufsausbildung hingeführt werden müssen.
In der Hoffnung, daß die Gedanken in die nötige Erneuerung unseres Schulbildungssystemes miteinfließen werden
verbleibe ich mit freundlichem Gruß

Dr. Marianne Harnisch

Gera, den 17. 04. 1989

3. Pioniere

Gelöbnis

Ich verspreche, als Junger Pionier so zu leben und zu lernen, daß ich würdig bin, Mitglied der Pionierorganisation zu sein, die den Namen "Ernst Thälmann" trägt.

Ich verspreche, die Gesetze der Jungen Pioniere immer zu halten und nach diesen Gesetzen meine Aufgaben als Junger Pionier zu erfüllen.

DIE GESETZE DER JUNGEN PIONIERE, 1953

JUNGE PIONIERE *achten den Menschen*

Wir sind ein Teil des werktätigen Volkes – die revolutionären Kämpfer der Arbeiterklasse sind die Vorbilder der Jungen Pioniere.

JUNGE PIONIERE *lieben ihre Heimat*

Wir helfen nach unseren Kräften mit im Kampf um den Frieden, ein einheitliches, demokratisches, friedliebendes und unabhängiges Deutschland und den Aufbau des Sozialismus in unserer Deutschen Demokratischen Republik.

JUNGE PIONIERE *sind Freunde der Sowjetunion*

Wir hüten und pflegen die Freundschaft mit der Sowjetunion so, wie es uns Ernst Thälmann und Wilhelm Pieck lehren. Die Jungpioniere der Sowjetunion sind unsere Freunde, von ihnen wollen wir immer lernen.

JUNGE PIONIERE *halten Freundschaft mit anderen Völkern*

Wir stehen fest auf der Seite der Menschen, die den Frieden und den Fortschritt lieben und für ihn kämpfen.

JUNGE PIONIERE *achten ihre Eltern*

Wir wissen, daß wir unseren Eltern viel verdanken, und helfen ihnen bei der häuslichen Arbeit. Wir achten ihren Rat und versprechen ihnen, stets fleißig zu sein, um tüchtige Menschen zu werden.

JUNGE PIONIERE *lieben die Wahrheit*

Wir lügen nicht und werden immer danach streben, zu erkennen, was wahr ist, und offen unsere Meinung vertreten.

JUNGE PIONIERE *lernen gut*

Wir lernen vorbildlich in der Schule, sind diszipliniert und helfen allen Klassenkameraden, gut und gründlich zu lernen. Dazu nutzen wir alle Möglichkeiten.

JUNGE PIONIERE *helfen überall mit*

Wir packen bei jeder Arbeit für die Allgemeinheit mit zu, sei es in der Schule, im Elternhaus, auf der Straße, auf dem Dorfe oder wo immer es auf unsere Hilfe ankommt.

JUNGE PIONIERE *sind zuverlässig*

Wir erfüllen die von uns übernommenen Aufgaben, sind pünktlich und ordentlich, halten auf Sauberkeit und stehen zu unserem Pionierwort.

JUNGE PIONIERE *halten ihren Körper sauber und gesund*

Wir stählen unseren Körper bei Sport und Spiel und beim Wandern. Wir rauchen nicht und trinken keinen Alkohol.

JUNGE PIONIERE *lieben und schützen die Natur*

Wir beobachten die Tier- und Pflanzenwelt, erforschen ihre Gesetze und die Naturreichtümer unserer Heimat.

JUNGE PIONIERE *sind einander Freund*

Wir helfen kameradschaftlich jedem anderen Jungen Pionier, seine Aufgaben zu lösen.

JUNGE PIONIERE *halten ihr blaues Halstuch in Ehren*

Unser blaues Halstuch ist ein Teil der Fahne der Freien Deutschen Jugend. Es ist eine Ehre für die Jungen Pioniere, Mitglied der Freien Deutschen Jugend zu werden.

Grüßende Pioniere

(*Pionierkalender 1978*)

Pionierfahne der Freundschaft

Das höchste Symbol der Pionierorganisation „Ernst Thälmann" ist das rote Ehrenbanner

Glückwunsch zum Pioniergeburtstag

Anläßlich Eures Pioniergeburtstages übermitteln Euch Eure Paten, die Kameraden der Freiwilligen Feuerwehr S., die herzlichsten Glückwünsche. Wir wünschen Euch viel Freude an diesem Tag und weiterhin gute Lernergebnisse.
Hagenow, d. 13.12.1984 gez. G. Issel, Wehrleiter

---

7. Pioniertreffen in Dresden 1982

Ein Dankeschön für die Gastgeber

Du wirst in Dresden freundlich empfangen und aufgenommen und möchtest dich bedanken. Nicht mit teuren, gekauften Geschenken, sondern mit etwas ganz Persönlichem, mit einer kleinen Arbeit, die von dir, deiner Stadt, deinem Dorf erzählt.

Von der Ostseeküste kannst du ein Materialbild aus Strandgut mitbringen: Weiße Möwenfeder, dunkler Seetang, Teil eines alten Netzes und Muscheln auf einem rauhen Grund (Sackjute) aufgeklebt. Ein alter Bilderrahmen wird abgeschliffen und neu gebeizt (braun, blau oder grün).

Du kannst auch ein Rezept mitbringen, das für deine Gegend typisch ist. Die Anleitung schmückst du mit Bildern oder Ornamenten.

Was nehmen wir auf die Reise mit?

Bevor das Reisegepäck zusammengestellt wird, lohnt es sich, über Umfang und Zweckmäßigkeit nachzudenken.

Neben der festlichen Pionierkleidung ist derbe, aber leichte Kleidung zu empfehlen, die nicht sofort zerreißt oder verschmutzt. Das Pioniertreffen ist keine Modenschau! Nimm nicht zuviel Sachen mit, aber denke daran, daß es selbst im August kühle Tage geben kann, daß du dich nach einem überraschenden Regenschauer umziehen mußt, damit du dich nicht erkältest. Nimm feste, eingelaufene Schuhe mit, keinesfalls neue. Denke auch daran, daß Dederonsocken oder ähnlich leichte Strümpfe zum Wandern und für längere Spaziergänge ungeeignet sind.

Trage in die folgende Tabelle ein, was du mitnimmst. Vor der Abreise kannst du dann leicht die Vollständigkeit deines Gepäcks überprüfen.

Bezeichnung	*Anzahl*	*Bezeichnung*	*Anzahl*
Pionierhemd/ -bluse		Musikinstrument	
Pionierhose/ -rock		Notizheft	
Pionierhalstuch		Bleistifte	
Regenumhang		Farbstifte	
Pullover/Strickjacke		Fotoapparat	

Trainingsanzug
Wanderschuhe
leichte Schuhe
Turnschuhe
weiße Kniestrümpfe/Socken
Strümpfe
Unterwäsche
Hemden/Blusen
Hosen/Röcke
Taschentücher
Handtücher
Waschmittel für kleine Wäsche
Rucksack o.ä.
Sportbekleidung
Trinkflasche
Eßbesteck
Schnellpflaster
Sicherheitsnadel
Kamm
Handtuch
Seife
Zahnbürste
Zahnpasta
Becher
Schuhputzzeug
Taschenlampe
Schwimmzeugnis
Badeerlaubnis
Badehose/ -anzug
Brot- oder Campingbeutel

[...]

Auftrag an die Gruppen der Thälmannpioniere

Liebe Thälmannpioniere!

Auf dem X. Parteitag der SED haben die Genossen beschlossen, wie unser sozialistisches Vaterland durch die fleißige Arbeit aller Werktätigen weiter erstarkt und wie der Frieden auch künftig erhalten werden kann.
An der Seite der Genossen, Eurer Eltern, Lehrer und Freunde der FDJ helft Ihr dabei tatkräftig.
Der Zentralrat der FDJ ruft Euch auf: Nehmt teil an unserer
"Pionierexpedition – Immer bereit!"

Im August 1982 jährt sich zum 30. Mal der Tag, an dem die Partei der Arbeiterklasse unserer Pionierorganisation den Namen "Ernst Thälmann" verlieh.
Aus diesem Anlaß wird vom 15. bis 22. August im Bezirk Dresden das VII. Pioniertreffen stattfinden.
Mit der "Pionierexpedition-Immer bereit!" wollen wir unser Treffen gut vorbereiten. Das Ziel unserer Expedition soll sein, unser sozialistisches Vaterland, die Deutsche Demokratische Republik, zu erforschen.
Wie wollen wir dabei vorgehen?

(*Wir sind dabei. Mein Tagebuch zum Siebenten.* Berlin 1982)

4. Arbeiten, Aufsätze, Urkunden und Briefe

Niederschrift 3. Klasse, Güstrow, 1974

Pionierhilfe für Vietnam
Die Schule ist vorüber, da gingen Regina, Elke, Ralf, Ulf und Olaf zusammen nach Hause. Auf dem Flur der Schule hing eine neue Wandzeitung, Olaf hatte sie als erster gesehen. Er rief: „Hier hängt eine neue Wandzeitu^{n}g", die Überschrift hieß „Hilfe für Vietnam". Sie lasen sich die Wandzeitung genau durch. Sie beschlossen am Nachmittag auch Altstoffe zu sammeln und zu spenden.
Sie trafen sich auch auf dem Schulhof. Jeder brachte etwas mit. Regina brachte Flaschen mit. Olaf brachte viel Papier mit. Ralf mußte schleppen, denn er hatte so viel Papier mitgebracht. Ulf hatte einen Sack voll Lumpen. Elke hatte zwei Netze voll Flaschen. Nun brachten sie die Altstoffe zum Altstoffhandel. Ralf durfte mit dem Pionierleiter mitgehen. Die anderen warteten ungeduldig. Endlich kamen sie. Sie hatten einen großen Schein. Sie fragten: „Wieviel habt ~~ich~~ ihr denn bekommen?" „Ratet mal!" „16 Mark." Sie freuten sich. Sie gingen mit dem Pionierleiter zu einem Vietnamesen, überreichten ihm eine große Liste, wo darauf stand, wer alles mitgeholfen hat. Er freute sich, daß sie auch für das Vo^{l}k in Vietnam spendeten.

Form: 2/D.

Hausaufsatz Klasse 8

Bad Doberan , 04.2.1981

Hausaufsatz

„Besuch der Burgruine Regenstein"
(Wiedergeben von Eindrücken)

Als wir im Jahre 1980 unseren Urlaub im Harz verbrachten, nahmen wir uns auch vor, die Ruine Regenstein zu besuchen. Darauf hatte ich mich schon lange gefreut, da ich mich sehr für historische Ereignisse interessiere. Endlich war es so weit. Aufgeregt schritten wir durch das Tor, das den Blick auf den Regenstein mit seinen alten Burganlagen freigab.

Wie ein mächtiger schwerfälliger Riese erhob er sich vor uns. Je weiter wir den Berg erklommen, desto erregter wurde ich. Ich stellte mir vor, wie der Burggraf vor langer Zeit auf demselben Pfad auf Raubzüge ausgezogen ist.

Als wir am ehemaligen Festungsgraben der Oberburg angelangt waren, lag uns die malerische Landschaft des Harzes zu Füßen. Unwillkürlich dachte ich mir, daß die Welt doch eigentlich ungerecht sei. Warum gibt es bei uns in Mecklenburg nicht solche malerischen Berge, solche schönen grünen Täler? Dann aber erinnerte ich mich daran, daß auch die mecklenburgische Landschaft mit großen Feldern, den grünen Wäldern, den vielen Seen und nicht zuletzt der Ostsee ihre Reize hat.

Nun mußten wir aber weitergehen. Als wir die ersten Räume der Ruine erreicht hatten, war ich sehr überrascht. Die Gemächer waren nämlich alle sorgfältig in den Felsen gehauen worden.
Ich verspürte Achtung vor den ungeheuren Arbeitsleistungen, welche die einfachen Menschen mit einfachen Werkzeugen vollbracht hatten. Wieviel Schweiß und Blut muß die Errichtung dieser Räume gekostet haben!

Als ich sie genauer betrachtete, befiel mich ein Schauern. Ich konnte mir nicht vorstellen, daß ein Mensch es dort lange aushalten oder sogar dort wohnen könnte.
Durch die Fensteröffnungen fegte der Wind, und die Wände strahlten schaurige Kälte ab.
Jetzt gelangten wir an den Schacht, der zum ehemaligen Burgverlies führte. Beim Anblick dieses düsteren feuchten Loches lief es mir kalt über den Rücken. Wie muß jenen Menschen zumute gewesen sein, die dort frierend auf ihre Hinrichtung warteten?
Währenddessen waren wir an der höchsten Stelle des Regensteins angelangt. Dort befinden sich zwei Gräber von ehemaligen Burggrafen. Ich wunderte mich sehr darüber, da der Untergrund aus hartem Fels besteht. Da fragt man sich doch, wie es möglich sein kann, daß diese Menschen auch nach ihrem Tode in derartig tyrannischer Art und Weise über ihre Untertanen herrschen konnten, daß sie sie veranlassen konnten, mit soviel Anstrengungen ein bleibendes Denkmal an ihre blutige Herrschaft zu schaffen. Denn wieviel Blut, Schweiß und Tränen muß auch diese Arbeit gekostet haben.

Nun ging es an den Abstieg. Bevor wir wiederum das Burgtor durchschritten, sahen wir noch einmal zurück, voller Ehrfurcht, was diese Felswände, die schon in frühgeschichtlicher Zeit als Kultstätte dienten, schon gesehen haben und noch sehen werden.

1 D.

Es ist Dir gelungen, Deine Eindrücke nacherlebbar wiederzugeben. Die sprachlichen Mittel sind geschickt ausgewählt, um Gedanken und Gefühle zum Ausdruck zu bringen.
19.2.81 D.

Brief eines Schülers an seinen Bruder

Rostock, d. 10. 6. 87

Hallo Alter!

Ich muß Dir ja gleich mal schreiben, daß ich meine Geschichtsprüfung mit 1 gemacht habe damit Du Dich mitfreuen kannst. Eben als ich auf dem Weg nach Hause war denke ich, ich seh nich richtig, denn da kommt mir Mama entgegen. Sie wollte die erste sein, die sich freuen kann. Ich habe sogar eine große Bauernrose bekommen von der Schule.
Als Thema hatte ich die Parteitage der SED, vom 8. bis zum 11. PT. Was für ein blödes Thema. Aber ich hatte schon so etwas gedacht und war deshalb gut vorbereitet. Ich mußte eine ¾ Stunde warten, ehe ich in den Vorbereitungsraum gehen durfte. Dort haben die mich dann eine ½ Stunde sitzen lassen. Die Lehrer wollten bloß eine Kaffeepause machen. So etwas gemeines. Dadurch hat man sich bloß noch unnötig aufgeregt. Jedenfalls könnte ich mir ein Loch ins Hemd freuen. Vielleicht gibt es in einer Woche Bericht von Russisch.

Reni

Schülertext Staatsbürgerkunde

Peter Broderstorf Kl. 10 *Wolgast, 20.11.82*

Setzen Sie sich mit folgender Meinung auseinander:
„Die Politik der USA ist auf die Erhaltung des Friedens ausgerichtet.
Die Bedrohung der Welt erfolgt durch die Sowjetunion."

Den 1. Teil dieser Meinung kann man mit Hilfe folgender Feststellung aus der Militärpolitik, der Wirtschaftspolitik und der Ideologie widerlegen.
Militärpolitik (USA): Stützpunkte um die soz. Staaten; ständig steigende Rüstungsausgaben mit dem Ziel der Vorrüstung, Androhung von Gewalt, Unterstützung von Konterrev. und reaktionären Regierungen, direkte Aggression.
Wirtschaftspolitik: größte Investitionen in Prod. U. Forschung, die militärischen Zwecken dienen, deshalb Kürzung von Sozialausgaben
Wirtschaftsembargo – Nahrung als Waffe
Abwerbung von Kadern aus Entwicklungsländern
Entwicklungshilfe – Billigländer
Ideologie: Manipulierung der Volksmassen im eigenen Land; ideologische Diversion gegen soz. Länder

Der zweite Teil der Meinung wurde auch nur recht einseitig gesehen. Eine direkte Bedrohung gegen die Welt nur durch die SU gibt es nicht. Aber ich denke, andere Völker, z.B. in ärmeren Ländern fühlen sich durch ein mil. Gleichgewicht (des Schreckens) auf so hohem Niveau bedroht, bei dem die reichsten Nationen der Erde die Schätze der Welt (Erdöl, Eisenerz) für ihre Rüstung verschwenden und die Erde ausrauben, anstatt sie zu bewahren. Ich glaube schon, daß sich die Armen der Welt bedroht fühlen, wenn sie sehen, wie einige wenige Reiche nur um ihre Sicherheit zu gewährleisten, die gesamte Erde aufs Spiel setzen. Dazu habe ich mal ein Beispiel gelesen, das etwa so lautet: „Wenn du dir ein Bild machen willst, wie es um die Erde steht, dann stell dir einen Stiefel vor, der in ein Menschenantlitz trifft. Immer wieder und immer wieder." Deshalb finde ich den Rüstungswahn der Großen der Welt einfach ungerecht und unverantwortlich allen anderen gegenüber, die auch noch auf der Erde wohnen wollen.

Ich fühle mich nicht durch die SU bedroht, sondern durch alle Waffen, egal wo sie lagern und stationiert sind.

2 K.

In diesem Zusammenhang fällt mir ein Lied ein: „Meinst du, die Russen wollen Krieg?"
Hat das sowj. Volk, das im 2. Weltkrieg über 20 Mill. Menschen verloren hat, weil es überfallen wurde, nicht das Recht und die Pflicht, sich und alle friedliebenden Menschen vor einem Krieg zu schützen? Was soll die Regierung tun, wenn ihre Friedensvorschläge von den USA abgelehnt werden? Die Waffen der SU dienen ihrer Sicherheit und nicht dem Angriff. Deshalb fühle ich mich durch die sowjetischen Waffen nicht bedroht. Krieg widerspricht dem Wesen des Sozialismus.

K

Subbotnik
(Aus einem Gruppenbuch der 4. Klasse)

Am Mittwoch den 7.9.88 führten wir mit Frau Grane auf unserem Sportplatz einen Subbotnik durch. Unsere Klasse nahm sich vor, mit vereinten Kräften den Sportplatz zu reinigen. Wir fegten den Schmutz beiseite harkten den Rasen sauber und sammelten Papier weg. Als wir fertig waren freuten wir uns über unsere nützliche Arbeit und spielten.

Eingeschrieben von: Daniel
Berlin den 4.10. 88

Die Lernkonferenz
(Aus einem Gruppenbuch der 4. Klasse)

Am 23. 11. 1988 führten wir eine Lernkonferenz durch. Zuvor schoben einige Schüler die Tische in U-Form zusammen und bereiteten Keksteller vor. Unsere Gäste waren: Frau Albrecht, Frau Janek, Frau Bienert, Frau Weiß vom Elternaktiv, ein Vertreter der Patenbrigade und Ronny. Sylvia eröffnete die Lernkonferenz mit dem Pioniergruß. Danach sangen alle das Lied „Kogda moi druz'ja so mnoj". Nun wurde der Patenschaftsvertrag vorgelesen und von Sylvia, Frau Bienert und Frau Weiß unterzeichnet. Katarina übernahm nun die Leitung und fragte alle Schüler was sie sich vorgenommen hätten und worin sie sich verbessern müßten. Jeder konnte seine Meinung dazu sagen. Als alle ihre Meinung gesagt hatten, beendete Sylvia die Lernkonferenz mit dem Pioniergruß.

Berlin, den 30.11. 1988 *Arlette*

Urkunde

Dirk Zaremba

FÜR SEHR GUTE LEISTUNGEN
IM FACH RUSSISCH UND FÜR
VORBILDLICHE ARBEIT IM SINNE DER
DEUTSCH-SOWJETISCHEN FREUNDSCHAFT

Ludwigslust 30. Juni 1972
Gesellschaft für Deutsch-Sowjetische Freundschaft
Kreisvorstand

URKUNDE

Christine Willig

hat erfolgreich an der

16. ABC-Mathematik-Olympiade 1978

teilgenommen

und gehört zu den Besten der Klassenstufe 4

Es gratuliert die Redaktion „Die ABC-Zeitung“

Chefredakteur

Berlin, 1978

(204) Ag 715/65 J/78 – Ag 117/1/8 5088-7

5. FDJ in der Schule

Verbandsauftrag
FDJ-Bezirksorganisation Berlin

Die Bezirksleitung der FDJ der Hauptstadt der DDR, Berlin, die Kreisleitung der FDJ erteilt der FDJ-Grundorganisation der Georgi-Dimitroff-Oberschule folgenden Verbandsauftrag:

1. Jedes Mitglied der FDJ ist Teilnehmer des „Treffens junger Sozialisten“ und hat einen konkreten Auftrag auszuführen.
   – Vom 2. – 12.9.69 sind in allen FDJ-Gruppen Mitgliederversammlungen durchzuführen, auf der jede Gruppe ihr Programm auf der Grundlage der vorliegenden Aufgabenstellung beschließt. Jedem FDJ-Mitglied ist ein konkreter, abrechenbarer Verbandsauftrag zu erteilen.
   – Die FDJ-Mitglieder an den Schulen helfen den Jung- und Thälmann-Pionieren bei der Durchführung ihrer Versammlungen.
   – In den Tagen des Treffens tragen alle FDJ-Kleidung.
   – Jede Gruppe beschließt, welche Veranstaltungen des „Treffens junger Sozialisten“ sie geschlossen besucht.
2. Schmückt unsere Hauptstadt schön wie nie! Mit den Fahnen der Partei der Arbeiterklasse, unseres Staates und unseres Jugendverbandes grüßen wir unsere Gäste.
   – Macht unsere Schulen sauber und schön, ebenso das Haus in dem ihr wohnt. Helft den Freunden der Nationalen Front bei der Ausschmückung des Wohngebietes.
   – Jede Gruppe legt auf einer Festwandzeitung zum 20. Geburtstag der DDR öffentlich Rechenschaft über die Leistungen im Stafettenwettbewerb ab.
3. Jedes Mitglied der FDJ nimmt teil am großen Fackelzug der Jugend am 6. Oktober, an der Kampfdemonstration der Werktätigen der Hauptstadt am 7. Oktober und an der Abschlußveranstaltung in den Abendstunden des 7. Oktober.
   – Jene FDJ-Mitglieder, die mit speziellen Aufgaben im Rahmen der Demonstration betraut wurden, bereiten sich gewissenhaft auf die Schulung in der Zeit vom 10. bis 14. 9. 69, die zentralen Demonstrationsproben am 14. und 25. 9. 69 sowie auf die Generalprobe am Vorabend des Treffens vor.
   – Am 27. und 28. 9. 69 finden die Tage der Bereitschaft statt.
   An diesen beiden Tagen prüfen wir den Stand der Vorbereitung auf das „Treffen junger Sozialisten“. Am 28. 9. 69 kommen wir zu einem Appell in der Kreisorganisation zusammen.
   Das wird der Auftakt für eine interessante Veranstaltung in den Abendstunden des gleichen Tages sein.
   – Vor der Partei der Arbeiterklasse legen wir Rechenschaft über unsere Leistungen im Stafettenwettbewerb ab.

Artur-Becker-Medaille (Gold/Silber/Bronze)

Hans-Beimler-Abzeichen der FDJ (in drei Stufen, 8.–10. Klasse)

Ein Pioniernachmittag mit unseren FDJlern (Aus einem Gruppenbuch der 4. Klasse, Berlin 1986)

Am Mittwoch den 22.6. haben unsere FDJ-ler mit uns einen Pioniernachmittag durchgeführt. Unsere Gruppenratsvorsitzende Sylvia hat ihn mit dem Pioniergruß „Für Frieden und Sozialismus", eröffnet. Danach sangen wir alle ein Lied. Es hieß:„ Jedermann liebt den Samstag Abend". Unsere FDJ-ler begrüßten uns anschließend und erzählten uns sehr viel. Zum Beispiel. Was das Pionierabzeichen auf der Pionierbluse bedeutet. Das Pionierabzeichen besteht aus den Buchstaben „JP" (Junge Pioniere), drei lodernden Flammen und der Innschrift „Seid bereit". Weiterhin erklärten sie uns was die Zeichen, unter dem Pionierabzeichen bedeuten. (Aufnäher)

(drei Balken) = Vorsitzender des Freundschaftsrates
(2 Balken) = Gruppenratsvorsitzender und Freundschaftsrat
(1 Balken) = Mitglieder des Gruppenrates

Wenn wir ~~Thalna~~ Thälmannpioniere werden, erhalten wir auch ein Beitragsbuch, wo wir monatlich 0,10 M Beitrag bezahlen.
Zum Abschluß haben sie uns Fragen gestellt, und bei richtiger Antwort hat der jenige einen Bonbon erhalten. Es war ein schöner Pioniernachmittag für die ganze Klasse
Eingeschrieben von Guido N.

Aus einem FDJ-Gruppenbuch, Berlin 1970

FORSCHUNGSAUFTRAG

Schuljahr: 70/71
Klasse: 10b

Unser FDJ-Auftrag für das neue Schuljahr lautet:
»An der Seite der Genossen, vollbringt hohe Leistungen zu Ehren der DDR!«

Erforscht die Rolle Dimitroffs beim 7. Weltkongreß der Kommunistischen Internationale und laßt Euch erzählen, welche Rolle dieser Kongreß für die Weiterentwicklung der kommunistischen Weltbewegung spielte.
Setzt Euch mit Alfred Kurella in Verbindung.

Neumann	*S. Felinghof*	*Szartnik*
Parteisekretär	Direktor	Pionierleiter

I. Nartschuk
GOL

6. Jugendweihe und Konfirmation

1. Jugendweihe

Die Jugendstunden. Auszug, Berlin 1974

3.8. Zur Gestaltung von Jugendstunden
3.8.1. Das Gespräch als methodische Grundform
3.8.2. Die Exkursion
3.8.3. Die Jugendstunde im sozialistischen Betrieb
3.8.4. Die Jugendstunde in Mahn- und Gedenkstätten
3.8.5. Die Jugendstunde in Museen und Ausstellungen
3.8.6. Werke der bildenden Kunst in den Jugendstunden
3.8.7. Werke der Musik in den Jugendstunden
3.8.8. Das Buch in der Jugendstunde
3.8.9. Der Besuch im Theater
3.8.10. Film, Fernsehen, Rundfunk und Presse in der Jugendstunde
3.8.11. Die Verwendung von Unterrichtsmitteln in den Jugendstunden

Zentraler Ausschuß für Jugendweihe der DDR (Hrsg.): *Handbuch zur Jugendweihe.* Eine Anleitung für Mitglieder der Ausschüsse für Jugendweihe und Jugendstundenleiter. Berlin 1974

Ausschnitt aus einer Jugendweiherede, 1977

Denkende, sprechende und arbeitende Wesen, den Homo sapiens, den vernunftbegabten Menschen, gibt es auf unserer Erde seit mindestens 55 000 Jahren. In diesem Zeitraum konnten rund gerechnet 2000 Generationen nacheinander aufwachsen. Doch keine der 2000 Generationen fand solche dynamischen Entwicklungsbedingungen vor, wie ihr in der heutigen Welt, deren Antlitz geprägt ist vom Übergang zum Sozialismus/Kommunismus. Keine einzige der 2000 vorangegangenen Generationen kannte den heutigen Stand der Kultur, Wissenschaft, Technik und Produktion.
Keine einzige der 2000 Generationen erlebte ein so stürmisches Entwicklungstempo der Wissenschaft und Technik, wie in unserer Zeit. Und nicht eine der 2000 Generationen war Augenzeuge und Mitgestalter einer solchen Dynamik des gesellschaftlichen Umbruchs, einer solchen Revolutionierung der gesamten Lebensverhältnisse, wie wir sie heute, dank der Existenz des realen Sozialismus, weltweit erleben. Es ist schon eine große Zeit, in der ihr, liebe Mädchen und Jungen, eure Jugendweihe empfangt und symbolisch ins Erwachsenenleben tretet. Doch die Größe der Zeit ist für euch ganz selbstverständlich – und das ist gut.
Ihr seid in dieser Zeit geboren und in dieser Zeit – für die Eltern meist viel zu schnell – herangewachsen.
Als ihr die ersten Worte über die Lippen brachtet, gehörte Gagarins bemannter Weltraumflug bereits der Geschichte an. Unsere Landwirtschaft war schon sozialistisch und das imperialistische Kolonialsystem in Afrika erlebte seinen völligen Zusammenbruch. Es ist völlig klar, daß junge Leute mit einer solchen Entwicklung, mit solchem Erleben und mit solch einem Erfahrungshorizont die Größe unserer Zeit als völlig natürlich und ganz normal empfinden. Daraus ergibt sich auch ihr Anspruchsniveau.

(*Jugendweihe. Zeitschrift für Mitarbeiter und Helfer.* Berlin, Nr. 7/1977)

Wir gestatten uns, Sie zu der

Jugendweihefeier

am Sonntag, dem 31. März 1985, um 11.00 Uhr,
in das Maxim Gorki Theater,
Am Kastanienwäldchen,

einzuladen.

Der Schulbereichsausschuß für Jugendweihe
der 5. Oberschule "N. K. Krupskaja"
Berlin-Prenzlauer Berg

MITWIRKENDE

Wolfgang Hosfeld
Brigitte Hosfeld
Eckhart Strehle
Instrumentalgruppe
Tanzgruppe des Kreispionierhauses Berlin-Friedrichshain

Unser Gelöbnis – Bekenntnis
zu Freundschaft, Frieden und Sozialismus

PROGRAMM

Einzug der Jugendlichen

Siciliano	J. S. Bach
Prolog	F. Döppe
Ich hab ein Herz	K. Demmler/T. Uhl
Am Morgen des Sieges	K. Paustowski
Es blüht Holunder	russisches Volkslied
Das Haus der Freunde	H. Kalau/K. Simonow
Mein Kind, wir waren Kinder	Volksweise (nach H. Heine)
Du unsere Zeit	W. Bräunig
Hundert Sommer will ich brennen	A. Scholz/ F. Grabner

Festansprache und Gelöbnis

Werner Zabrowski,
Direktor für Arbeit und Sozialökonomie
im VEB Robotron-Vertrieb Berlin
Nationalhymne

Übergabe der Urkunden und Geschenkbücher

Glückwunsch der FDJ
Dank der Jugendlichen

Musikstück	G. F. Händel
Ich glaube an das Menschenkind	G. Maurer
Wir lassen keinen zurück	Tanzgruppe
Aus: Lauter Leben – Die Ausnahme	H. Schubert
Sonne kommt bald wieder	Tanzgruppe
Auszug der Jugendlichen	

Programmänderungen vorbehalten

Festrede vor der 6. und 9. Oberschule (nach dem Manuskript, Berlin 1990)

Liebe Mädchen und Jungen!

Gewiß bin ich in Übereinstimmung mit allen Anwesenden, wenn ich mich zuerst an Euch wende. Es ist Eure Feier, Euer Festtag.
Die Aufregungen, die es heute wohl in jeder Familie gab oder gibt – vergleichbar eigentlich nur der zu Schulanfängen oder Hochzeiten – ist ein sicheres Zeichen: mit dieser Jugendweihe passiert etwas ganz wichtiges in Eurem Leben. Was macht ihn aber so bedeutsam diesen Tag, an dem die neuen Schuhe drücken, für den Mutti unbedingt noch zum Friseur mußte, Vati extra die Krawatte umgebunden hat und Oma, Onkel und Tante den weiten Weg aus Lübeck und Köln nicht scheuten. Wir bestätigen Euch heute: Ihr beschließt die Kindheit, beginnt die Zeit der Jugend und der zunehmenden Reife.
Ihr, liebe Mädchen und Jungen, wollt diesen Tag gewiß nicht nur damit verbringen, Euch weitreichende Gedanken oder gar Sorgen über Eure Zukunft zu machen. Ohne jede Wehmut nehmt Ihr Abschied von der Kindheit, so, wie Ihr ausgetretene Schuhe oder zu eng gewordene Kleidung ablegt. Und natürlich wißt Ihr längst, daß zwischen der Kindheit und wirklichem Erwachsensein die vielgerühmte und -besungene Jugendzeit liegt. Die Zeit der unbegrenzten Hoffnungen, der großen Träume und mancherlei Vorsätze; die Zeit der unzerstörbar erscheinenden Freundschaften und der ersten ganz großen Liebe; die Zeit, in der man das eigene Ich erst richtig entdeckt und in der man sich selbst verwirklichen will.
Den Schritt aus der Kindheit zu tun bedeutet nicht nur, im Kino Filme mit dem Prädikat P 14 zu sehen, zur Disco länger zu bleiben, die Fahrerlaubnis für Mopeds zu erwerben, einen eigenen Reisepaß zu erhalten, künftig mit „Sie“ angesprochen zu werden. Diesen Schritt zu tun heißt gleichermaßen, auch mehr Verantwortung für Euch und andere zu tragen, tragen zu lernen. Eure jüngeren Geschwister und Schulkameraden werden nicht nur im wörtlichen Sinne zu Euch aufblicken, denn sie wollen so sein wie die Großen und die „Großen“ seid nun auch Ihr. Ich wünsche Euch, daß Ihr die große Verantwortung nicht als unbequeme Last empfindet, sondern als zuverlässigen Kompaß auf dem Weg in ein sinnerfülltes Leben.
Noch seid Ihr behütet durch Eltern, Schule, Lehrer, die Euch freundschaftlich, mehr oder weniger von Euch geduldet, an die Hand nehmen. Sie stehen heute vor der schwierigen Aufgabe, Euch auf neue Art auf das Leben vorzubereiten. Wir befinden uns auf dem Weg zur Marktwirtschaft. Alle sprechen davon, daß sie sozial gerecht, umweltfreundlich und humanistisch sein soll. Sie wird in erster Linie eine Leistungsgesellschaft sein, in der jeder höchste Ergebnisse erzielen muß, um im Leben bestehen zu können. Das beginnt bereits für einige von Euch mit der Aufnahme in eine Leistungsklasse und für andere mit der Suche nach einer geeigneten Lehrstelle. Sicher ist, daß schöpferische Tätigkeit und Aufgabenerfüllung Euch in den nächsten Jahren stärker erfüllen werden als bisher. Das Leben verlangt oftmals keine einmaligen Leistungen, sondern Ausdauer, feine Geschicklichkeit, mühevolle Einzelarbeit, Kraft und das Bemühen, sich ständig neues Wissen anzueignen.
Nutzt darum die vor Euch liegende Zeit, um anwendbares Wissen aufzunehmen. Das ist die beste Garantie dafür, im späteren Berufsleben überall bestehen zu können.
Und noch eines, Ihr werdet in einem einheitlichen deutschen Staat leben und solltet Euch ohne jede Verklemmung auch zu Eurer Nationalität bekennen. Setzt Euch darum mit der Geschichte dieses Volkes auseinander, schöpft daraus Stolz und Selbstbewußtsein, aber ebenso Nachdenklichkeit und Verantwortung.
Ich wünsche Euch, daß Ihr jeden Tag ein bißchen klüger, freundlicher, verständnisvoller, auch für die Andersdenkenden und Schwächeren, und auf diese Weise stärker und glücklicher werdet.

Liebe Eltern, liebe Großeltern, werte Gäste!
Ihre Gedanken, verehrte Mütter und Väter, wandern in dieser festlichen Stunde gewiß weit zurück bis zu jenem Tag, an dem Sie Ihr Kind zum ersten Mal im Arm hielten und sich vorzustellen versuchten, wie aus diesem winzigen, hilflosen Wesen ein selbstbewußter, kluger, tüchtiger junger Mensch werden kann. Sie erinnern sich noch an die erwartungsvollen Augen Ihres Kindes, als es bewußt den Weihnachtsbaum wahrgenommen hat, an den ersten Schultag, sorgfältig vorbereitet, an das erste Zeugnis, das gemeinsam betrachtet und sicher auch gefeiert wurde. Erinnern Sie sich vielleicht auch an die erste nach eigenem Geschmack vorgenommene Veränderung in der Kleidung, der Frisur oder im Kinderzimmer, an die erstmals geäußerte Absicht, mit einem Problem allein fertig zu werden, an das erste Aufbegehren gegen elterliche Bevormundung?
Ja, die jungen Leute, die heute hier in den ersten Reihen sitzen, sind selbstbewußter geworden. Sie wollen nicht mehr an die Hand genommen werden, und manchmal tun sie so, als wüßten sie alles besser. Sie zeigen ihre Liebe und ihre Dankbarkeit nicht mehr so wie ein Kleinkind. Sie schämen sich und halten das für Gefühlsduselei, offen oder sogar noch vor anderen, ihre Sympathie bzw. Dankbarkeit zu zeigen. Der eine Blick, das in die Arme nehmen,

vielleicht ein scheuer Kuß nachher vor der Tür – trotz der vielen Leute – das ist doch viel mehr als blumige Dankesreden.
Und doch kommt darin das Wissen Ihrer Kinder zum Ausdruck um das Wachen und Bangen der Eltern am Krankenbett, die schlimmen Auseinandersetzungen, wenn's mal völlig falsch lief – mit Versprechen und Versicherungen unter vier oder sechs Augen, das einfach mal sein Herz ausschütten können bei einem großen oder kleinen Kummer, das selbstverständliche Einspringen von Oma, als mal Not am Manne – besser an der Frau – war, das einfache Zuhörenkönnen und Dasein.
Seien wir als Erwachsene jetzt vorsichtig mit solchen Äußerungen: als ich in deinem Alter war ... Die jungen Leute glauben uns nicht, können nicht begreifen, daß Eltern oder sogar die Großeltern einmal so jung gewesen sein sollen, wie sie es jetzt sind. Manches können sie später nachempfinden, wenn sie selbst Kinder haben, wenn sie aus dem gewonnenen Abstand ermessen können, was das Elternhaus für sie war.
Nehmen wir es den jungen Menschen nicht übel, wenn sie uns Älteren heute und hierzulande mit mehr Zweifel und Widerspruch begegnen, als in ihrem Alter üblich. Sagen wir ihnen lieber offen, daß wir selbst noch längst nicht auf alle Fragen Antwort wissen, daß auch wir nicht gegen Irrtümer und Fehler gefeit sind und noch manches zu lernen haben.

Liebe Lehrerinnen und Lehrer!
Auch Ihnen gilt heute unser Dank, wissen wir doch unsere Kinder bei Ihnen in guten Händen. Vermutlich ist es das Schicksal Ihres Berufsstandes, daß Dankbarkeit erst in längeren Zeiträumen zurückfließt. Fast alle Schüler schimpfen auf ihre „Pauker", sehen sich später ein Leben lang gern die „Feuerzangenbowle" an und erinnern sich warmen Herzens und mit Freuden an ihre Schulzeit.
Ich meine, wenn wir einen Blick in die Hefte unserer Kinder werfen, dann nötigt das hohen Respekt vor den Leistungen der Pädagogen ab. Dazu kommt, daß Sie, liebe Lehrer, in Vorbereitung dieser Jugendweihe dazu beigetragen haben, den Mädchen und Jungen in besonders bewegter Zeit ein Stück Lebenshilfe im besten Sinne des Wortes zu geben.

Liebe Mädchen und Jungen!
Ich will heute nicht mit erhobenem Zeigefinger Ratschläge erteilen, aber ein paar Wünsche möchte ich schon noch loswerden. Zuerst den Wunsch, Ihr mögt es verstehen, Euer Leben zu genießen. Genießen in dem Sinne, recht vieles von dem in Euch aufzunehmen, Euch mit dem auseinanderzusetzen, was die Welt, Natur, Kultur, Geschichte uns alles bietet. Dazu gehören Beethoven und Depeche mode, Shakespeare und Ottokar Domma, Fußball bei Union und Wandern auf dem Rennsteig, Disco und Museum ... und Tausenderlei mehr. Keine Angst, gemeint ist nicht, daß jeder an allem Gefallen finden muß – doch auffordern möchte ich Euch, auf die Suche zu gehen, wo Ihr Muse findet, wo Ihr Euch selbst auf vielen Gebieten ausprobieren und den eigenen Horizont erweitern könnt.
Dann wünsche ich Euch, den Wert von Freundschaft und Liebe kennenzulernen, die man wohl am besten empfindet, wenn man sie selbst gibt. Versteht es und strebt danach, das eigene Glück nicht im Widerstreit mit dem- oder derjenigen neben Euch zu machen, lernt, solidarisch zu handeln. Vergeudet in diesem Sinne gerade auch die noch vor Euch liegenden Jahre der Schulzeit nicht, gestaltet Euch schöne gemeinsame Erlebnisse, aus denen jeder einzelne Kraft, Zuversicht und Geborgenheit schöpfen kann.
Mein Wunsch an Euch ist, Glück im Tätigsein zu empfinden. Erhaltet Euch, was gerade die Jugend auszeichnet – nicht die ausgetretenen Wege gehen zu wollen; lernt, um klüger zu werden und nicht nur der Zensuren wegen.
Und schließlich, um nicht wortbrüchig zu werden, ein letzter Wunsch: helft mit, daß Fröhlichkeit und Freundlichkeit, gegenseitige Hilfe und gegenseitiges Verstehen immer mehr unser Leben, unseren Umgang miteinander bestimmen. Strebt nach Selbstbewußtsein und Bescheidenheit, habt Ideale, aber verliert nicht den Boden unter den Füßen, greift nach den Sternen, aber vergeßt nicht, wo Ihr herkommt.
Euch und Ihnen allen seien an diesem Tage Glück, Kraft und Gesundheit gewünscht.
Vertrauen wir darauf, daß diese jungen Menschen ihr Schicksal selbstbewußt in die eigenen Hände nehmen und mit Klugheit und Tatkraft meistern werden. Versprechen wir ihnen am Tage ihrer Jugendweihe, ihnen Ratgeber, Freund und Partner zu bleiben, so lange sie uns brauchen.
Euch, liebe Mädchen und Jungen, beglückwünschen wir zu Eurer Jugendweihe. Wir begrüßen Euch im Kreis der Erwachsenen.

Dankrede einer Schülerin (nach dem Manuskript, Berlin 1985)

Liebe Eltern und Großeltern, liebe Lehrer, liebe Gäste!

Mir wurde die schöne Aufgabe übertragen, heute an diesem bedeutenden Tag unseres Lebens im Namen aller Jugendweiheteilnehmer, Dank zu sagen für all die Fürsorge und Liebe, die sie uns bisher angedeihen ließen.

Vorallem danken wir Ihnen, liebe Eltern und Großeltern, die Sie uns mit soviel Geduld vom ersten Tag unseres Lebens an behütet und umsorgt haben, uns geholfen haben die ersten Schritte ins Leben zu tun, stets Verständnis für unsere Probleme zeigten und es uns dadurch ermöglichten den richtigen Weg in Schule und Gesellschaft zu finden.

Wir wissen, daß wir es Ihnen nicht immer leicht gemacht haben, daß wir auch weiterhin auf Ihr Verständnis und auf Ihren helfenden Rat angewiesen sein werden, worum wir Sie recht herzlich bitten möchten.

Dank haben wir auch Ihnen zu sagen, liebe Lehrer. Seit dem die Schule für uns begann, haben Sie uns Ihr Wissen und Können gegeben, haben Sie uns mit den Problemen unserer Zeit vertraut gemacht, und uns geholfen Schwirigkeiten zu überwinden. Durch Ihre aufopferungsvolle Arbeit, die wir Ihnen oft genug schwer gemacht haben, ist es Ihnen gemeinsam mit unseren Eltern gelungen, uns auf diesen Tag des »Erwachsenwerdens« gründlich vorzubereiten. Besonders unsere Klassenleiter Frau Groß, Frau Kammer und Herrn Berghof, sowie die Mitglieder beider Elternaktive haben großen Anteil daran.

Wir sind uns aber auch bewußt, daß wir diese Entwicklung unserem Staat verdanken, der mit seiner konsequenten Friedenspolitik, dafür sorgt, daß unser Leben in Glück und Geborgenheit verläuft. Dafür sei allen Werktätigen dieses Landes tausendfacher Dank gesagt. Vorallem auch dafür, daß wir durch die Wirtschafts- und Sozialpolitik unsres kinderfreundlichen Staates eine Schulausbildung genießen dürfen, die zu den besten der Welt gehört.

Deshalb versprechen wir Ihnen allen heute, daß wir auch in Zukunft, entsprechend des heute abgelegten Gelöbnisses, weiterhin fleißig ~~zu~~ lernen, uns das nötige Geschichtsverständnis aneignen, und uns mit den Grundgedanken unserer Epoche vertraut machen,\/ die selbst aktiv für ~~das~~ die Erhaltung des Friedens und das Wohl aller Menschen arbeiten werden.

\/ *um gute und aufrechte Staatsbürger sein zu können*

ICH DANKE FÜR IHRE AUFMERKSAMKEIT!

„Brigade – Familienereignisse“ (Aus einem Brigadetagebuch, Halle 1989)

Am 23. April 1989 hatte Alexandra B ü c k e n t h i n, Tochter unserer Kollegin Gislinde Bückenthin, Jugendweihe. Da die Kollegin Bückenthin unserem Betrieb seit über 12 Jahren und unserem Kollektiv der Sozialistischen Arbeit seit 8 Jahren angehört, haben wir auch die Entwicklung ihrer Alexandra miterleben können. Und da

die Alexandra auch schon während der Schüler-Ferienarbeit bei uns tätig war, gibt es Bindungen zum gesamten Kollektiv. Grund genug, die Alexandra zu ihrem Ehrentage zu besuchen.
Und so übernahmen es 2 Kollektivmitglieder, der Alexandra am Tage der Jugendweihe zu gratulieren und ihr je ein Geschenk des Kombinates und des Bereiches 48 - Fabrikstr. - zu überreichen. Und so gab es anschließend ein paar nette Stunden in der Familie Bückenthin bei Kaffee und Kuchen und einem Glas Wein.

Am Sonntage darauf, am 30. April 1989 war es unsere Kollegin Schulze, deren Sohn Marcel an diesem Tage seine Jugendweihe hatte. Wieder erklärten sich 2 Kollegen bereit, der Familie Schulze einen Besuch abzustatten und dem Marcel und seinen Eltern die Glückwünsche des Betriebes und seines Kollektives zu überbringen. Versteht sich, daß auch kleine Geschenke (Geld für's geplante Moped !) übergeben wurden. Aufmerksamkeiten, die der Marcel, der ebenfalls schon als Schüler während der Ferien bei uns tätig war, und seine Eltern, und hier vor allem seine Mutti, für ihre guten Leistungen im Kollektiv, verdient haben.
Bei Kaffee und Kuchen, Bier (Mai-Bock!) und Likör (und einem herrlichen, bezaubernden Blick aus den Fenstern der 8. Etage !!!!!) vergingen die Stunden des geselligen Beisammenseins viel zu schnell. Schön auch, daß der Kontakt zur Familie vertieft werden konnte.

Peter Meltzer

GELÖBNIS

Liebe junge Freunde !

Seid ihr bereit, als junge Bürger unserer Deutschen Demokratischen Republik mit uns gemeinsam, getreu der Verfassung, für die große und edle Sache des Sozialismus zu arbeiten und zu kämpfen und das revolutionäre Erbe des Volkes in Ehren zu halten, so antwortet:

JA, DAS GELOBEN WIR !

Seid ihr bereit, als treue Söhne und Töchter unseres Arbeiter-und-Bauern-Staates nach hoher Bildung und Kultur zu streben, Meister eures Faches zu werden, unentwegt zu lernen und all euer Wissen und Können für die Verwirklichung unserer großen humanistischen Ideale einzusetzen, so antwortet:

JA, DAS GELOBEN WIR !

Seid ihr bereit, als würdige Mitglieder der sozialistischen Gemeinschaft stets in kameradschaftlicher Zusammenarbeit, gegenseitiger Achtung und Hilfe zu handeln und euren Weg zum persönlichen Glück immer mit dem Kampf für das Glück des Volkes zu vereinen, so antwortet:

JA, DAS GELOBEN WIR !

Seid ihr bereit, als wahre Patrioten die feste Freundschaft mit der Sowjetunion weiter zu vertiefen, den Bruderbund mit den sozialistischen Ländern zu stärken, im Geiste des proletarischen Internationalismus zu kämpfen, den Frieden zu schützen und den Sozialismus gegen jeden imperialistischen Angriff zu verteidigen, so antwortet:

JA, DAS GELOBEN WIR !

Wir haben euer Gelöbnis vernommen. Ihr habt euch ein hohes und edles Ziel gesetzt. Feierlich nehmen wir euch auf in die große Gemeinschaft des werktätigen Volkes, das unter Führung der Arbeiterklasse und ihrer revolutionären Partei, einig im Willen und Handeln, die entwickelte sozialistische Gesellschaft in der Deutschen Demokratischen Republik errichtet.
Wir übertragen euch eine hohe Verantwortung. Jederzeit werden wir euch mit Rat und Tat helfen, die sozialistische Zukunft schöpferisch zu gestalten.

ZUM FESTTAG DER JUGENDWEIHE WÜNSCHEN WIR DIR

CHRISTIANE FRANKE

ALLES GUTE UND VIEL ERFOLG IN DEINEM KÜNFTIGEN LEBEN UND SCHAFFEN FÜR UNSERE DEUTSCHE DEMOKRATISCHE REPUBLIK

Zwickau, DEN 30. April 1972

Fritzsch   Walther

2. Konfirmation

Predigt (nach dem Manuskript, Berlin 1983)

Gnade sei mit uns und Frieden von Gott, unserm Vater und dem Herrn Jesus Christus. Amen.

Predigttext: Joh. 14, 1 – 6: Und Jesus fuhr fort in seinem Gespräch mit seinen Freunden: Seid ohne Angst! Laßt euch durch nichts erschrecken! Haltet an Gott fest und an mir!

In meines Vaters Hause sind viele Wohnungen. Wenn es nicht so wäre, würde ich hingehen und euch für eine Wohnung sorgen.

... Der Weg, den ich gehe, ist euch vertraut ... Ich bin der Weg ...

Liebe Konfirmanden, liebe Gemeinde!

Jeder von uns hat Erfahrungen mit der Kirche, die von Räumen bestimmt sind. Der eine denkt an die großen Dome, ihre Stille, die allein schon Andacht vermittelt; der andere vielleicht an die „Wohnstube Gottes", einen Gemeinderaum, in dem es gemütlich war, wo man als Kind sogar toben „durfte". Oder die riesengroße Kirche mit 10 Leuten darin, in der man sich ganz verloren vorkam. Oder die Rüstzeitheime der Kirche oder auch das offene Haus eines Pfarrers, in das man immer kommen konnte...

Räume der Kirche, groß und klein, annehmend und abstoßend, voll mit guten oder auch nicht guten Erlebnissen. Hinter diesen äußeren Räumen stecken immer innere Erfahrungen, die wir mit Kirche gemacht haben.

Euch Konfirmanden habe ich neulich einmal gefragt, warum ihr gern in den Konfirmandenunterricht geht. Unser Schaukasten am Gemeinderaum zeigt zusammengefaßt die meisten eurer Meinungen. Ihr habt damit auch zum Ausdruck bringen wollen, warum ihr in andere Räume nicht so gerne geht, aber das soll hier nur eine nebensächliche Rolle spielen.

Ihr habt „Kirche" als einen „Raum" erlebt, in dem mehr als Tische, Bänke, Altar und Kanzel drin sind. Ihr konntet mit „Kirche" ganz bestimmte Erfahrungen machen. Und dies habt ihr in euren Sätzen über den Konfirmandenunterricht zum Ausdruck gebracht. Ich möchte jetzt diesen Räumen immer einen Namen geben und dazu einige eurer Meinungen zitieren:

1. Kirche ist ein Traditionsraum.

Und dazu einen Satz von euch: „Ich gehe gern in den Konfirmandenunterricht, weil man da etwas über die Bibel, über Jesus, über die Kirche erfährt."

Kirche hat immer auch mit der Vergangenheit zu tun, mit dem, was früher war. Damit will man sich nicht immer gern im Unterricht beschäftigen, denn was sollen wir uns mit dem Kram von früher befassen. Das liegt so lange zurück. Heute müssen wir zurechtkommen! Heute leben wir! Heute wollen wir glauben! Heute haben wir unsere Probleme! Und doch ist es gut, sich dem allen zu stellen, denn die Menschen von früher haben Erfahrungen gemacht, aus denen wir lernen können. Sie sind mutig gewesen. Sie haben leiden müssen. Und sie haben auch versagt. Ihre Erfahrung sagt uns: Gott hat uns geholfen. Wir waren nicht allein!

Aber das Wichtigste: In der Vergangenheit hat Jesus gelebt. Er war für die Menschen da, besonders für die, die am Rande stehen mußten, er predigte, er half, er wies den Menschen neue Wege, er vergab die Schuld und setzte damit für viele den Anfang für ein neues Leben. Er wurde gekreuzigt und er ist wieder von den Toten auferstanden. Er ist unter uns, er weist auch uns heute den Weg, wenn wir nach ihm fragen. „Ich bin der Weg, die Wahrheit und das Leben", so haben wir es in unserem Predigttext gehört. Er kann auch uns den Weg in eine neue Richtung unseres Lebens weisen. Und wir können diesen Weg mit ihm ohne Angst gehen. Er hält uns zusammen und ist immer unser Begleiter.

Ich habe zu dem Wort „Tradition“ aber noch ein anderes Wort gefunden: „Traditionen sind wie Laternenpfähle. Nur Betrunkene halten daran fest.“

Hier wird die Gefahr gezeigt: Wer sich allein an Traditionen „festhält“, der kommt nicht weiter. Er bleibt allein am Gestern verhaftet. Er tritt auf der Stelle. Und wir wollen ja auch im Glauben weitergehen und an ein Ziel kommen.

2. Der zweite Raum, den wir kennen und erleben, ist die Kirche als L e r n r a u m.

Ihr habt dazu geschrieben: „Ich gehe gern in den Konfirmandenunterricht,
weil man hier mehr über Menschsein erfährt,
weil ich hier neue Menschen kennenlerne,
weil hier etwas für den Frieden getan wird,
weil man hier offen seine Meinung sagen kann.“

„Menschsein“, „Frieden“, „neue Menschen“, „Offenheit“, ich fasse noch einmal die Stichworte zusammen.

Was haben wir vom „M e n s c h s e i n“ gelernt? Daß der Mensch auf andere bezogen ist, daß er Mitmenschen, Nächste hat. Wir haben gelernt, daß der andere uns braucht und wir ihn auch. Viele Geschichten aus der Bibel und von Jesus haben uns dies gezeigt.

Wir haben gelernt, daß wir als Menschen von Gott gehalten sind. Hier haben wir noch viele Fragen. Wir fangen erst an zu suchen. Wir beobachten unser Leben und suchen nach den Spuren Gottes darin.

Wir haben gelernt, daß der Mensch ein Sünder ist. Vielleicht hat uns dieses Wort oft nicht gefallen, wir wollten uns nicht damit identifizieren. Und doch haben wir gespürt, daß wir nicht richtig leben, wenn wir mit anderen nicht zurechtkommen, mit unseren Eltern, mit den Lehrern, mit anderen Menschen. Wir beobachten, daß so viel nicht gut ist in der Welt, daß so wenig Frieden ist, daß unsere Umwelt kaputt gemacht wird, daß man überall mißtrauisch sein muß.

Hier wollen wir uns engagieren. Viele werden sich an das vergangene Jahr erinnern. „Schwerter zu Pflugscharen“, das war unser Anliegen und Auftrag. Wir sind hinausgegangen in die Welt, in die Schule, auf die Straßen. Manchmal haben wir es gemerkt, wenn wir auf den kirchlichen Veranstaltungen waren, daß wir doch nicht so wenige sind. Aber oft haben wir allein in Diskussionen gestanden. Wir wurden gefragt. Selten nur haben wir Verständnis gefunden. Wir sahen, daß die anderen dann nur noch mit der Macht, mit Verboten reagierten, daß das Argument und das gegenseitige Überzeugen nicht mehr gefragt war. Das hat unser Bewußtsein gestärkt. Wir können es sagen: Wir haben gelernt!

Und zu dem allen hat immer das Gespräch gehört, die Offenheit, daß wir hier alles sagen können. Dies hat unseren Zusammenhalt, unser Vertrauen zueinander so gut, so fest gemacht. Und wir können es sagen: Das haben wir von Jesus gelernt. Das gehört von nun an fest zu unserem Glauben dazu.

Wir haben auch Dinge gelernt, die langweilig waren. Der Pfarrer, also ich, hatte auch manchmal Durststrecken. Als er nicht da war und krank, da haben wir manchmal keine Lust gehabt. Es hat aber auch Dinge gegeben, die haben wir nicht verstanden und verstehen sie auch heute noch nicht. Wir haben gelernt, daß Kirche auch Institution ist, daß zum Glauben auch Dinge gehören, die uns fremd sind, bei denen wir Mühe haben: „Leben nach dem Tod“, „Ewigkeit“, „Dreieinigkeit Gottes“ z. B. Wir möchten das gerne bejahen, aber wir sind unsicher ... Wir lernen noch ...

3. Kirche bietet für uns „E r f a h r u n g s r ä u m e“.

Ihr habt dazu geschrieben: „Es ist hier anders,
hier wird die Welt nicht in „Gute“ und „Böse“ eingeteilt,
hier kann man hingehen, auch ohne direkt an Gott zu glauben,
ich finde hier Hilfe.“

„Erfahrung ist eine stachelige Frucht“, so sagt man. Bei euch war es so, daß da zuerst die anderen „Erfahrungen“ waren, in der man die Welt in „Böse“ und „Gute“ einteilte. Und ihr mußtet das akzeptieren. „Böse“ das waren die Kapitalisten, die uns schaden wollen, die den Krieg wollen. Und ihr merktet, daß diese Rechnung zu einfach ist und dachtet an eure Verwandten und Freunde, die dort leben, mit denen ihr nicht so zusammenkommen solltet und ihr wolltet sie nicht als Opfer der „Bösen“ ansehen. Oder ihr dachtet an Polen und an Andrzej und Kazik oder an Schwester Krystyna und alle die anderen, die euch mit Liebe umgaben und habt nicht verstanden, daß dies auf einmal eure „Feinde“ sein sollten. Oder ihr mußtet es selbst erfahren, aushalten und durchstehen, daß ihr selbst plötzlich „gefährlich“ sein solltet, weil ihr die Wehrbereitschaft eurer Klassenkameraden vermindert. Und man hat es euch spüren lassen, daß eure Haltung unter Druck gesetzt wurde und davon die Wege in den Beruf abhängig gemacht wurden.

Fast alle von euch sind zur Jugendweihe gegangen. Ihr hattet das Gefühl: Wir müssen das tun und fühltet euch bei aller „Freiwilligkeit“ dazu gezwungen. Das „Ja“ zum Sozialismus, eigentlich wollen es mit euch die meisten in unserem Lande geben. Aber sicher nicht so total, so umfassend, wie es hier geschieht, sondern mit eigenem Spielraum, mit der Möglichkeit zu bestimmten Dingen „Nein“ und zu anderen Dingen „anders“ „Ja“ sagen zu können.

Und da war dann die Kirche, wo ihr diese Gefühle loswerden konntet, wo ihr es erlebt wie z. B. heute, daß ihr nach eigenem Bekennen gefragt werdet, daß auch der Satz möglich war: „Hier kann man hingehen, auch ohne direkt an Gott zu glauben.“ Vielleicht erinnert ihr euch daran, daß vieles euch zurechthelfen sollte auf dem schwierigen Weg zwischen Anpassung und totaler Kritik, die aussteigen wollte aus diesem System.

„Erfahrungen“ mit der Kirche? Gibt es negative? Ich kann es mir vorstellen, daß ihr mal welche machen werdet. Denn auch in der Kirche gibt es Menschen, die sind eng, intolerant, gesetzlich; auch in der Kirche gibt es Intrigen, Machtkämpfe, Leute, die einen vor den Kopf stoßen können. Ich sage euch das, weil es Menschen gibt, die dies so erlebt haben und weil ich es möchte, daß euch dies dann nicht irritiert und all eure guten Erfahrungen kaputtmacht. Jesus will es anders. Er will euch gute Erfahrungen vermitteln. Und darum schließe ich jetzt den nächsten Punkt an.

4. Kirche ist G e m e i n s c h a f t s r a u m.

Ihr habt dazu geschrieben „... weil man sich unter Gleichgesinnten wohlfühlt.“

„G l e i c h g e s i n n t e“, bei uns in der Gruppe, da konnte man dies spüren. Wir waren uns einig bei aller Verschiedenheit, die manchmal auftrat. „Gleichgesinnte“, sie hat sich bei euch und bei vielen jungen Menschen darin geäußert, daß diese gleiche Gesinnung auch äußere Zeichen braucht. Darum habt ihr euch immer gefreut, wenn ihr irgendwo eines der kirchlichen Symbole wiedergesehen habt: „Schwerter zu Pflugscharen“, der Schlüsselring, der Mauerstein, der Wuschelfetzen, das Bekenntniszeichen ... Der gehört auch zu uns, so habt ihr dann sicher gedacht und gleich etwas mehr Vertrauen zu ihm gehabt.

Ich möchte euch etwas dazu bewußt machen, was ihr vielleicht bisher noch nicht so gesehen habt. Äußere Zeichen, sie sind ganz gewiß gut. Äußere Zeichen, die haben die anderen auch und vielleicht fühlen sie auch manchmal so wie ihr. Sie mögen denken: „Der ist Genosse, dem kann ich vertrauen." Man kann aber Menschen nicht nur nach äußeren Zeichen beurteilen. Man muß sich mehr Mühe geben. Man muß die anderen zu verstehen suchen, auch den, der nicht mit uns die gleiche Gesinnung hat. Das ist viel schwieriger und ich will euch diese Mühe um den anderen nicht ersparen. Jesus hat das getan. Er sah die Menschen mit den Augen der Barmherzigkeit.

Aber das Wort von der Kirche als „Gemeinschaftsraum" enthält noch andere Aspekte. In Grünheide, auf unserer Rüstzeit haben wir z. B. diskutiert, daß wir viel zu wenig von den anderen in unserer Gemeinde wissen, besonders auch von den älteren Menschen. Wir möchten gern mehr wissen über sie und mit ihnen sprechen. Und sicher geht es euch in vielen anderen Dingen so: Wir wollen noch mehr aus der Gemeinschaft der Kirche kennenlernen.

5. Der letzte Punkt heißt: Kirche ist S p i e l r a u m.

Und eure Sätze dazu lauten: „... weil hier viele schöne Sachen organisiert werden,
weil anderswo kaum etwas organisiert wird,
weil hier alles nicht so ‚ordentlich' durchorganisiert ist,
weil es Spaß macht."

Christenlehre, Konfirmandenunterricht, Jugendarbeit, Rüstzeiten, Ausflüge, Fasching, Stadtjugendsonntag, Bluesmesse, Hermannswerder, Johannisnacht, Station ... das und manches andere sind die Stichworte dafür. Kirche, „... weil es Spaß macht" und „Kirche als Spielraum". Wenn ein Kind „spielt", dann übt es damit Verhaltensweisen für das Erwachsenwerden ein, so sagen es die Psychologen. Wenn das so ist, dann möchte ich es uns bewußt machen, daß Kirche mehr ist und mehr sein will als das, „was Spaß macht." Sonst wäre sie nur etwas für „Passive", die nur das tun, eben was ihnen „Spaß" macht, die nur dorthin gehen, wo etwas „los" ist. Kirche für „Genießer und Feinschmecker".

Wenn aber „Spielraum" einüben für das Erwachsensein bedeutet, dann ist Kirche zum Engagieren da, zum Mittun, zum Mitdenken, zum Helfen, zum Mitverantwortung übernehmen. Dann ist Kirche auf einmal nicht etwas, was nur für mich da ist zur Befriedigung meiner „religiösen Bedürfnisse". Dann bin „i c h" Kirche.

Und deshalb will ich jetzt das Bild von den „Räumen" der Kirche verlassen. Es ist nur ein bedingt gutes Bild und hat seine Grenzen. Räume haben die Gefahr, daß man sich abkapselt darin, daß man in sie flieht, vor den Problemen der Welt, daß man eine heile Welt in ihnen sucht. Man kann dies tun und manchmal sollte Kirche wirklich so sein. Aber dann muß man auch wieder losgehen, herausgehen aus ihnen.

Jesus sagt es: „Gehet hin ...!" Und so sagt er es auch heute: Geht hin, geht hinaus aus den Räumen der Kirche! Sagt etwas, wo man es nicht von euch erwartet! Wagt etwas, wo sonst keiner sich etwas traut! Helft dort, wo gerade Hilfe am nötigsten ist! Seid still und schweigt, wo alle laut Zustimmung brüllen! Seid fröhlich, wo sonst alle resignieren! Vermittelt Hoffnung in die allgemeine Hoffnungslosigkeit hinein! Traut euch, Christ zu sein! Amen.

Brief eines Gemeindepfarrers am Tag der Konfirmation, Berlin

7.6.81

Liebe Kerstin!

Man kann am Barbaratag Kirschzweige in die Vase stellen und erlebt dann zu Weihnachten die herrlichste Kirschblüte in der Wohnung. Aber das Entscheidende fehlt: die Frucht. Jesus spricht zu seinen Jüngern nicht von der Blüte des Lebens, sondern allein von der Frucht, die das Leben bringt. Er lädt sie deshalb ein, bei ihm zu bleiben und so eng mit ihm verbunden zu sein wie der Weinstock mit den Reben. Die Verbindung zwischen dem Weinstock und den Reben ist naturhaft gegeben und bedingt, anders ist es mit Jesus und uns.

Wir können die Bindung abbrechen und dann ist unser Tun und Treiben nichts – vielleicht prächtig wie Kirschblüte im Dezember, aber ohne Frucht. Nicht erst die Kirchengeschichte, schon das Evangelium ist reich an Beispielen von Menschen, die es ohne Jesus, sozusagen auf eigene Faust versucht haben, Christen zu sein. Es wurden allenfalls anständige Menschen – und oft nicht einmal dies! Darum ist es wichtig, die Verbindung mit Jesus zu halten und dabei zu bleiben. Ich denke, die Zeit geht langsam zu Ende, in der Menschen über die lachen, die so oft „zur Kirche rennen", zum Gottesdienst oder zur Jungen Gemeinde und sich hier oder dort engagieren. Ich merke das persönlich bei Straßensammlungen, wo gerade wieder jüngere Menschen etwas in die Büchse stecken, und manche sagen es auch ganz offen: Euer Lebensstil gefällt uns. Vielleicht ist das schon ein Stück der Frucht, die hier gemeint ist. Ich wünsche Dir, daß Du einen guten „Lebensstil" findest, der nicht nur Dir, sondern vielen anderen Christen und solchen, die es (noch) nicht sind, Freude bereitet. Sei zum heutigen Tage vielmals gegrüßt von Deinem

Gemeindepfarrer Richard Blume

7. Wehrerziehung in der Schule

»Hans-Beimler-Wettkämpfe«

Richtlinie des Zentralrats der FDJ für die Organisation und Durchführung der »Hans-Beimler-Wettkämpfe« der FDJ in den 8. bis 10. Klassen der Oberschulen
vom 25. April 1972

Das Sekretariat des Zentralrats der FDJ hat auf der Grundlage der Vereinbarung zwischen dem Zentralrat der FDJ, dem Ministerium für Volksbildung und dem Zentralvorstand der GST neue Bedingungen für die »Hans-Beimler-Wettkämpfe« der FDJ beschlossen.
Die »Hans-Beimler-Wettkämpfe« sind die Hauptform der sozialistischen Wehrerziehung der FDJ in den 8. bis 10. Klassen der Oberschulen und werden auf der Grundlage des FDJ-Auftrages für das jeweilige Schuljahr als Bestandteil des Schülerwettstreits geführt.
[...]
3. Marsch der Bewährung

Der »Marsch der Bewährung« sollte zum abschließenden wehrerzieherischen Höhepunkt der »Hans-Beimler-Wettkämpfe« gestaltet werden. Er sollte die Schüler zu Gedenkstätten des revolutionären Kampfes der Arbeiterklasse, zu Einheiten und Truppenteilen der Nationalen Volksarmee oder der Sowjetarmee bzw. zu Großbetrieben führen. Hier können Treffen und Begegnungen mit Partei- und Staatsfunktionären, Veteranen der Arbeiterbewegung, jungen Arbeitern, sozialistischen Jugendkollektiven und Brigaden, Angehörigen der bewaffneten Organe und der Sowjetarmee stattfinden.
Der »Marsch der Bewährung« dient der Übung einzelner wehrsportlicher Elemente und ist eine Form der kollektiven Bewährung der FDJ-Organisationen der Klassen.
[...]

(Ministerium für Volksbildung [Hrsg.]: *Sozialistisches Bildungsrecht Volksbildung.* Berlin 1973)

Brief der Mädchen aus dem ZV-Lager an die Jungen ihrer Klasse

Rostock, den 24. 6. 1982

Ihr tapferen Häschen!

Heute am 8. Tag unserer Ausbildung haben wir Euren Brief erhalten. Es ist ein Trost für uns, daß es Euch nicht besser geht als uns. Euer Brief wurde mit Begeisterung aufgenommen. Wäre er eher angekommen, hätten wir Euch bei der Nachtwache besucht. Ohne Euch ist es hier auch nicht die Sahne. Wir wissen gar nicht, an wem wir unsere Wut auslassen sollen. Besonders nach MKE steigt unser Adrenalinspiegel. Nach längeren Ausdauerläufen, Kraftkreis-training und netten Wettspielchen sind wir nämlich nur „leicht" geschafft. Am Mittwoch haben wir Bekanntschaft mit der Bevölkerungsschutzmaske geschlossen und auf

Zeit das Aufsetzen geübt. Unsere Gruppenführer standen mit der Stoppuhr daneben und prophezeiten uns, ob wir noch leben oder nicht. Das waren schöne Aussichten. Die Flure unserer Schule sind durch unser Bergungstraining, da wir uns auf dem Fußboden gegenseitig retten mußten, sauber wie nie zuvor. Frau Malinek war hocherfreut, als wir gestern die höchst mögliche Punktzahl erhielten (10 Punkte). Heute Nacht wird sie kaum schlafen können, weil wir nur 7 Punkte bei Herrn Rahn erreichen konnten. Übrigens sollen wir Euch einen schönen Gruß von ihr übermitteln und Ihr sollt Euch ja schön anstrengen.

Und zum Schluß noch ein Ratschlag von uns.

Haltet durch und seht nicht alles so verbissen!

Heike, Anke, Jana, Gudrun, Jutta, Kathrin, Gundula, Sybille, Annett, Karen, Susanne, Wiebke, Anke K., Jana B., Antje und Astrid

---

Ministerium für Volksbildung
Unter den Linden
1086 B E R L I N
z. Hd. Frau Honecker

Berlin, den 28.5.89

E I N G A B E – offener Brief

Werte Frau Honecker!

Wir haben uns im Rahmen eines pädagogischen Seminars intensiv mit Schulbüchern und Lehrplänen beschäftigt. Uns macht betroffen, in welchem Maße militärische Strukturen und Inhalte Grundlage für den Unterricht sind.

In dem 1987 veröffentlichten SPD-SED-Papier „Der Streit um die Ideologien" heißt es unter anderem: „Unsere weltgeschichtlich neue Situation besteht darin, daß die Menschheit nur noch gemeinsam überleben oder untergehen kann. Eine solche Alternative ... verlangt ein politisches Denken, das historisch ohne Beispiel ist, ein neues Herangehen an die internationalen Angelegenheiten, besonders an die Sicherung des Friedens. Der Krieg darf kein Mittel der Politik mehr sein ... Dazu ist auf beiden Seiten nötig ... die Fähigkeit zum Dialog, zur Vertrauensbildung, zum Konsens, zum Abbau von Mißtrauen und Bedrohungsängsten ... ausschlaggebend für eine neue Kultur des politischen Streites, ist also eine realistische und differenzierte Analyse und Darstellung der anderen Seite statt Propagierung pauschaler Feindbilder und Weckung von Bedrohungsängsten".

Ihre Partei hat sich verpflichtet, Einsichten und Schlußfolgerungen aus dem Papier zu verwirklichen. Wir, eine Gruppe politisch und pädagogisch interessierter Menschen, möchten die eingegangenen Versprechungen anmahnen. Uns geht es um die Erfüllung dieser Versprechen in unserem Land und konkret in der Volksbildung.

Ein Blick in Schulbücher, Lehrpläne und Anleitungsmaterial für Kindergärtner, das sich als wissenschaftlich und objektiv präsentiert, genügt, pauschale Feindbilder und politische Darstellung der westlichen Welt und schließlich die sehr, sehr alte Kultur des militärischen Streites zu erkennen. Dieses wird als wissenschaftlicher Lehrstoff vermittelt, und gleichzeitig als Werte unserer Gesellschaft dargestellt. Ohne Beseitigung des Anachronismus: Wehrerziehung in der Volksbildung, ohne den Verzicht auf Vermittlung von Bedrohungsängsten und politisches Anheizen, ist eine sachbezogene und kreative Lösung der Menschheitsprobleme nicht denkbar.

Deshalb fordern wir:

- Entfernung von militärischen und militärverherrlichenden Inhalten aus den Schulbüchern
- Abschaffung des Faches Wehrerziehung
- Abschaffung der vormilitärischen Ausbildung
- eindeutige Trennung der GST von der Volksbildung
- kein militärisches Spielzeug in kinderbetreuenden Einrichtungen
- Herauslösen der Pionierorganisation und der FDJ aus ihrer jetzigen paramilitärischen Struktur
- Wegfall einer Feindbildprojektion
- Abschaffung militärischer Normen im Sportunterricht
- Wegfall der (militärischen) Meldung vor dem Unterricht
- keine Exkursionen zu militärischen Objekten
- keine Werbung für militärische Berufe
- Schaffung von Möglichkeiten öffentlicher Diskussionen über Konzepte zur Friedenserziehung

Nicht die herkömmlichen Lobgesänge auf diversen Kongressen bringen dieses Land voran.

Die sich als realistisch gebärdende Kritik – „an denen unten“ – ist wenig hilfreich. Es geht um die konkrete Benennung und Diskussion von Problemen des Einzelnen und der vielen in Staat und Gesellschaft. In diesem Sinne erhoffen wir die erfolgreiche Bearbeitung unseres Briefes.

Wir sind zu weiterführenden Gesprächen gern bereit.

Mit freundlichen Grüßen
Teilnehmer eines pädagogischen Seminars in Berlin-Weißensee

KOMBINAT

VEB KABELWERK OBERSPREEKWO

HA Polytechnische Bildung und Erziehung

– Polytechnisches Zentrum –

Schülerin
Susann Gerhardt

Schinkel-Oberschule , Kl. 8

Juni 1975

Betreff: **Anerkennung für gute Neuerer- und MMM-Arbeit**

Für die aktive Mitarbeit in der Neuerer- und MMM-Bewegung beim polytechnischen Unterricht während des Schuljahres 1974/75 sprechen wir hiermit unseren Dank und unsere Anerkennung aus.

Gleichzeitig geben wir unserer Erwartung Ausdruck, weiterhin mit ganzer Kraft an der Lösung von Neuereraufgaben und bei der MMM-Arbeit im Schuljahr 1975/76 mitzuwirken.

Werner
Leiter des Neuereraktives

Petruschat
Abteilungsleiter

Aussprache über eine Eingabe von PA-Schülern

eingegangen am 20/3

VEB Lino-Handel Berlin

Gerhart-Hauptmann-Oberschule
Klasse 11 a
1070 Berlin

16-3-1972

Betreff: Protokoll

Mit gleicher Post übersenden wir Ihnen wie abgesprochen das Protokoll über die Aussprache am 10. 3. 72 zwischen 4 Schülern Ihrer Schule und unserem Betrieb zu Ihrer Kenntnisnahme.

Mit sozialistischem Gruß
VEB Lino-Handel Berlin
gez. Bertram
Ltr. Koordinierung

VEB Lino-Handel Berlin
- Ersatzteile -

Berlin, den 16.3.1972

P r o t o k o l l

über eine Aussprache am 10. 3. 1972 mit 4 Oberschülern der Gerhart-Hauptmann-Oberschule, dem Kollegen Fritz, Direktor Bildung u. Ausbildung, sowie 7 Kollegen von VEB Lino-Handel Berlin über die Eingabe der Oberschüler

---

Kollege Fritz eröffnete die Aussprache und bedankte sich über die Einreichung der Eingabe, deren Sinn es ist volkswirtschaftliche Schäden zu vermeiden.

Er erläuterte danach den Aufbau und die Arbeitsweise des VEB Lino-Handel und die Planung der Ersatzteile in den vergangenen Jahren und für das Jahr 1973.

Übergehend zur Eingabe klärte Koll. Fritz die Oberschüler über die falsche Information beim Bedarf an Wolgakolben auf. Der Bedarf liegt wesentlich höher, als von den Kollegen fälschlicherweise angegeben wurde.

Bei den Überplanbeständen an Motorblöcken liegt von Seiten des Lino-Handel ein Planungsfehler vor.

Dieser Faktor wird bei der laufenden Planung berücksichtigt. Die Information betreffs der verschimmelten Wolgasitze, war auch falsch. Die Lagerung im Freien generell wurde kritisiert.

Kollege Fritz erläuterte, welche Anstrengungen die Werktätigen des VEB Lino-Handel unternahmen zur Verbesserung der Lagerhaltung.

Trotzdem müssen zur Zeit noch Teile im Freien gelagert werden. Wobei festzustellen ist, daß z. B. Federn und Motoren ohne Gefahr im Freien gelagert werden können, da am PKW diese Teile auch den Witterungsunbilden ausgesetzt sind.

Die Frage der Kisten ohne Inhaltsangabe ist inzwischen geklärt.

Die Arbeitsmoral der Lagerarbeiter ist unterschiedlich.

Die Kritik an der Arbeitsmoral ist Anlaß für die Lagerleitung, die Transportarbeiter bei längeren Entladepausen anderweitig einzusetzen.

Die Probleme der Sozialgebäude werden dank der Initiative der Werkleitung ständig verbessert. Wobei der gegenwärtige Stand nicht befriedigen kann.

Die hier angeführten Probleme wurden freimütig von allen Beteiligten diskutiert.

Von den Kollegen des VEB Lino-Handel wurde sehr hoch eingeschätzt, wie sachlich und mit politischer Klarheit von Seiten der Oberschüler diskutiert wurde. Der Gerhart-Hauptmann-Oberschule kann bestätigt werden, daß der Staatsbürgerkundeunterricht die Schüler zu einer positiven und kritischen Haltung im Interesse des Arbeiter- und Bauernstaates erzieht.

Abschließend konnte eingeschätzt werden, daß die Aussprache für alle Beteiligten positiv war. Die Oberschüler äußerten den Wunsch in den Winterferien 1973 wieder im Betrieb arbeiten zu dürfen.

Thieß

gez. Thieß
Protokollant

Besuch bei unserer Patenbrigade
(aus einem Gruppenbuch einer 4. Klasse)

Anläßlich des Tages der Jugendbrigaden besuchte unsere Klasse am 18.5.88 die Patenbrigade. Unsere Patenbrigade arbeitet im VEB Spezialhochbau Berlin und besteht aus 8 Facharbeitern und einem Lehrling. Als wir im Jugendklub ankamen freuten wir uns sehr, denn die Tische waren mit Brause und Kuchen gedeckt. Danach erzählte uns der Brigadier vieles über den Betrieb, z.B. muß unsere Patenbrigade jeden Tag 3 Zimmer tapezieren. Dann durften wir noch Fragen stellen. Uns interessierte z.B., wieviel Zimmer sie im letzten Jahr tapeziert haben und wieviel Brigaden im Betrieb arbeiten. Danach spielten wir noch Tischtennis. Unserer ganzen Klasse hat der Pioniernachmittag sehr gut gefallen, denn wir haben viel über unsere Patenbrigade erfahren.

Eingeschrieben von Daniel P.
Berlin den 19.5. 1988

Rechenschaftsbericht des Elternaktivs der Klasse 1 a
(nach dem Manuskript)

Liebe Eltern!

Das Schuljahr 1982/83 liegt erfolgreich hinter den Kindern, Lehrern, Erziehern und uns Eltern. Der Zeitraum, über den wir als gewähltes Elternaktiv vor Ihnen Rechenschaft ablegen möchten über die von uns geleistete Arbeit war durch zahlreiche Höhepunkte im schulischen sowie im gesellschaftlichen Leben gekennzeichnet.

Als wesentlichstes Ergebnis kann wohl angesehen werden, daß unsere Kinder erfolgreich ihr erstes Schuljahr absolviert haben und damit ein wesentlicher Abschnitt in ihrem Leben mit gutem Beginn gemeistert wurde. Die hier geschaffenen Grundlagen sind eine gute Basis für eine weitere erfolgreiche Entwicklung unserer Kinder.

Das Pionier- und Klassenleben war auch geprägt von vielen gesellschaftlichen Ereignissen, wo unseren Kindern erzieherische und für die Lernhaltung wirksame Verhaltensweisen vermittelt werden konnten. Dieses Ergebnis fügt sich, dieser Meinung sind wir als Elternaktiv, würdig in das gesamtgesellschaftliche Anliegen des Karl-Marx-Jahres ein.

Die Arbeit des Elternaktivs erfolgte auf der Grundlage eines bestätigten Arbeitsplanes, worin Lern- und Erziehungsziele für unsere Kinder und eine klare Verantwortung für jedes Elternaktiv-Mitglied festgelegt waren. So hat sich in seinem ersten Jahr des Bestehens des Elternaktivs dieses zu einem gutem Arbeitskollektiv entwickelt, woran alle Mitglieder gleichermaßen ihren spezifischen Anteil haben.

Die Zusammenarbeit des Elternaktivs mit der Klassenleiterin, Frau Rätz, und der Erzieherin, Frau Ullrich, zur politischen Einflußnahme auf die Entwicklung der Klasse ist gut ausgeprägt und an dieser Stelle möchte das Elternaktiv beiden Pädagoginnen herzlich danken für die geleistete Bildungs- und Erziehungsarbeit.

Ich möchte jetzt einige Höhepunkte des vergangenen Schuljahres aus dem Arbeitsplan nennen, woran die bisher aufgezeigte gute Entwicklung unserer Kinder verdeutlicht wird.

Diese Höhepunkte im Schul- und Pionierleben unserer Kinder waren nur möglich durch eine kollektive Vorbereitung und auch Durchführung, zustandegekommen durch eine gleichermaßen aktive Mitwirkung aller gesellschaftlichen Kräfte, also der Pädagogen, des Elternaktivs, der Pionierorganisation und einiger Eltern.

– Zuerst sei hier genannt die Aufnahme unserer Kinder in die Pionierorganisation „Ernst Thälmann" im Pionierpalast. Diese Aufnahme gestaltete sich zu einem eindrucksvollen Erlebnis für unsere Kinder.

– Darauf folgte die erste Pionierversammlung zum Freundschaftsgedanken mit den Pionieren im Sowjetland, verbunden mit einer kleinen Ausstellung „Unser Spielzeug aus der Sowjetunion".

– Zum Pioniergeburtstag und anläßlich des Tages der Pionierfreundschaft bastelten unsere Kinder und waren Gast im Pionierhaus.

– Erste wichtige Leistungs- und Erziehungsergebnisse wurden auf der 1. Lernkonferenz im Januar abgerechnet und Schlußfolgerungen für verbesserte Disziplin und Leistungen beschlossen.

– Pioniernachmittage wurden gestaltet durch:

° Theaterbesuch im Theater der Freundschaft
° Weihnachtsfeier und Faschingsveranstaltung
° Ablegen der „Goldenen Eins" für das Verhalten im Straßenverkehr
° Bekanntmachen mit den Grundsätzen des Brandschutzes und dabei die Durchführung der Brandschutzolympiade
° Besuch des Militärpolitischen Kabinetts anläßlich des Tages unserer Nationalen Volksarmee
° Sportnachmittage mit den Gruppenhelferinnen Bettina und Anke.

– Durchführung eines Wandertages nach Treptow zum Erleben der Natur im Frühling.

– Zum Kindertag wurde ebenfalls eine Tageswanderung mit vielen Erlebnissen in die Müggelberge unternommen.

– Ich glaube Sie erinnern sich alle noch gern daran, wie mit einem gelungenem Lernfest unter aktiver Beteiligung unserer Kinder vor fast allen Eltern eindrucksvoll Lerneifer, Fleiß und Freude am Schuljahresende als erreichtes Ergebnis unter Beweis gestellt wurde.

– Die von der Klassenleiterin geplante und organisierte thematische Elternversammlung gab uns Eltern wertvolle und vielfältige Hinweise, wie wir das Lernen unserer Kinder abwechslungsreich unterstützen können.

– Mitglieder des Elternaktivs nahmen an Elternsprechstunden und Elternbesuchen teil, an Lernveranstaltungen, Zeugnisausgaben und an außerschulischen Maßnahmen sowie an Vorträgen im Haus des Lehrers als Unterstützung für die pädagogische Arbeit.

– Unsere Kinder beteiligten sich aktiv an der Messe der Meister von Morgen im Klassen- und Schulmaßstab mit 13 Exponaten. Für die geleistete Unterstützung durch viele Eltern herzlichen Dank.

Zusammenfassend ist einzuschätzen, daß das Ziel der Arbeit des Elternaktivs, die Bildungs- und Erziehungsarbeit in der Klasse zu unterstützen, erreicht wurde.

Für das kommende Jahr besteht weiterhin als wichtigste Aufgabe für das Elternaktiv, in enger Zusammenarbeit mit den Pädagogen und den Eltern den Lern- und Erziehungsprozeß der Schüler so zu unterstützen, daß die vorhandene positive Lernhaltung weiter ausgeprägt und die Disziplin weiter verbessert wird.

Elternaktiv der Klasse 1 a

Lehrer an Betrieb

Wladimir-Komarow-Oberschule *Hagenow, den 29.6.1978*
8888 Hagenow

An die Betriebsleitung
der LPG (P)
8888 S.
Clara-Zetkin-Straße

Werte Kollegen!

Wir bitten Sie, die hervorragenden Erziehungsergebnisse Ihres Kollegen Ulrich Neuhoff und seiner Frau Edeltraut zu würdigen. Seit Jahren leistet deren Sohn Gerd Neuhoff eine vorbildliche schulische und außerschulische Arbeit. Als Freundschaftsratsvorsitzender trug er 3 Jahre lang zur Entwicklung des gesamten Schülerkollektivs bei und erreichte in allen Fächern sehr gute Leistungen. Gerd wird auch in diesem Schuljahr mit dem Titel "Bestschüler der Wladimir-Komarow-Oberschule" geehrt. Herr und Frau Neuhoff versäumen keine Elternversammlung und sind stets bereit, die Arbeit in unserer Schule zu unterstützen.
Mit sozialistischem Gruß!

gez. Richter, Studienrat *gez. Wilfried Zaratowski, Oberlehrer*
Direktor *Klassenleiter 7c*

(Schulstempel)

Lehrer an Eltern

Liebe Frau Neuhoff, lieber Herr Neuhoff!

Sehr herzlich möchte ich Ihnen nach dreijähriger Tätigkeit als Klassenleiter dafür danken, daß Sie durch Ihre Erziehung im Elternhaus dazu beitrugen, Ihren Sohn Gerd zu einem vorbildlichen Pionierfunktionär und Schüler heranwachsen zu lassen. Als Freundschaftsratsvorsitzender trägt er entscheidend zur Entwicklung des Klassen- und Schulkollektivs bei. Seine hervorragenden Fähigkeiten unterstützen den Lernprozeß in der Klasse und sein politisches Wissen half bei der Standpunktbildung der anderen Schüler. Diesen Dank darf ich auch im Namen unserer Schulleitung aussprechen. Wir wünschen Ihnen und Ihrer Familie Gesundheit und Erfolg im persönlichen Leben und in der Arbeit und hoffen auf weitere gute Zusammenarbeit!

Mit sozialistischem Gruß!

gez. Richter *Wilfried Zaratowski*
Direktor *Klassenleiter*

(Schulstempel) *Hagenow, den 30.6.1978*

Werter Herr Homann! 13. Juni 1983

Zur Erledigung dringender familiärer Angelegenheit müssen wir am Samstag nach Karl-Marx-Stadt fahren. Ich bitte Sie, meine Tochter Silke für den 18. Juni 83 vom Unterricht zu befreien.

Kamratowski

Lieber Norbert! 13. 6. 83

Auf diesem Wege unseren Glückwunsch zum Lehrertag! Ich habe aber eine Bitte. Am Freitagabend wollen wir zu den Schwiegereltern fahren und benötigen dazu Deine Zustimmung zur Unterrichtsbefreiung für Samstag. Ich hoffe auf Dein Verständnis und verbleibe
mit freundl. Gruß

Ingrid Schikora

Wann ist Elternaktivsitzung?

9. Institution EOS

Brief über die Aufnahme in die Vorbereitungsklasse der EOS

Rat des Stadtbezirks
– Prenzlauer Berg –
Abteilung Volksbildung

Berlin, den 14. März 1975
1055, Nordmarkstr. 17
Telefon: 53 08 01 / 591

Werte Frau Bredeken !
Werter Herr Bredeken !

Durch den Direktor der Schinkel-Oberschule wurde der Kommission der Abteilung Volksbildung beim Rat des Stadtbezirks Berlin-Prenzlauer Berg der Vorschlag unterbreitet, die Aufnahmemöglichkeit für Ihre Tochter

Gabriele Bredeken

in eine Vorbereitungsklasse zum 01.09.1975 zu überprüfen.

Ich freue mich, Ihnen mitteilen zu können, daß diesem Vorschlag in Beachtung des Auswahlprinzips stattgegeben und die Aufnahme Ihres Kindes in die 9. Vorbereitungsklasse der

Käthe-Kollwitz-Oberschule

entschieden wurde. Von der genannten Einrichtung werden Sie weitere Nachricht erhalten.

Ich erwarte, daß Gabriele Bredeken diese positive Entscheidung durch sehr gute unterrichtliche Leistungen und bewußte sozialistische Verhaltensweise weiterhin rechtfertigen wird. Dazu wünsche ich Ihrem Kind Erfolg und für das persönliche Wohlergehen alles Gute.

Ich verweise darauf, daß aus der Aufnahme in eine Vorbereitungsklasse kein Rechtsanspruch auf eine Delegierung in eine Abiturklasse der erweiterten Oberschule bzw. in eine Abiturklasse mit Berufsausbildung abgeleitet werden kann.

Mit sozialistischem Gruß

Biewski

Oberstudienrat Biewski
Stadtbezirksschulrat

AUS DEM BRIEFWECHSEL ZUR ABLEHNUNG EINER EOS-AUFNAHME

a) Ablehnung des Antrages durch den Kreisschulrat

RAT DES KREISES PERLEBERG
291 PERLEBERG – BERLINER STRASSE 49
Abteilung Volksbildung
– Kreisschulrat –

Herrn K. Scheller
über den Direktor
der Oberschule
8888 Niehagen

13. 3. 1978

Sehr geehrter Herr Scheller!

Auf der Grundlage der Richtlinie für die Vorbereitung auf den Besuch der Erweiterten Oberschule und für die Aufnahme in die EOS vom 10. 6. 1966 wurde Ihr Antrag auf den Besuch der Vorbereitungsklasse für Ihre Tochter Uta beraten und entschieden, Ihre Tochter nicht aufzunehmen.

Einer Aufnahme Ihrer Tochter Uta in die Vorbereitungsklasse können wir nicht zustimmen, weil die gestellten Anforderungen nicht voll erfüllt sind. Aus diesem Grund hat der Pädagogische Rat der POS Niehagen keine Delegierung in die Vorbereitungsklasse vorgenommen und auch Ihren Antrag nicht befürwortet.

Ich bitte Sie, gemeinsam mit dem Direktor alle Maßnahmen zur weiteren Entwicklung Ihres Kindes zu beraten.
Gegen diese Entscheidung haben Sie innerhalb einer Frist von 10 Tagen das Recht des Einspruchs an den Kreisschulrat.
Mit sozialistischem Gruß

Liedtke

Liedtke, Kreisschulrat

---

b) Brief des Vaters an den Bezirksschulrat

Karl Scheller
Niehagen
Birkenweg 12

Siebenlehn, den 06. 04. 78

Rat des Stadtbezirks
Abt. Volksbildung
Bezirksschulrat
27 Schwerin
Schloßstraße

An
Kreisschulrat
zur Kenntnisnahme

Werter Kollege Bezirksschulrat

Mit Schreiben vom 13. 3. 78 wurde mir durch den Kreisschulrat, Koll. Liedtke, mitgeteilt, daß die Aufnahme meiner Tochter Uta Scheller in die Vorbereitungsklasse der EOS abgelehnt wurde.

In einer persönlichen Aussprache am 4. 4. 78 mit dem Kollegen Liedtke begründete er den abschlägigen Bescheid wie folgt:

Meine Tochter hätte für die EOS nicht die geforderte politische Reife, weil sie nicht Mitglied der Pionierorganisation war. Eine andere Begründung gab er mir nicht. Mit dieser Entscheidung bin ich aus folgenden Gründen nicht einverstanden:

Meine Tochter wurde aus religiösen Gründen nicht Mitglied der Pionierorganisation.

Diese Entscheidung wurde von der Familie getroffen.

Trotzdem nahm Uta regelmäßig an außerschulischen Veranstaltungen, wie Pioniernachmittagen, Timuraktionen und anderen teil. Des weiteren vertrat Uta die POS Niehagen mehrmals würdig bei Mathematik- und Russischolympiaden. Utas freie Entscheidung war es, im Herbst vergangenen Jahres den Antrag um Aufnahme in die FDJ zu stellen. Leider gab es bis heute darauf kein Echo.

Der Leistungsdurchschnitt meiner Tochter war seit jeher der beste in ihrer Klasse. Er war in all den Jahren nie schlechter als 1,1.

Ich bitte Sie, meinen Brief als Eingabe zu betrachten, den Entscheid des Kreisschulrates zu überprüfen und im Interesse meiner Tochter neu zu entscheiden. Der Wunsch meiner Tochter ist es Kinderärztin in einem konfessionellen Haus zu werden, wozu sie unbedingt den Abschluß der EOS benötigt.

Für Ihre Bemühungen danke ich.
Mit freundlichem Gruß

Scheller

Karl Scheller

---

c) Antwort des Bezirksschulrates

RAT DES STADTBEZIRKES SCHWERIN
Abteilung Volksbildung

Herrn K. Scheller
8888 Siebenlehn
Birkenweg 12

3. Mai 1978

Sehr geehrter Herr Scheller!

Ihren Einspruch gegen die Entscheidung des Kreisschulrates, Ihre Tochter nicht in die Vorbereitungsklasse für den Besuch der Erweiterten Oberschule aufzunehmen, haben wir überprüft.

Sie hatten in der Zwischenzeit Gelegenheit, Ihr Anliegen mit dem durch mich beauftragten Bezirksschulinspektor zu beraten.
Im Ergebnis der Überprüfung bestätige ich die Entscheidung des Kreisschulrates von Perleberg.

Mit sozialistischem Gruß

Gutzeit
Bezirksschulrat

---

d) Brief des Vaters an Margot Honecker

Karl Scheller
8888 Siebenlehn
Birkenweg 12

Ministerium für Volksbildung
z. H. Genossin Minister Honecker
1086 Berlin
Unter den Linden 69-73

Siebenlehn, den 03. 05. 1978

Werte Genossin Minister!

Ein dringendes Problem zwingt mich, Ihre Hilfe in Anspruch zu nehmen.

Meine Tochter Uta besucht zur Zeit die 8. Klasse in der POS Niehagen. Da sie den Wunsch hat, Kinderärztin zu werden, stellten wir den Antrag um Aufnahme in die EOS.

Der Leistungsdurchschnitt meiner Tochter ist seit Jahren nie schlechter als 1,1.

Der von uns gestellte Antrag wurde schon durch den Direktor der POS Niehagen nicht befürwortet. Seine Begründung – meine Tochter wäre gesellschaftlich nicht genügend aktiv. Eine Eingabe beim amtierenden Kreisschulrat, Genossen Liedtke, ergab im Endeffekt nur die Bestätigung der Meinung des Direktors der POS Niehagen, nämlich, meine Tochter hätte nicht die politische Reife.

Daraufhin wandte ich mich mit einer erneuten Eingabe an den Bezirksschulrat. Am 25. 04. 1978 wurde kurzfristig eine Aussprache durch den Bezirksschulinspektor, Genossen Kreibich, in der POS Niehagen angesetzt.

Zu dieser Aussprache nahm ich meine zukünftige Frau mit, da sie an der Erziehung meiner Kinder maßgeblich beteiligt ist. Durch den Genossen Kreibich wurde die Teilnahme meiner zukünftigen Frau an dem Gespräch mit allem Nachdruck abgelehnt, obwohl ich energisch dagegen protestierte.

Das Ergebnis dieser Aussprache war für mich wiederum völlig unbefriedigend, da auch dieses Mal kein konkreter Grund für die Ablehnung meiner Tochter genannt wurde.

Genannte Gründe, wie gesellschaftliche und politische Inaktivität, politische Unreife, da meine Tochter nicht Mitglied der Pionierorganisation war, sind meines Erachtens an den Haaren herbeigezogen, denn meine Tochter steht im Fach Staatsbürgerkunde auf Note 1.

Sie nahm regelmäßig an den außerschulischen Veranstaltungen, wie Pioniernachmittagen, Timuraktionen und anderen teil und vertrat ihre Schule mehrmals würdig bei Mathematik- und Russischolympiaden.

Utas freie Entscheidung war es auch, im Herbst vergangenen Jahres den Antrag um Aufnahme in die FDJ zu stellen. Erst Ende April wurde ihr endlich der FDJ-Ausweis überreicht, nachdem sie bereits geglaubt hatte, sie muß mit einer Ablehnung rechnen.

Werte Genossin Minister!

Ich gehöre der evangelisch-lutherischen Freikirche an und habe meine Kinder in diesem Sinne erzogen.

Dies war auch der Grund, weshalb meine Tochter nicht Mitglied der Pionierorganisation war.

Bei allen, bezüglich meiner Eingaben geführten Gesprächen mußte ich immer wieder feststellen, daß man unsere christliche Weltanschauung zwar nicht als Grund für die Ablehnung anführte, aber es war deutlich spürbar, daß die fadenscheinigen Begründungen für die Ablehnung dieses nur bemänteln sollten.

Die Verfassung der DDR besagt, daß unabhängig von der Weltanschauung jeder Bürger unserer Republik das gleiche Recht und auch die Pflicht auf Bildung hat. Das wurde auch vor kurzem vom Generalsekretär der SED, dem Genossen Honecker in seinem Gespräch mit kirchlichen Würdenträgern deutlich unterstrichen.

Ich kann mir nicht vorstellen, daß das Phrasen sein sollten, denn bisher habe ich die Erfahrung gemacht, daß, was die Partei beschloß, auch zum Tragen kam.

Ich bitte Sie, meinen Brief als Eingabe zu betrachten, die bisherigen Entscheidungen zu überprüfen und im Interesse meiner Tochter neu zu entscheiden.

Des weiteren bitte ich, zu sichern, daß meine zukünftige Frau an der kommenden Aussprache teilnehmen kann, zumal sie Genossin und in leitender Funktion ist.

Ich sehe Ihrer Entscheidung entgegen und danke Ihnen für Ihre Bemühungen.

Scheller

Karl Scheller

---

e) Antwort des Ministeriums für Volksbildung

MINISTERRAT
DER DEUTSCHEN DEMOKRATISCHEN REPUBLIK
Ministerium für Volksbildung
Hauptabteilung Unterricht II

108 Berlin, den 12. Mai 1978
Unter den Linden 69-73

Herrn Karl Scheller
8888 Siebenlehn
Birkenweg 12

Werter Herr Scheller!

Wir bestätigen den Empfang Ihrer Eingabe an den Minister für Volksbildung. Unsere Hauptabteilung wurde beauftragt, die weitere Bearbeitung Ihres Anliegens zu veranlassen.

Im Interesse einer nochmaligen Überprüfung des Sachverhalts an Ort und Stelle haben wir Ihr Schreiben dem Bezirksschulrat von Schwerin zugeleitet, der entsprechend den geltenden Bestimmungen über die Aufnahme von Schülern in eine Vorbereitungsklasse endgültig entscheidet.

Die Erledigung Ihrer Angelegenheit bleibt bis zum Abschluß unter unserer Kontrolle.

Mit sozialistischem Gruß

Dr. Rösler

Oberstudienrat Dr. Rösler
Hauptabteilungsleiter

---

f) endgültige Absage

RAT DES BEZIRKES SCHWERIN
Abteilung Volksbildung

Herrn Karl Scheller
8888 Siebenlehn
Birkenweg 12

2. Juni 1978

Werter Herr Scheller!

Ihre Eingabe an den Minister für Volksbildung wurde uns zur nochmaligen Überprüfung des Sachverhaltes zugeleitet.

Sie hatten Gelegenheit, ausführlich mit den Pädagogen Ihrer Schule, mit dem Kreisschulrat und mit dem zuständigen Bezirksschulinspektor zu beraten.

Wie Ihnen im Ergebnis der Aussprache mit dem Bezirksschulinspektor in Anwesenheit des Direktors und der Klassenleiterin mitgeteilt wurde, haben wir Ihr Anliegen gründlich geprüft und die Entscheidung des Kreisschulrates bestätigt.

Die damit getroffene Entscheidung ist entsprechend den geltenden Bestimmungen endgültig.

Wir können nur erneut hinweisen, daß die Anzahl der zur Verfügung stehenden Plätze notwendigerweise begrenzt ist und demzufolge Ihr Antrag nicht berücksichtigt werden konnte. Probleme, die in der Entwicklung Ihrer Tochter auftreten, wie das zeitweilige Nachlassen ihres Lernwillens und ihrer gesellschaftlichen und kollektiven Aktivität wird sie auch mit Ihrer Hilfe sicher überwinden können oder z. T. schon überwunden haben.

Wir möchten Sie bitten, sich mit den Lehrern Ihrer Schule bei den weiteren Überlegungen um den Entwicklungsweg Ihrer Tochter zu beraten. Des weiteren möchten wir Sie nochmals um Verständnis dafür ersuchen, daß die Gespräche nur mit Ihnen als Erziehungsberechtigtem geführt werden konnten.

Mit sozialistischem Gruß

Gutzeit
Bezirksschulrat

GESAMTEINSCHÄTZUNG

Frank ist ein aufgeschlossener, freundlicher und begeisterungsfähiger Schüler.

In seiner Funktion als Mitglied der Kommission für Agitation und Propaganda zeigt er Verantwortung für die Entwicklung des gesamten Kollektivs, ist jedoch nicht immer konsequent bei der Umsetzung und Erfüllung seiner Ideen und Aufgaben.

An politischen Diskussionen beteiligt er sich rege und vertritt offen einen von der Ideologie der Arbeiterklasse geprägten Standpunkt.

Zu Beginn der 11. Klasse hatte er es schwer, da sich in einigen Fächern Wissenslücken zeigten. Durch fleißiges und konzentriertes Arbeiten für alle Fächer erreichte er gute Leistungen. Im Unterricht bemüht sich Frank, das Unterrichtsgeschehen durch aktive Mitarbeit zu beleben. Manchmal könnte er jedoch aufmerksamer sein.

ZENSUREN

Deutsche Sprache und Literatur	2	Mathematik	3
Literatur	1	Physik	3
Muttersprache	2	Chemie	2
Russisch	2	Biologie	2
Englisch	2	Geographie	2
		Geschichte	2
		Staatsbürgerkunde	2
		Sport	1
		~~Kunsterz.~~/Musik	1

Wiss.-prakt. Arbeit 1

Thema: Untersuchungen von Schadverdichtungen auf dem AL der LPG Kahlow und Empfehlungen von Maßnahmen für die schlagbezogenen Höchstertragkonzeptionen.

Fakult. Unterricht:

(Teilnahme an Lehrgängen) Mathematik Physik

Versäumnisse 2 Tage entschuldigt Tage unentschuldigt

Seelow, 5.07. 1985

gez. Sendig
Direktor

Schulstempel

gez. F. Schröder
Klassenleiter

Kenntnis genommen: gez. G. Sielaff
Erziehungsberechtigte

Leistungsstufen: 1= sehr gut, 2 = gut, 3 = befriedigend, 4 = genügend, 5 = ungenügend

Darstellung meiner Entwicklung
(12. Klasse, Wismar 1979)

Am 2. September 1962 wurde ich in Wismar geboren.

Mein Vater, August Machert, ist Triebfahrzeugführer bei der Deutschen Reichsbahn im Bahnbetriebswerk Wismar. Meine Mutter, Inge Machert geb. Friedländer, arbeitet als Sachbearbeiterin beim Wohnungsbaukombinat Rostock. Mein älterer Bruder leistet zur Zeit seinen Ehrendienst bei der NVA, der jüngere ist Schüler der Friedrich-Engels-Oberschule in Wismar.

Meine Eltern üben einen großen Einfluß auf mich aus. Ihre positive Einstellung zur Arbeit und ihr verantwortungsvolles Handeln im täglichen Leben habe ich mir schon früh zum Vorbild genommen.

Besonders beeindruckt mich die Qualifizierung meines Vaters. Seit 30 Jahren arbeitet er als Lokheizer. Im Winter des vergangenen Jahres nahm er an einem Lehrgang zur Weiterbildung teil. Nach den ersten Tagen wollte er resignieren, er glaubte, mit seiner 8-Klassen-Bildung sei er seinen jüngeren Kollegen um vieles unterlegen. Doch um seine Arbeitskollegen nicht zu enttäuschen, gab er nicht auf. Seine Zähigkeit und sein Wille zahlten sich aus: Die Abschlußprüfung bestand mein Vater mit der Note »3«. Ich mußte erkennen, daß diese Note einen größeren Wert besitzt als so manche »1« oder »2« von mir in der Schule, da sie hart erarbeitet wurde und mit Selbstüberwindung verbunden ist. Ich dagegen nehme manchmal die »1« oder »2« wie selbstverständlich entgegen, ohne zu überlegen, wie sehr sich Mitschüler von mir freuen würden, wenn sie auch einmal diese Noten erreichen könnten. Ich habe meine Positionen überprüfen müssen, um beim späteren Studium auch schlechtere Noten in ihrem Wert anzuerkennen und auch Niederlagen überwinden zu können.

Nach dem Besuch der Vorschule wurde ich am 1. September 1969 in die Juri-Gagarin-Schule in Wismar eingeschult. Ich konnte erst nach den Herbstferien am Unterricht teilnehmen, da ich erkrankt war. Dadurch fiel es mir anfangs schwer, aktiv am Unterrichtsgeschehen teilzunehmen. Durch Beharrlichkeit und die Hilfe meiner Eltern schaffte ich es dennoch, die 1. Klasse mit guten Leistungen abzuschließen.

Auch in den folgenden Jahren war ich gezwungen, oft dem Unterricht fernzubleiben. Trotzdem konnte ich gute bis sehr gute Leistungen erzielen. (Ursache?)

In der 1. Klasse wurde ich in die Pionierorganisation aufgenommen und beteiligte mich rege am Pionierleben meiner Klasse. Da ich sehr zurückhaltend war, fiel es mir schwer, mich in der Klasse durchzusetzen. Das änderte sich in der Mittelstufe: Ich wurde selbstbewußter. Jetzt versuchte ich, durch eigene Aktivitäten das Pionierleben zu bereichern. In der 6. Klasse wurde ich in den Freundschaftsrat der Juri-Gagarin-Oberschule gewählt. Durch Gespräche mit meinen Eltern begann ich, mich für politische Probleme zu interessieren. Darum erklärte ich mich bereit, im Freundschaftsrat die Funktion des Agitators zu übernehmen.

Im 7. Schuljahr bekam ich das Buch »Olga Benario« von Ruth Werner geschenkt. Diese mutige Kommunistin, die noch auf dem Transport in den Tod ihren letzten Auftrag, die Wegroute aufzuzeichnen, mit einer großen Gewissenhaftigkeit und Ruhe ausführt, hat sich tief in mir eingeprägt. Ihre aufrechte Haltung habe ich mir zum Vorbild genommen.

Durch eine aktivere Mitarbeit im Unterricht konnte ich meine Leistungen noch verbessern. Seit dem 4. Schuljahr erhielt ich am Schuljahresende immer das Prädikat »Auszeichnung«.

In meiner Freizeit trieb ich Sport in der Sektion Leichtathletik der Schulsportgemeinschaft. Dabei nahm ich in den Disziplinen Weit- und Hochsprung an Vergleichswettkämpfen mit anderen Schu-

len und an Kreismeisterschaften der Stadt Wismar teil. Ich konnte gute Plätze belegen. Des weiteren las ich gern, besonders Gegenwartsliteratur. Zu meinen Lieblingsautoren zählten Ruth Werner und Ruth Kraft, deren Bücher ich auch heute noch gerne lese.

(Bedeutg. f. Ihre Entwicklg.!)

Das 8. Schuljahr war für mich sehr bedeutend. Im April 1977 nahm ich an der Jugendweihe teil und wurde in den Kreis der Erwachsenen aufgenommen.

In diesem Jahr traf ich die Entscheidung, mich für die Aufnahme in die Vorbereitungsklasse der EOS zu bewerben. Bestärkt wurde ich dabei von meinem Bruder, der zu der Zeit die 10. Klasse der erweiterten Oberschule besuchte. Durch ihn wußte ich von den Forderungen, die an einen Schüler dieser Bildungseinrichtung gestellt werden.

Meine Entscheidung wurde auch durch das Verhalten einer Mitschülerin beeinflußt, die ebenfalls die EOS besuchen wollte. Sie sagte, daß meine Eltern nur einfache Arbeiter seien und ich keine Beziehungen hätte, die man brauche, um »etwas zu werden«. Ich habe mich damals sehr geärgert und mir insgeheim geschworen, alles daran zu setzen, um zu zeigen, daß auch ein Arbeiterkind nicht schlechter lernt als die Tochter eines Ingenieurs.

1976 trat ich in die FDJ ein und wurde in die Grundorganisationsleitung meiner Schule gewählt. Dort war ich Vorsitzende des Agitatorenstabes. Meine Aufgabe war es, die Agitatoren der einzelnen Klassen anzuleiten.

Für meine geleistete Arbeit erhielt ich am Ende der 8. Klasse eine einwöchige Reise in die VR Polen.

1976 trat ich der »Gesellschaft für Deutsch-Sowjetische Freundschaft« bei. Die Schüler der Juri-Gagarin-Oberschule haben einen sehr engen Kontakt zu sowjetischen Mädchen und Jungen, da unsere Schule den verpflichtenden Namen »Schule der Deutsch-Sowjetischen Freundschaft« trägt. Ich selbst schrieb mich seit der 6. Klasse mit 3 Leninpionieren. Für meinen Beitrag zur DSF-Arbeit bekam ich 1977 die Johann-Gottfried-Herder Medaille in Bronze überreicht.

Von der Juri-Gagarin-Oberschule wurde ich mit dem Beginn der 9. Klasse zur EOS »Adolph Diesterweg« delegiert. Da ich schon früh an selbständiges Arbeiten gewöhnt war, fiel mir der Übergang von der polytechnischen zur erweiterten Oberschule nicht schwer. Ich mußte jetzt aber mehr Zeit für meine Hausaufgaben aufbringen. Da ich in der 9. Klasse oft nicht die richtige Zeiteinteilung fand, saß ich manchmal abends noch an den Hausaufgaben. Durch konkrete Zeitpläne für die einzelnen Wochentage gelang es mir, die Zeit für Freizeit und Schule richtig einzuteilen.

In unserer Klasse traten Lernschwierigkeiten auf. Wir versuchten, diese durch Lernzirkel und Lernpatenschaften abzubauen. Im 9. Schuljahr leitete ich einen Lernzirkel für Mathematik. Mir machte es Freude, meinen Mitschülern zu helfen. Meine schulischen Leistungen änderten sich nicht. Die 10. Klasse schloß ich mit dem Prädikat »Auszeichnung« ab und erhielt die Lessing-Medaille in Gold.

Seit der 9. Klasse bin ich als Agitator in der FDJ-Leitung tätig. Ich bin bestrebt, die Politdiskussionen problemreich und interessant zu gestalten. Unsere Klasse war zu Beginn des 9. Schuljahres gegenüber politischen Gesprächen noch sehr verschlossen. Mit Unterstützung der FDJ-Leitung ist es mir gelungen, einen großen Teil meiner Mitschüler zum offenen Meinungsstreit anzuregen.

In der 9. und 10. Klasse arbeitete ich als Zirkelassistent für das FDJ-Studienjahr. Dort war es meine Aufgabe, die Verbindung zwischen dem Zirkelleiter und der Klasse herzustellen. Am Ende des 9. Schuljahres legte ich die Prüfung für das »Abzeichen für gutes Wissen« in Bronze ab.

2 Jahre später wurde ich dann selber Zirkelleiter einer 9. Klasse. Wir beschäftigten uns mit den Biographien von Marx und Engels. Oft fehlte mir das Wissen, um jede Frage der FDJler richtig beantworten zu können. Dadurch wurde ich angeregt, mich intensiver mit aktuellen Problemen sowie dem Geschichtsstoff der vergangenen Jahre auseinanderzusetzen. Meine Arbeit als Zirkelleiter hat mir geholfen, meinen politischen Standpunkt zu festigen. Auch zukünftig möchte ich aktiv am gesellschaftlichen Leben in unserem Staat beteiligt sein.

Mein Klassenkollektiv übt einen großen Einfluß auf mich aus. Für mich ist es wichtig, ständig Freunde um mich zu wissen, mit denen ich mich über schulische sowie persönliche Fragen austauschen kann, die mir kritisch ihre Meinung sagen und die mir auch bei der Lösung von Problemen helfen können.

In meiner Freizeit lese ich gerne. Dabei interessiere ich mich zunehmend für die Lyrik der DDR. Seit der 9. Klasse besuche ich regelmäßig Sinfonie- und Orgelkonzerte. Da ich gern singe, trat ich vor 3 Jahren in den FDJ-Chor der EOS ein. Im gleichen Jahr wurde ich Mitglied in der allgemeinen Sportgruppe der Schulsportgemeinschaft. Ich treibe Sport, um einen Ausgleich für die schulische Tätigkeit zu haben.

Mein besonderes Interesse gilt der Geschichte. Schon immer zählten Geschichte und Staatsbürgerkunde zu meinen Lieblingsfächern. Ich beschäftige mich mit Literatur über archäologische Grabungen und bin Mitglied einer Arbeitsgemeinschaft »Junge Historiker«. Im Sommer 1979 hatte ich die Möglichkeit, an den Grabungen in Ralswiek auf Rügen teilzunehmen.

Es beeindruckte mich, daß unsere Arbeit bei vielen Besuchern und Einheimischen der Insel Rügen großen Anklang findet. Für mich ist es eine schöne Aufgabe, bei der Aufdeckung alter Kulturschätze unseres Volkes mitzuhelfen und sie den Menschen durch die Museen zugänglich zu machen. Darum ist es mein Wunsch, Klassische Archäologie oder Ur- und Frühgeschichte zu studieren.

Nach dem Studium möchte ich in einem Museum tätig sein. Sehr gerne würde ich wieder in meine Heimatstadt Wismar zurückkehren.

1 / L.

III. „Lernen, lernen und nochmals lernen!“

1. Studium

„Wenn kein richtiger Studienplatz frei wird, studierste eben Pädagogik, und später sehen wir dann weiter."

(*Jugendweihe*. Nr. 7/1976)

Begründung meines Berufswunsches

Den Wunsch, später einmal Lehrerin zu werden, hatte ich schon in meiner Kindheit. In dieser Zeit hatte ich nur sehr ungenaue Vorstellungen von diesem Beruf, die aber in meiner Schulzeit immer konkreter wurden. Sehr stark wurden diese Vorstellungen von einer Lehrerin beeinflußt, die sechs Jahre meine Klassenleiterin war. Sie verstand es, uns Schülern eine positive Einstellung zum Lernen zu vermitteln. Vor allem achtet sie auf das Verhalten der Schüler untereinander und erzog uns zu Kameradschaft und Achtung vor unseren Mitschülern. Diese Lehrerin beeindruckt mich auch heute noch, und ich werde mich bemühen, eine Lehrerin nach ihrem Vorbild zu werden.

In Lernpatenschaften habe ich oft leistungsschwächere Schüler unterstützt und ich halte es auch heute noch für wichtig, mein Wissen an andere weiterzugeben. Als Gruppenführerin in der ZV-Ausbildung bereitete mir der Umgang mit den etwas jüngeren Jugendlichen sehr viel Freude, und ich konnte dadurch auch meine Vorstellungen von meinem Wunschberuf erweitern.

Die Lehre als Facharbeiter für Datenverarbeitung mit Abitur trat ich mit dem Ziel an, danach ein Studium als Berufslehrer aufzunehmen. Ich stellte aber fest, daß die berufstheoretischen Unterrichtsfächer nicht meinen Interessen entsprechen und kann mir nicht vorstellen, als Lehrerin diese Fächer zu unterrichten.

Schon seit den ersten Schuljahren lese ich viel und interessiere mich sehr für Literatur. Später kam das Interesse für Fremdsprachen dazu und ich beschäftige mich seitdem gern mit der russischen und englischen Sprache. Im Schuljahr 1984/85 nahm ich außerdem an einem Tschechischkurs an der Volkshochschule teil. Die englische Sprache gefällt mir besonders gut, deshalb möchte ich gern ein Diplomlehrerstudium in der Fachrichtung Deutsch/Englisch aufnehmen.

Ich weiß, daß der Beruf des Lehrers eine große Bedeutung besitzt und möchte dazu beitragen, junge Menschen zu allseitig gebildeten und verantwortungsbewußten Persönlichkeiten heranzubilden.

Berlin, 3. September 1985 *Katrin Merker*

Institut für Lehrerbildung „Clara Zetkin", Berlin

ZULASSUNGSBESCHEID

für den Jahrgang 1990/91

Kathrin Rieber

Auf Beschluß der Zulassungskommission sind Sie zum Studium

in der Ausbildungsrichtung

LEHRER FÜR DIE UNTEREN KLASSEN

– Unterstufenlehrer/Horterzieher –

mit dem Wahlfach

Musikerziehung

zugelassen.

Damit stehen Sie in einem Ausbildungsverhältnis mit dem Institut für Lehrerbildung „Clara Zetkin", Berlin.

Wir beglückwünschen Sie herzlich und erwarten, daß Sie sich der Verpflichtung bewußt sind, Ihre ganze Kraft für ein erfolgreiches Studium einzusetzen und alle Forderungen der sozialistischen Gesellschaft an einen Fachschulstudenten gewissenhaft und vorbildlich zu erfüllen.
Die Zulassung kann zurückgezogen werden, wenn die Voraussetzungen zur Aufnahme eines Studiums nicht mehr erfüllt werden.

Für Ihr Studium wünschen wir Ihnen den besten Erfolg.

Berlin, den 30.3.1990 *L. Kerber*
Direktor für Studienangelegenheiten

Programm des Akademischen Festaktes zur Immatrikulation

HUMBOLDT-UNIVERSITÄT ZU BERLIN

Akademischer Festakt zur Immatrikulation
am 12. September 1986, um 15.00 Uhr im Palast der Republik

Programm

Einzugsmusik	
Ouvertüre G-Dur	Georg-Friedrich Händel
Eröffnung	Prof. Dr. Karl Henning I. Prorektor
Festansprache	Prof. Dr. Dr. h.c. Heinrich Diess, Rektor
Begrüßung	Otto-Werner Groß, 2. Sekretär der FDJ-Kreisleitung

Verpflichtung der Studenten
Übergabe der Urkunden für das FDJ-Stipendium
Fantasie für Klavier, Chor und Orchester, Ludwig van Beethoven c-Moll, op. 80
Auszugsmusik

Mitwirkende: capella academica der Humboldt-Universität zu Berlin
Leitung: Martin Phatanie
Chor der Humboldt-Universität zu Berlin
Anita Sauer, Klavier
Leitung: Prof. Paul Fein, Universitätsmusikdirektor

Verpflichtungserklärung, Berlin 1986

Verpflichtung

Mein Studium ist eine Auszeichnung durch unseren Arbeiter-und-Bauern-Staat. Dieser Auszeichnung werde ich mich stets würdig erweisen. Im Bewußtsein meiner hohen Verantwortung gegenüber unserer sozialistischen Gesellschaft verpflichte ich mich, während meines Studiums meine ganze Kraft einzusetzen für die allseitige Stärkung unseres Arbeiter-und-Bauern-Staates, der Deutschen Demokratischen Republik, bewußt und kämpferisch an der Gestaltung unseres sozialistischen Lebens mitzuwirken, um ausgezeichnete Studienleistungen zu ringen und zur Stärkung der Verteidigungsbereitschaft unserer Republik durch aktive Teilnahme an der militärischen oder an der Ausbildung in Zivilverteidigung beizutragen.

Ich verpflichte mich, nach erfolgreicher Beendigung meines Studiums meine Arbeit dort aufzunehmen, wo es unser sozialistischer Staat für notwendig und zweckmäßig erachtet.

Testat über Teilnahme an der ZV-Ausbildung

Ingenieurhochschule Köthen

Köthen, den 30.08.1985

Testat

~~Herr~~/Frau............ Stefanie Bauer ....

geboren am: .... 10.6.1968 ....

hat während des Direktstudiums an der Ingenieurhochschule Köthen an der Zivilverteidigungsausbildung in Lehrgangsform mit

.... der Note »Gut« ....

teilgenommen.

Im Rahmen dieser Ausbildung erhielt ~~der~~/die Teilnehmer(in) die Fähigkeit

– als Zugführer/~~Truppführer~~ von Sanitätszügen/~~Sanitätstrupps~~ zu handeln

– erste Hilfeleistung zu organisieren und durchzuführen.

Sektionsdirektor

Petruschke

Abteilungsleiter Studienangelegenheiten

Sandtner

HUMOLDT-UNIVERSITÄT ZU BERLIN
SEKTION REHABILITATIONSPÄDAGOGIK
UND KOMMUNIKATIONSWISSENSCHAFT

Humboldt-Uni., Sektion Rehabilitationspädagogik, 1040 Berlin, Albrechtstr. 22

Bescheinigung zur Vorlage in der Bibliothek

Ihre Zeichen	Ihre Nachricht vom	Unsere Nachricht vom	Hausruf	Unsere Zeichen	Datum
			85		9.5.1989

Hiermit wird bescheinigt, daß Frau/~~Herr~~

.... Ulrike Gaduscher .... geb. am ...... 11.8.65 ....

im Rahmen eines Forschungsauftrages der Sektion Einsicht in themen- und fachgebundene Literatur aus dem kapitalistischen Ausland nehmen und auswerten muß.

Das Arbeitsthema lautet:

„Die Rolle der Emotionen im Bildungs- und Erziehungsprozeß"

S. Waldner
Wissenschaftssekretär

1040 Berlin   Albrechtstr. 22

Antwort auf einen Antrag einer Studentin auf Sportbefreiung

Humboldt-Universität zu Berlin
Sektion Sportwissenschaft
Friedrichstr. 81
Berlin
1080

Berlin, den 20.1. 89

Silke Denner
Falkstr. 67
Berlin
1145

~~Lieber Sportfreund~~ / Liebe Sportfreundin!

Ihrem Antrag auf Befreiung von der obligatorischen Ausbildung im Lehrgebiet Sport stimme ich für das Studienjahr 1988/89 zu.

Ich informiere Sie, daß Sie sich am Ende des Studienjahres mit Ihrem Studienbuch, einer Bestätigung Ihrer Trainings- und Wettkampfaktivitäten durch die BSG und einem gültigen Nachweis des Sportabzeichens der DDR (nicht älter als ein Jahr) in der Sektion Sportwissenschaft, Friedrichstr. 81 vorstellen müssen. Sie erhalten dann dort Ihr Testat.

Beachten Sie bitte, daß eine Befreiung jährlich neu beantragt werden muß.

Mit sportlichem Gruß

Maurer
Dr. T. Maurer
Stellv. Direktor f. Studentensport

Sprechstunden
Die u. Fr
9.00 – 12.00
13.00 – 16.00

Rede einer Studentin auf der Studienjahresvollversammlung, Berlin 1988 (nach dem Manuskript)

Auswertung des 1. Semesters, 2. Studienjahr (HS 87)

– Im Laufe des 1. Semesters sind bei uns zahlreiche Probleme aufgetaucht, von denen einige schon aus dem 1. Stdj. stammten, andere neu waren.

– Unsere Probleme sind sicherlich die gleichen, die auch die anderen Seminargruppen haben. Allerdings scheinen uns auch einige Ähnlichkeiten oder gar Gleichheiten zu den Problemen jener Studenten zu bestehen, die schon vor Jahren oder Jahrzehnten hier studiert haben.

– Viele Auswertungen, schriftliche, mündliche, sind gemacht worden, um bei der Lösung all dieser Angelegenheiten, die uns so sehr angehen, voranzukommen. Wirklich voranzukommen und nicht nur der Kette der Vollversammlungen ein weiteres Glied hinzuzufügen.

– Der Vorwurf, nicht konstruktiv zu sein in seiner Kritik, soll hier besprochen werden. Ebenso die Forderung, doch erstmal entsprechende Leistungen vorzuweisen, ehe man nach Verbesserungen ruft.

• Zum ersten bin ich nicht der Meinung, daß man Kritik erst äußern darf, wenn man einen Verbesserungsvorschlag in der Tasche hat. Abgesehen von der Tatsache, daß wir solche Vorschläge auch gemacht haben, werden wir doch im Gegenteil immer darauf verwiesen, daß andere Institutionen und Leute für Angelegenheiten wie Studienplan und dessen organisatorische Umsetzung verantwortlich sind.

• Zum zweiten läßt eben das oft gar keine sogenannten „entsprechenden" Leistungen zu, oder aber Leistungen, die sehr, sehr einem unzureichenden Stunden- und Studienplan entsprechen.

– Trotzdem werden wir – vorerst – nicht müde, die Probleme immer und immer wieder zu nennen, zu diskutieren:

• Studienplan (org. Seite)

  – freier Samstag, wir wissen, erkämpft, aber „es ist richtig, das einmal Erkämpfte als selbstverständlich hinzunehmen und sich neuen Aufgaben zuzuwenden", wie Prof. Ambach sagt

– ein Vormittag für SPÜ gar nicht konzipiert im Plan – Stockungen, Überhäufungen an den restlichen Wochentagen tauchen zwangsläufig auf

– Reihenfolge von Studienveranstaltungen erscheint uns z. T. fragwürdig; z. B. Literaturtheorie im 4. Semester nach Abschluß des Kurses DDR-Literatur

– zu den SPÜ hätten wir auch einige Verbesserungsvorschläge, die allerdings in unserem Abschlußbericht speziell dazu enthalten sind (der allerdings scheint uns auch irgendwo auf der Strecke geblieben zu sein; Rückmeldungen, irgendwelche Reaktionen halten wir für unbedingt notwendig, ansonsten bleibt jede studentische Beteiligung an Überlegungen ohne rechte Auswirkungen, also ungehört und damit sinnlos!)

• zu den Inhalten von bestimmten Lehrveranstaltungen

– an erster Stelle hier: Pädagogik-Vorlesungen;

eine Vorlesung voller Anschauungsmaterialien (besond. Folien), die etwas veranschaulichen sollen, das entweder so abstrakt ist, daß es für uns keinen Nutzen bringt, oder so bekannt ist, daß es für uns eine qualvolle Wiederholung sehr bekannten Wissens ist und also in beiden Fällen unverantwortbare Zeitverschwendung. Wenn das etwas übertrieben ist, möchte ich nur sagen, daß die Anwesenheitszahlen dort Bände sprechen. Wenn über Jahre – und länger – nicht mal ein Viertel der Studenten anwesend ist, kann die Ursache dafür nicht ausschließlich bei den Studenten liegen! Wir jedenfalls haben dort nichts oder kaum etwas gefunden, was wir wirklich brauchen, z. B. Vorbereitung auf SPÜ, auf die Arbeit als Lehrer im weitesten Sinne.

– PÖ-Vorlesungen;

Kap.-Teil, auch Soz.-Teil so, daß wenig Wissen daraus entnehmbar, hier ist offensichtlich die Art und Weise der Vermittlung nicht ausreichend, geschweige denn attraktiv

– das Wortbildungsseminar könnte m.E. ohne Schwierigkeiten in die Lexikologieseminare eingebaut werden (klass. Bsp. für Selbststudium)

– Russisch: Übersetzung der 30 000 Zeichen oft sinnlos, hier Möglichkeit zu interdisziplinärer Zusammenarbeit! (Woher sollen wir wissen, welche Sektion, welcher Bereich, welcher wiss. Mitarbeiter gerade Übersetzungen braucht?!) Hier könnte wirklich gelenkt werden und nicht alles der Initiative der Studenten überlassen werden. (abgesehen von: Ankauf von Übersetzungen, Zeitverschwendung u.a.)

– Überschneidungen: Einführung in die Sprachwissenschaft in Deutsch und Englisch

– andere Fragen, die wir haben: Warum ist es so schwierig, an einem Ereignis, das jedes Jahrhundert nur einmal stattfindet, ich meine die Veranstaltungen zum „100jährigen Bestehen des Germanischen Seminars", teilzunehmen, wenn man Student ist? (Interesse war stets vorhanden!)

Warum ist es an der Sektion Anglistik immer möglich, an Gastvorlesungen teilzunehmen, an unserer Sektion so ziemlich nie?

– Probleme, die sich aus all diesen ergeben, sind Förderungsverträge und Selbststudium bzw. wie diese mit dem laufenden Studienbetrieb in Übereinstimmung zu bringen sind.

Abschließend noch der Gegenbeweis: Es gibt auch Vorlesungen und Seminare, die einstimmig Anklang fanden, als nützlich, sehr effektiv und gehaltvoll empfunden werden:

für unsere Gruppe:

Vorlesung DDR-Literatur

Vorlesung Psychologie

Seminar Syntax

Vorlesung Literaturgeschichte

Studienförderungsvertrag

Zwischen dem Leipziger Messeamt

Markt 11 – 15, Leipzig, 7010

und der Studentin/dem Studenten

Rudolf, Anton

Leibnitzstr. 19, Leipzig, 7025

Wohnanschrift

wird folgender Studienförderungsvertrag abgeschlossen:

1. Die Studentin/der Student	Rudolf, Anton
absolviert in der Zeit	von 1988 bis 1992
ein Direktstudium an der	Hochschule für Ökonomie „Bruno Leuschner"
in der Fachrichtung	Außenwirtschaft

2. Betreuungs- und Förderungsmaßnahmen des Betriebes während des Studiums der Studentin/des Studenten Rudolf, Anton

– Einladungen zu gesellschaftlichen und kulturellen betrieblichen Veranstaltungen durch die Abteilung Dienstleistungen,

– mit Zustimmung der Bildungseinrichtung Absolvieren der Berufspraktika im Messeamt Leipzig,

– Bereitstellung von Studienmaterial durch die betriebliche Fachbibliothek und Informationsstelle,

– Themenvorschläge für Belegarbeiten und die Abschlußarbeit in Abstimmung mit der Bildungseinrichtung sowie Benennung eines Mentors oder Gutachters,

– Erstattung von Büchergeld sowie die materielle Anerkennung der Studienergebnisse entsprechend dem gültigen BKV.

3. Der Betrieb verpflichtet sich, nach erfolgreichem Abschluß des Studiums den Absolventen entsprechend seiner Fachausbildung sowie den erreichten Studienergebnissen und bei vorliegendem Bilanzentscheid des Ministeriums für Außenhandel im Betrieb einzusetzen.

4. Die Studentin/der Student verpflichtet sich, während des Studiums

– hohe Lernergebnisse anzustreben und sich aktiv am gesellschaftlichen Leben in der Bildungseinrichtung zu beteiligen,

– Kontakt zu dem ehemaligen Arbeitskollektiv/der Gewerkschaftsgruppe zu halten,

– über die Erfüllung der Studienaufgaben einmal im Jahr vor dem Arbeitskollektiv/der Gewerkschaftsgruppe zu berichten,

– bei Schwierigkeiten im Studium und bei Veränderungen zur Person unverzüglich den Betrieb zu informieren.

5. Sonstige Vereinbarungen:

– Bei Auflösung des Arbeitsrechtsverhältnisses durch den Absolventen aus gesellschaftlich nicht gerechtfertigten Gründen hat der Absolvent die vom Betrieb übernommenen persönlichen Qualifizierungsaufwendungen gemäß BKV zurückzuzahlen.

– Der Studienförderungsvertrag tritt mit Studienaufnahme in Kraft.

6. Der Studienförderungsvertrag endet mit der Exmatrikulation. Er gilt nur für die genannte Fachrichtung.

Leipzig, 23. 05. 1988

A. Rudolf
Student

Fischer
Generaldirektor

Hinweise zur Vergabe der Leistungsstipendien der GOL, Berlin 1987

Die MV September soll vorrangig der Diskussion zu den Leistungsstipendien gelten. Folgende Schwerpunkte sind dabei generell zu beachten:

1) Leistungsstipendien sind ihrer Funktion nach nicht allein Anerkennung gezeigter, sondern ebenso Stimulans zu weiterer Leistung.

2) Auszugehen ist stets von einer Beurteilung der Gesamtpersönlichkeit, ohne daß dabei notwendig schmutzige Wäsche zu waschen wäre.

3) Bei der Einschätzung abrechenbarer (fachlicher) Leistungen sollten Geleistetes und Potenz in Relation zueinander betrachtet werden (s. 1).

4) Da es im Studium nicht um Heranzüchtung von Allzweckzwergen geht, ist der Leistungsdurchschnitt nur bedingt in Anschlag zu bringen. Besonders zu berücksichtigen sind dagegen Spitzenleistungen auf profilbestimmenden Gebieten. Unbeschadet dessen sind gute bzw. sehr gute Leistungen in den 3 dominanten Zweigen (Fachwissenschaft/Fremdsprachen/MLG) unabdingbar.

5) Mit entscheidend ist die Einschätzung der durch die Kandidaten tatsächlich (nicht: nominell) geleisteten gesellschaftlichen Arbeit. Neben der Arbeit in etwaigen Leitungsfunktionen ist auch das Agieren im SWH, die Bewährung bei Sondereinsätzen (IHFK, ~~Linguistenkongreß, Vietnamesenausbildung~~ etc. Studentensommer!) sowie die Rolle des Betreffenden im Leben der Gruppe zu beachten.

6) Alle angeführten Kriterien sollten in ihrer Einheit betrachtet werden (so gut das eben möglich ist).

Die Gruppenleitung unterbreitet (günstigenfalls) auf der MV ihre Vorschläge, die dann im Einzelnen durch die gesamte Gruppe zu diskutieren sind. Natürlich sind auch Neuaufnahmen in der MV selbst möglich. Unstimmigkeiten sind möglichst gruppenintern auszuräumen: sollte das nicht in jedem Falle möglich sein, wird in Zusammenarbeit mit der dann zu konsultierenden GOL ein Konsens gesucht.

Die durch Gruppe und GOL bestätigten Vorschläge sind bei einem Gespräch des Direktors für Erziehung und Ausbildung (Prof. Gutzmann) mit Gruppenvertretern vorzulegen, der ggf. seine Zustimmung erteilt und die nunmehr auch von ihm abgesegneten Anträge an das Direktorat E./A. der Uni weiterleitet. Erst dort wird endgültig entschieden.

Die Eintragungen in den Antragsformularen müssen alle genannten Kriterien berücksichtigen und Eure Bewertung erkennen lassen!

Wandzeitungsartikel von Studenten zum Sputnikverbot, Berlin 1988

Angebot zur Diskussion:

Betrifft: Mitteilung des Ministeriums für Post- und Fernmeldewesen vom 19.11.1988

> „Eine einseitig vermittelnde Presse, eine Presse, die nur eine erwünschte Realität vermittelt, die aus der vorhandenen Meinungsvielfalt und von den vorhandenen Lösungsvorschlägen zu gesellschaftlichen Fragen und Problemen allein die ihr opportunen heraussucht und öffentlich macht, beraubt sich selbst der Wirkung, macht Agitation und Propaganda unglaubwürdig, muß die Erfahrung machen, paradox zu wirken."
>
> CHRISTOPH HEIN AUF DEM X. SCHRIFTSTELLERKONGRESS DER DDR[1]

Die Streichung der sowjetischen Monatszeitschrift „Sputnik" (ein Digest der sowjetischen Presse, herausgegeben von der Presseagentur „Nowosti") von der Postzeitungsliste ist der bisherige Höhepunkt einer Reihe ähnlicher Zensurmaßnahmen (zu erinnern sei an fortlaufende Eingriffe in kirchliche Zeitungen [2], die abrupte Absetzung sowjetischer gesellschaftskritischer Filme und die vorläufige Absetzung des Diestelprogramms „Keine Müdigkeit vorschützen" und wirft eine Vielzahl brisanter und besorgniserregender Fragen auf. Wir möchten uns jedoch hier auf 2 wesentliche beschränken:

1.) Die Vorstellung Gorbatschows vom europäischen Haus dürfte bekannt sein. Logischerweise bewohnt die DDR ein Zimmer in ihm. Vielleicht kann man doch darüber diskutieren, ob dieses Zimmer tapezierbedürftig ist, aber absolut undiskutabel ist die Vorstellung, an unserem Ostfenster schwarze Vorhänge zuzuziehen, denn im Dunkeln ist bekannterweise schlecht denken. (In einem dunklen Zimmer kann man auch schwer die Tür finden.)

2.) Was hat man wirklich aus der Geschichte gelernt, wenn man es nicht ertragen kann, bittere und tragische Wahrheiten auf sich zu nehmen und Fehler einzugestehen? Ist es nicht eine Verhöhnung der Millionen von Opfern des Stalinismus, wenn durch dokumentierbare und beweisbare Fakten hervorgerufene Fragestellungen als „verzerrende Beiträge zur Geschichte" bezeichnet werden (ND vom 19.11.1988), bzw. behauptet wird: „Die Verzerrung der Geschichte der Sowjetunion und der KPdSU, auch der Geschichte anderer Länder und ihrer revolutionären Parteien, ist sozusagen Linie beim ‚Sputnik'"? (ND vom 25.11.1988) Die uns zugänglich gewordenen früheren Hefte des „Sputnik" widersprechen unserer Ansicht nach diesen Behauptungen; das Heft 10 würden wir gern selbst prüfen.

Wir protestieren schärfstens gegen die Zensur des „Sputnik" und den darin und in den anderen oben aufgeführten Maßnahmen zum Ausdruck kommenden Trend zur Abwehr von Perestrojka und Glasnost in diesem Land. Notwendig erscheint uns statt dessen, die neue sowjetische Politik, der man die Klarheit und den Mut, über Jahrzehnte angestaute Welt- und Systemkonflikte endlich einmal energisch anzugehen, wohl nicht absprechen kann, auch bei uns mit dem nötigen Ernst, dem Willen zu echtem Meinungsstreit und dem Mut zu Transparenz in allem, was Geschichte betrifft, aufzunehmen. Denn: „Es ist notwendig, daß wir uns gegenüber der Geschichte völlig aufrichtig verhalten, nichts verschweigen, jeden Irrtum zugeben, sobald er erkannt ist, uns dem vollen Umfang der Ereignisse stellen, wenn auch der Schutt unserer Eitelkeit sie zu bedecken droht. Wenn wir nicht mit der Geschichte leben, wird sie gegen uns leben. Statt die Geschichte im Nachhinein zu korrigieren, wollen wir die Mühe verwenden, die Zukunft zu korrigieren. / Wer nicht wagt, über alles die volle Wahrheit zu sagen, hat kein Recht, Genosse zu sein. Denn seine Feigheit zeigte nur sein Mißtrauen gegenüber der Geschichte, das heißt gegenüber dem Volk." (so Volker Braun 1969) [3]

[1] „X. Schriftstellerkongreß der Deutschen Demokratischen Republik. Arbeitsgruppen." Schriftstellerverband der Deutschen Demokratischen Republik und Aufbau-Verlag. Berlin und Weimar 1988, S.235.

[2] Siehe die unten angeheftete Dokumentation darüber.

[3] Volker Braun: „Es genügt nicht die einfache Wahrheit. Notate." Verlag Philipp Reclam junior Leipzig 1982, S. 62. (= „Letzte Auskunft", 1969)

STUDENTEN DER SEMINARGRUPPE DEUTSCH / ENGLISCH

Information zur Absolventenlenkung

HUMBOLDT-UNIVERSITÄT ZU BERLIN
Der Direktor für Studienangelegenheiten

Sektion Sportwissenschaft
Stellv. Direktor E/A

11.06.1986

Absolventenlenkung 1987 für Diplomlehrer nach Berlin

Sehr verehrte Genossin Dr. Phillip!

Für die in der Fachkombination Sport/ Biologie

nach Berlin eingewiesenen 8 Absolventen hat das Kaderreferat der Abt. Volksbildung im Magistrat nach Prüfung der eingereichten Personalunterlagen die Zuordnung in die Stadtbezirke vorgenommen. Beiliegend erhalten Sie die Namensliste mit den vorgesehenen Stadtbezirks-Zuweisungen, so daß die Bekanntmachung an die Studenten erfolgen kann. Wenn Absolventen gegen die Einweisung berechtigte Einwände haben, können sie die im Magistrat, Abt. Volksbildung am

Mittwoch, 25.06.1986, im Rathaus, Zimmer 216, bei Gen. Stifter vorbringen.

Die im Ergebnis von Einspruchsverhandlungen nachträglich nach Berlin eingewiesenen Absolventen sind nicht in der Liste aufgeführt. Sie melden sich ebenfalls zu dem angegebenen Termin im Magistrat.

Die Einladungen zum Abschluß der Arbeitsverträge werden im November von den Stadtbezirksschulräten direkt an die Studenten gerichtet.

Sollten Absprachen zur Bereitstellung von Wohnraum oder zu anderen Fragen notwendig sein, sind diese individuell mit den Kaderreferaten der Volksbildung in den Stadtbezirken ab Juli 1986 zu treffen.

Mit sozialistischem Gruß

Ritscher

Prof. Dr. sc. J. Ritscher

HUMBOLDT-UNIVERSITÄT ZU BERLIN

ZEUGNIS DER HAUPTPRÜFUNG

im Fachlehrerstudium

I. Beatrice Cianty

geboren am 9. 7. 1952 in Seifhennersdorf

hat die Hauptprüfung im Fachlehrerstudium

an der Sektion Germanistik

in der Fachkombination Deutsch/Englisch

mit dem Gesamturteil

»sehr gut«

abgeschlossen. Nach erfolgreich abgelegtem Diplom ist er / sie berechtigt, die Berufsbezeichnung

FACHLEHRER

zu führen.

II. Es wurden folgende Leistungen nachgewiesen:

	Ergebnis
Hauptfach Germanistik	sehr gut
Methodik des Hauptfaches	sehr gut
Nebenfach Englisch	gut
Methodik des Nebenfaches	gut
Marxismus-Leninismus	sehr gut
Pädagogik	gut
Psychologie	befriedigend

Der Sport-, Russisch- und ZV-Nachweis wurde erbracht.

III. Herr/Frau/Fräulein Cianty

schreibt eine Diplomarbeit zum Thema:

»Untersuchungen zum präpositionalen Attribut ausgewählter germanischer Sprachen unter besonderer Berücksichtigung des Deutschen«

ALMA MATER BEROLINENSIS

Humboldt-Universität zu Berlin

CERTIFIKAT

Philosophische Fakultät

– Germanisches Seminar –

Studiosus: Franz Schnellberg

Matrikel: 1979/80

Hiermit wird bekundet, daß genannter Studiosus zu den akademischen Studien auf dem Gymnasium vorbereitet, auf Grund des Entlassungszeugnisses der Reife an der Alma Mater Berolinensis immatrikuliert worden ist, sich seitdem bis zum Schlusse des Semesters 1983 als Studiosus in der Regel hier aufgehalten und sich der teutschen Sprache und Literatur samt ihrer Historie und Theoria etc., der Philosophie etc., der Pädagogik etc. und auch verschiedener Sprachen mehr oder minder erfolgreich beflissen hat.
Hinsichtlich des Verhaltens auf hiesiger Alma Mater ist nichts besonders Nachteiliges zu bemerken.

Berlin, im Juli 1983

Den Absolventen der Sektion Germanistik
der Humboldt-Universität zu Berlin
zur Erinnerung
überreicht von der Leitung der FDJ-Grundorganisation

HUMBOLDT-UNIVERSITÄT ZU BERLIN

URKUNDE

Ich bestätige Frau *Heike Rickstorf*

Sektion Philologien/Germanistik

als Forschungsstudent/in.

Diese Bestätigung ist eine Auszeichnung für Studenten mit hervorragenden fachlichen und gesellschaftlichen Leistungen.

Ich erwarte von Ihnen, daß Sie als Forschungsstudent ausgezeichnete Studienergebnisse erzielen und zur allseitigen Stärkung der Deutschen Demokratischen Republik beitragen.

Das Forschungsstudium beginnt am 1.9.1972 *und*
endet spätestens am 31.8.1975

Für das Studium wünsche ich Ihnen recht viel Erfolg

Berlin, den 6.12.1972

Rektor

(92)/71

2. Lehre

Kabarettext zur Berufsberatung

Harry Fiebig
Beraten und verkauft

Berufsberater zu einem Jugendlichen:

Ich beglückwünsche Sie zu Ihrem Entschluß, Bauarbeiter zu werden, und übergebe Ihnen hiermit die Broschüre »Der Bauberuf, ein Beruf mit Zukunft«. *Schüttelt ihm kräftig die Hand.* Ihr seid jung, der Bau steht offen! Der nächste, bitte! *Herein ein älterer Herr.* Ich beglückwünsche Sie zu Ihrem Entschluß, Bauarbeiter zu werden . . . *Bemerkt erst jetzt, daß er einen älteren Herrn vor sich hat.*

Sagen Sie mal, wollten Sie wirklich zur Berufsberatung? Ich meine, manche Schüler sehen ja heute ganz schön alt aus, aber Sie . . .

Der Mann: Doch, ich wollte zur Berufsberatung, ich komme . . .

Berufsberater: Etwa vom Ministerium für Volksbildung? *Holt eine Schachtel Duett heraus, will anbieten.*

Der Mann: Nein, wegen meines Sohnes, der ist im September soweit.

Berufsberater: Ach so! *Zieht Schachtel wieder zurück.* Dann beglückwünschen Sie bitte Ihren Sohn in meinem Namen zu seinem Entschluß, Bauarbeiter zu werden . . .

Der Mann: Mein Sohn wollte aber gar keinen Bauberuf erlernen.

Berufsberater: In unserem Kreis wollen alle Jugendlichen einen Bauberuf erlernen. Oder gibt es inzwischen eine neue Richtlinie?

Der Mann: Mein Sohn interessiert sich für Chemie.

Berufsberater: Chemie ! Wohlstand, Schönheit, Brot . . . leider nicht mehr aktuell! Ja, vor zehn Jahren noch . . . absoluter Schwerpunkt. Heute höchstens einer von hundert. Und nur mit besten schulischen Leistungen.

Der Mann: Daran solls nicht scheitern. Hier, sehen Sie sich mal das Zeugnis an! Eine Eins in Chemie, eine Eins in Physik, eine Eins in Mathe.

Berufsberater: Aber der Sport, der Sport - eine Vier!

Der Mann: Er will ja auch nicht Trainer von Chemie Leipzig werden, sondern Chemiefacharbeiter, verstehn Sie? Mischen und Probieren!

Berufsberater: Dann wäre er auf dem Bau doch richtig untergebracht. Eine Schippe Kies, eine Schippe Zement, ein Eimer Wasser.

Der Mann: Er will aber unbedingt Chemiker . . .

Berufsberater: Ich sagte doch schon, nicht mit dem Zeugnis. In Musik hat er ja sogar eine Fünf. Dadurch kommt er auf einen Schnitt von genau ... zwei Komma acht!

Der Mann: Na und?

Berufsberater: Für Chemie braucht er mindestens einen Durchschnitt von eins Komma neun.

Der Mann: Ich dachte, die Eins in Chemie wäre entscheidend.

Berufsberater: Entscheidend ist in jedem Fall der Durchschnitt.

Der Mann: Das erinnert mich aber sehr an ein altes russisches Sprichwort: Der Dorfteich war im Durchschnitt einen Meter tief; trotzdem ist die Kuh ersoffen!

Berufsberater: Mir scheint, Sie haben eine falsche Auffassung von deutsch-sowjetischer Freundschaft. Wir übernehmen die Erfahrungen der SU nicht einfach schematisch, sondern nur dort, wo wir sie brauchen. Ob Ihr Sohn nicht doch einen Bauberuf...?

Der Mann: Will er nicht! Gibt es denn außer Bau gar nichts anderes?

Berufsberater: Also schön, weil Sie so drängeln. *Blättert in einer Akte.* Sie haben Glück! Hier hätte ich was: Klavierstimmer!

Der Mann: Klavierstimmer? Bei einer Fünf in Musik?

Berufsberater: Das macht nichts. Klavierstimmer ist ein Engpaß in unserem Bezirk. Da reicht ein Durchschnitt von drei Komma zwei!

(Schaller, Wolfgang/Zobel, Wolfgang: *Herkuleskeulereien. Kabarett-Texte.* Berlin 1976)

Ausbildungsmöglichkeiten in der Diakonie – ein Beispiel

HEILERZIEHUNGSDIAKONIE

Bewerbungen sind zu richten an:

Diakonissenhaus Teltow
153 T e l t o w
Philipp-Müller-Allee 45

AUSBILDUNGSZIEL

Pflege und Förderung geistig Behinderter vom Kindesalter bis zum Erwachsensein in Sondertagesstätten und Heimen

VORAUSSETZUNGEN

Mindestalter 16 Jahre
10-Klassen-Abschluß
Zugehörigkeit zur Evangelischen Kirche

AUSBILDUNGSDAUER

4 Jahre
Nach Möglichkeit nimmt jeder Auszubildende an einem Grundlehrgang für Erzieher in Einrichtungen für schulbildungsunfähige, förderungsfähige Kinder teil.

FINANZEN

Pflegevorjahr – Stipendium	– Netto	89,- M
2. Jahr	– Brutto	120,- M
3. Jahr	– Brutto	150,- M
4. Jahr	– Grundvergütung	

UNTERRICHTSFÄCHER

Pflegevorjahr:
Biblisch-diakonischer Unterricht
Grundlagenfächer vorwiegend praxisbezogen

2. – 4. Ausbildungsjahr:
Biblisch-diakonischer Unterricht, Altes Testament, Neues Testament, Diakonik,

Pädagogik, Heilpädagogik, Rehabilitationspädagogik, Psychologie, Psychiatrie, Neurologie, Orthopädie, Krankenpflege mit Einsatz im internen Krankenhaus, Wirtschafts- und Rechtsfragen

Bewegungserziehung, Musikerziehung, Handarbeit, Singen, Werken, 100-Stunden-Programm in der Bezirksnervenklinik Brandenburg-Görden mit Abschluß-Anlage zum Zeugnis (Rehabilitationspädagogik)

Das 4. Ausbildungsjahr ist vorwiegend schon praktischer Einsatz mit Abschlußprüfungen in bestimmten Fördereinheiten.

DDR-CHEMIEANLAGENBAU
ANERKANNT – LEISTUNGSSTARK

Wir bieten Ihnen interessante Tätigkeiten in unserem VEB Industrie-montagen Merseburg.
Wir suchen für Montagearbeiten auf den Großbaustellen der chemischen Industrie der DDR gelernte und ungelernte Arbeitskräfte

Wir stellen ein:

Maschinen- und Anlagenmonteure
Rohrleitungsmonteure
Isolierer
Schlosser für Reparatur- und Montagearbeiten
Schweißer aller Prüfgruppen
Lager- und Transportarbeiter

Wir bieten Ihnen:

- leistungsabhängige Entlohnung
- gute soziale Betreuung auf den Baustellen
- Baustellenunterkünfte nach den Erfordernissen moderner Wohnkultur
- kostenloses Wohnen in Baustellenunterkünften
- tägliches Trennungsgeld von 9,– M und Wegegeld entsprechend den gesetzlichen Bestimmungen
- zusätzliche Vergütung bei Heimfahrten
- Jahresendprämie bei Planerfüllung
- Zusatzurlaub bei Planerfüllung
- Prämie für langjährige Betriebszugehörigkeit
- gute Qualifizierungsmöglichkeiten, z. B. angelernte Arbeiter in einem montagetypischen Beruf mit Grund- und Zusatzprüfungen im G- oder E-Schweißen und weitere Fachausbildung
- Urlaubsbetreuung u. a. in betriebseigenen Ferienheimen
- Urlauberaustausch mit der VRP und der UVR

Bewerbungen richten Sie bitte an:

VEB Industriemontagen Merseburg
Betrieb des VEB Chemieanlagenbau- und Montagekombinat Leipzig
— Werbebüro —
42 Merseburg, von-Harnack-Straße 15

Registrier-Nr. IV/58/77

Bewerbung um Berufsausbildung mit Abitur

Petra Vollmer

1234 Berlin, 20.09.1982

Rollbergstr. 3

VEB Datenverarbeitungszentrum Berlin

1156 Berlin

Jacques-Duclos-Str. 50/52

Bewerbung um Aufnahme als Lehrling in die Klasse für Berufsausbildung mit Abitur/Fachrichtung FA für elektronische Datenverarbeitung

Am Ende dieses Schuljahres werde ich aus Klasse 10 der allgemeinbildenden polytechnischen Oberschule entlassen. Es ist mein Wunsch, Facharbeiter für elektronische Datenverarbeitung zu werden, da ich mich sehr für Mathematik und Computerelektronik interessiere. Außerdem wurde ich durch den Beruf meines Vaters dazu angeregt. Auf Grund meiner sehr guten Leistungen in Mathematik und Physik in den letzten Jahren und durch meine Teilnahme an der Mathematischen Schülergesellschaft glaube ich, daß ich gute Voraussetzungen für diesen Beruf mitbringe. Da die elektronische Datenverarbeitung in Zukunft immer mehr Bedeutung gewinnen wird, weiß ich, daß mir dieses Gebiet gute Entwicklungsmöglichkeiten bietet. Weil es mein Wunsch ist, nach der Ausbildung ein Hochschulstudium aufzunehmen, möchte ich von der Möglichkeit der Berufsausbildung mit Abitur Gebrauch machen.

Ich würde mich freuen, wenn ich am 01.09.1983 meine Ausbildung als Facharbeiter für elektronische Datenverarbeitung in Ihrem Betrieb beginnen dürfte.

Petra Vollmer

Anlagen

Lebenslauf

Zeugnisabschrift (Kl. 9)

Beurteilung

Antwort auf das Bewerbungsschreiben

VEB
DATENVERARBEITUNGSZENTRUM
BERLIN

Jugendfreundin
Petra Vollmer
1234 Berlin
Rollbergstr. 3

1055 Berlin
Storkower Str. 111

Ihre Zeichen	Ihre Nachricht vom	Unsere Nachricht	Telefon	Tag
			7684491	15.10.1982

Betr.: Bewerbung um eine Lehrstelle zur Ausbildung zum Facharbeiter für

Datenverarbeitung mit Abitur

Wir freuen uns, Ihnen mitteilen zu können, daß Ihre Bewerbung auf Grund Ihrer guten schulischen und gesellschaftlichen Leistungen angenommen wurde durch die Aufnahmekommission des VEB Datenverarbeitungszentrum Berlin. Wir hoffen, daß Sie das in Sie gesetzte Vertrauen rechtfertigen und alle Anstrengungen unternehmen werden, das Ausbildungsziel mit guten Lernergebnissen zu erreichen.

Der Abschluß des Lehrvertrages erfolgt im Rahmen einer Veranstaltung am 11.11.82, 17.30 Uhr in der Betriebsschule, 1156 Berlin, Jacques-Duclos-Str. 50/52.

Wir bitten um Teilnahme mit Ihren Erziehungsberechtigten, da diese den Lehrvertrag ebenfalls unterzeichnen müssen.

Kolbe
Ltr. Abt. Kader

LEHRVERTRAG

Zwischen dem/der Töllner Holger
Name Vorname

geboren am 25. 7. 1951
Tag Monat Jahr

wohnhaft in Merseburg Schillerstr. 8
Ort Straße Hausnummer Kreis

und dem VEB Reparaturwerk Neubrandenburg
Anschrift des Betriebes

vertreten durch Seidel Werksdirektor
Name Dienststellung

sowie der
Anschrift der Oberschule

vertreten durch
Name Dienststellung

wird folgender Lehrvertrag abgeschlossen:

§1
Lehrziel

Das Lehrziel ist

Dreher

Lehrberuf, Art der beruflichen Grundausbildung, spezielle Berufsausbildung, Teilgebiet des Berufes

2367

Berufsnummer

Die Lehrzeit dauert 2 Jahre.

Sie beginnt am 1.9.1966 und endet am 31.8.1968 bzw. mit bestandener Lehrabschlußprüfung.

Das Lehrziel besteht in der systematischen Bildung und Erziehung für den Beruf entsprechend den gegenwärtigen und perspektivischen Erfordernissen der Volkswirtschaft. Das Lehrziel ist die Erziehung und Bildung eines Facharbeiters, der sich bewußt für den Sieg des Sozialismus einsetzt, den die Fähigkeit zu hoher Qualitätsarbeit sowie die Entwicklung solcher Eigenschaften wie Liebe zur Arbeit, Fleiß, Gewissenhaftigkeit, Exaktheit, Pünktlichkeit und Disziplin, Ordnungssinn, Qualifizierungsstreben, beharrliches Eintreten für das Neue, Unduldsamkeit gegenüber Mängeln in der eigenen Arbeit und in der Arbeit anderer auszeichnet. Der Bildungs- und Erziehungsprozeß hat auf der Grundlage bestätigter Ausbildungsunterlagen zu erfolgen.

§2
Pflichten des Lehrlings

Der Lehrling ist verpflichtet,

1. während seines Lehrverhältnisses gewissenhaft, fleißig und schöpferisch zu lernen, die Regeln der kameradschaftlichen Zusammenarbeit und gegenseitigen sozialistischen Hilfe zu achten und nach höchster Leistung zu streben, um ein hochqualifizierter sozialistischer Facharbeiter zu werden, der den hohen Anforderungen der sozialistischen Gesellschaft und der technischen Revolution gerecht wird;

2. das sozialistische Eigentum zu schützen, die ihm anvertrauten Werkzeuge, Maschinen, Geräte und Instrumente sachgemäß zu benutzen und zu pflegen und mit allen Materialien und Hilfsstoffen sparsam umzugehen;

3. in der beruflichen Ausbildung sowie im allgemeinen Unterricht selbständig, gewissenhaft, diszipliniert und mit hoher Qualität zu lernen und zu arbeiten mit dem Ziel, sich für das Neue konsequent einzusetzen und unduldsam gegenüber Mängeln in der eigenen Arbeit und der Arbeit anderer zu sein;

4. die in der Berufsschule geforderten schriftlichen Unterlagen (Ausbildungsmappe, Nachweis der produktiven Leistungen u.ä.) ordentlich zu führen und sie regelmäßig zur Beurteilung und Einsichtnahme vorzulegen;

5. an den Prüfungen gemäß der Prüfungsordnung für die sozialistische Berufsbildung teilzunehmen;

6. die Weisungen des Leiters des Betriebes sowie der mit der Erziehung Beauftragten zu befolgen und die gesetzlichen Bestimmungen über den Gesundheits- und Arbeitsschutz einzuhalten;

7. dem Sorgeberechtigten, dem Betrieb und der Oberschule die Zeugnisse und Leistungsnachweise über die berufliche Ausbildung regelmäßig vorzulegen;

8. den Betrieb und die Berufsschule bzw. Oberschule unverzüglich zu benachrichtigen, wenn Lehrzeit versäumt werden muß. Im Krankheitsfall ist die ärztliche Bescheinigung über die Arbeitsunfähigkeit unverzüglich, spätestens innerhalb von drei Tagen nach Beginn der Arbeitsbefreiung, dem Betrieb vorzulegen. Innerhalb dieser Frist ist gleichzeitig die Berufsschule bzw. Oberschule zu informieren;

9. alle Veränderungen in persönlicher Hinsicht, die für das Lehrverhältnis Bedeutung haben (z. B. Wohnungswechsel, Eheschließung usw.), den Lehrvertragspartnern unverzüglich mitzuteilen.

§3
Pflichten des/der Sorgeberechtigten

Der/die Sorgeberechtigte/n ist/sind verpflichtet,

1. den Lehrling zur Einhaltung des Lehrvertrages sowie zur regelmäßigen Teilnahme am berufspraktischen und theoretischen Unterricht anzuhalten, sich über seine Arbeitsdisziplin und seine Leistungen zu informieren und so auf ihn einzuwirken, daß er den Anforderungen der sozialistischen Berufsausbildung entspricht;

2. durch enge Verbindung zum Lehrbetrieb, zur Berufsschule und zur Oberschule das einheitliche pädagogische und politische Handeln zu unterstützen;

3. regelmäßig in die Ausbildungsmappe und die anderen schriftlichen Unterlagen des Lehrlings Einsicht zu nehmen, die Kenntnisnahme durch Unterschrift zu bestätigen, die Leistungen zu kontrollieren und auf den Lehrling einzuwirken, das Lehrziel mit besten Ergebnissen zu erreichen;

4. das im Besitz des Lehrlings befindliche Exemplar des bestätigten Lehrvertrages sofort der zuständigen Auszahlungsstelle für den staatlichen Kindergeldzuschlag zur Berichtigung der Auszahlkarte vorzulegen (gilt nicht für Oberschüler während der beruflichen Ausbildung).

§4
Pflichten des Betriebes

Der Betrieb ist verpflichtet,

1. den Lehrling mit den neusten Arbeitsmethoden und den fortgeschrittensten Erkenntnissen der modernen Wissenschaft und Technik seines Lehrberufes vertraut zu machen;

2. den Lehrling zu einer schöpferischen, selbständigen Arbeitsweise zu erziehen, die im Ergebnis zu hoher Qualität und Arbeitsproduktivität führt;

3. dem Lehrling – entsprechend dem Stand der Ausbildung – konkrete Arbeitsaufträge zu erteilen, die in Abstimmung mit der Berufs- und Oberschule die schöpferische Betätigung fördern und die sozialistische Gemeinschaftsarbeit zwischen Lehrlingen, Facharbeitern und Ingenieuren für die Durchsetzung des wissenschaftlich-technischen Fortschritts entwickeln;

4. dem Lehrling Gelegenheit zu geben bzw. Voraussetzungen zu schaffen, sich außerhalb der beruflichen Ausbildung fachlich, kulturell und sportlich zu betätigen;

5. den Lehrling zur Teilnahme an den in der Prüfungsordnung für die sozialistische Berufsbildung festgelegten Prüfungen anzuhalten und ihm die dafür erforderlichen Materialien, Maschinen, Werkzeuge und Geräte bzw. Instrumente in ordnungsgemäßem Zustand zur Verfügung zu stellen;

6. dafür Sorge zu tragen, daß der Lehrling die Berufsschule bzw. den theoretischen Unterricht regelmäßig besucht und die Teilnahme kontrolliert wird;

7. alle Aufgaben bei der Bildung und Erziehung des Lehrlings, der während des Besuches der allgemeinbildenden polytechnischen Oberschule die berufliche Ausbildung erhält, in Übereinstimmung mit dieser Schule zu lösen und die Weiterführung der beruflichen Ausbildung im eigenen oder in einem anderen Betrieb zu sichern;

8. dem Lehrling nach Abschluß des Lehrverhältnisses einen dem Lehrberuf entsprechenden Arbeitsplatz im eigenen oder in einem anderen Betrieb zur Verfügung zu stellen und ihn bei hervorragenden Leistungen und vorbildlichem sozialistischen Verhalten besonders zu fördern;

9. mit dem Sorgeberechtigten des Lehrlings in allen Fragen der Ausbildung und Erziehung Verbindung zu halten;

10. dem Lehrling die Arbeitsordnung des Betriebes, den Betriebskollektivvertrag bzw. die Betriebsvereinbarung, die Bestimmungen über den Gesundheits- und Arbeitsschutz auszuhändigen und ihn über die sich daraus ergebenden Pflichten zu belehren;

11. die Führung der Ausbildungsmappe des Lehrlings zu überwachen und regelmäßig durch Unterschrift die Kenntnisnahme zu bescheinigen.

§5
Pflichten der Oberschule

Die Oberschule ist verpflichtet,

1. im allgemeinbildenden Unterricht die spezifischen Erfordernisse der beruflichen Ausbildung zu berücksichtigen;

2. zu sichern, daß der Lehrling seine berufliche Ausbildung ordnungsgemäß beginnt und durchführt;

3. mit dem Betrieb ständig eng zusammenzuarbeiten und Erfahrungsaustausche der Lehrer der Oberschule mit den Lehrkräften, Lehrfacharbeitern bzw. Brigademitgliedern durchzuführen;

4. in Zusammenarbeit mit dem Betrieb die sozialistische Gemeinschaftsarbeit zu organisieren;

5. mit dem Sorgeberechtigten des Lehrlings in allen Angelegenheiten des Lehr- und Erziehungsprozesses zusammenzuarbeiten,

6. alle Veränderungen im Schulablauf, die Einfluß auf die berufliche Ausbildung haben, in Übereinstimmung mit dem Betrieb zu regeln.

§6
Allgemeine Grundsätze

Für Oberschüler, die eine berufliche Ausbildung erhalten, gelten als Erholungsurlaub die vom Ministerium für Volksbildung festgelegten Ferien.

Im übrigen gelten für den Lehrvertrag die gesetzlichen Bestimmungen über den Abschluß, den Inhalt und die Beendigung von Lehrverträgen.

§7
Lehrlingsentgelt

Das monatliche Lehrlingsentgelt beträgt:

1. Lehrhalbjahr 95,- MDN
2. " 105,- MDN
3. " 120,- MDN
4. Lehrhalbjahr 135,- MDN

§8
Besondere Vereinbarungen

Zur Ausbildung im Dreischichtsystem auf Grundlage der gesetzlichen Bestimmungen gebe ich meine Zustimmung.

Neubrandenburg, 5.3.1966
Ort, Datum

Scherpe
Unterschrift des Direktors des Betriebes

Holger Töllner
Unterschrift des Lehrlings

Unterschrift des Vertreters der Oberschule

Erna Töllner
Unterschrift der/des Sorgeberechtigten

Bestätigt am

durch *Empert 10/3. 66*
Stempel und Unterschrift des Amtes für Arbeit und Berufsberatung

Kenntnis genommen:

Radatz
Unterschrift des Vertreters der Betriebsberufsschule

Stempel und Unterschrift des Vertreters der Industrie- und-Handels-Kammer bzw. Handwerkskammer

21.4.66
Datum

Datum

Gespräch zwischen zwei Lehrlingen

(M: Fragender; K: Berichtender)

M: Äh, du lernst den Beruf des Agrotechnikers äh. Wie gefallen dir die Erzieher hier im Lehrlingswohnheim?

K: Na, die Erzieher sind eigentlich so ganz gut, ne. Aber wenn man mal Scheiße baut, dann is et schon anders, nich wahr? Naja, so die Erzieher kann man sich mit ihn verstehn, so mit Herr Bertram oder so oder Frau Pauling. Wenn se frühmorgens, wenn se wecken, wa, die holen ein auch außen Bett raus, wenn man raus muß, ne, auch wenn man nich will. Hm, aber so, kommn auch dahinter, wenn de wat jemacht hast, wa, die erwischen da auch, wa, wie ich neulich, wie ich abends aus n Fenster rausjegangen bin, ne (lachen), ham se mich auch erwischt. Naja, so doof sind die auch nich.

M: Na, und wie, wie is dit Essen so? Hast de Klagen drüba?

K: Naja, Klagen, ja, das is klar. Wat man hier manchmal vorjesetzt kriecht, wa. Als ob man hier inner ersten Klasse is. Manchmal Eierkuchen und soone Scherze, ne? Naja, dis is ja auch nich richtig, wa. Wir komm vonner Arbeit, wa, arbeiten ganzen Tach, ne, und setzen se uns soon labbrigen Eierkuchen vor. Davon soll ma nu satt wern.

M: Na, manchmal gibts auch gutet Essen, wa?

K: Na, et Kompott is imma meistens dat Beste, wa. Dit andre kannste imma meistens allet wegschmeißen.

M: Äh, und wat machste inne Freizeit so, wenn wa, nach n Feierabend so?

K: Naja, nach n Feierabend naja, erst mal natürlich, wenn ich mich gewaschen hab so, geh ich manchmal in Fernsehraum. Naja, vorher tu ich noch essen. Oder ich geh mal ins Kino oder mal in ne Kneipe oder so. Muß ja allet sein. Willste sonst machen hier? Is doch nichts los. Oder Tischtennis spielen kannste vielleicht auch oder, naja weiß ich, irgendwat machen. Irgendwat fällt dir imma ein.

M: Na und im, äh, die Lehrausbilder, wie sind die?

K: Najaa, ick will ja nichts Schlechted sagen. Aber wenn man sich mit Horst versteht oder so, denn isset auch o.k., wa, denn isset auch o.k.. Aber mit Theo und so, wa. Wenn de da über andre wat sachst und so, na, der petzt det doch ruck zuck, Junge. Hast ja gesehn vorjet Mal bei Klaus, Junge. Ruck zuck sachtat Horst. Denn kriecht Manfred und denn, der petzt det gleich weiter. Horst kann det wenigstens für sich behalten. Der hält wenigstens zu uns. Wenn de mal Quatsch gemacht hast, der sacht: „Noch ein soon Ding, denn gehn wa runter." Und wenn noch soon Ding machst, dann sacht er: „Noch mal soon Ding.“ Aber Manfred, wenne da erst antanzt, Junge, der brüllt dir da die Ohren voll. Da weißte überhaupt nich mehr, watte machen sollst do. Da biste schön ruhich.

M: Und die Arbeit, wie gefällt sie dir hier so?

K: Naa, bis jetzt war noch nich so besonders, nich. Wie oft war ich aufn Trecker? Kann ich ja an zehn Finger abzählen. Na kuck da an, wat ham se erzählt. Bevor wir hier losgegang sind, ham se rumerzählt, jaa, nach zwei Wochen wird gewechselt. Da fahrt ihr mit raus zum Eggen. Und weiß ich, wat, ja, ich sag „Ja, ich denk, wir solln raus?“ „Ja“, sagen se, „ihr könnt nachher noch raus“, sagen se, „wenn die andern sich noch richtig eingeübt haben. Die müssn sich erst richtig einüben, richtig einfuchsen, müssen ja auch sehn, wie det geht.“ Denn erzählen se, ja. Und wenn de nach de Schule wiederkommst, denn geht ihr sofort rauf. Wat hab ich hier? Forke inne Hand, und denn aff int Stroh, naja. Dis is Treckerfahren. Genauso, wie se von vornherein erzählt ham, wir kriegen Trecker und so, wenn wa hier anfangen. Ne, nichts jesehn.

M: Na ja, und die theoretische Ausbildung habt ihr ja in Straßburg, ne?

K: Naja, klar.

M: Und wie is, wie gefällts euch da, einwandfrei?

K: Nja, da is ganz gut. Die Lehrer und so, auch ganz gut. Gibt auch strenge Lehrer, wa, da mußt da auch dranhalten, wa. Naja so, die Ausbildung so is nich schwer, wa, is eben leicht, wa. Manche komm aber auch nich dahinta, wa, die sehn noch nich ganz durch. Ick versteh det auch nich, daß se die da hinjebracht ham.

M: Und die Zimmer, besser da ne, und det Essen?

K: Ja, det is besser. Essen, da kannste wenigstens, da haste wenigstens zwei Sorten von Essen da. Da kriechste morgens n Frühstück, kriechste denn nachher nochmal n Essen, na in ne zweite Pause, nochmal Frühstück. Mittagessen is extra eingeteilt. Also, erst komm die ran, denn die, daß da nich zu voll wird da. So wat giebs ja hier gar nich. Wenn da morgens essen tust, kannste äh da liegt deine Butter, und denn kansste so viel Brötchen reinnehm, wie de willst. Un nich wie hier. Da kriechst bloß zwei Brötchen anjesetzt, dann mußt satt sein, tja.

M: Und wat macht ihr so da Freizeitgestaltung in Straßburg?

K: Naja Freizeit ja, wat soll ick da machn? Hab ich ne Freundin jehabt, nich wahr, und da war die Freizeit schon gedeckt (lachen).

M: Der Etagenleiter, der is einwandfrei, wa, bei euch, Straßburg?

K: Welchen meensten?

M: Herr Storch.

K: Der Hund, der (lachen), der kann froh sein, daß er keine auft Maul jekriecht hat, do. So frech, wie der war, Junge. Erstmal rotzt er ein da andauernd an, und denn lappt er noch rum, Junge. Und denn imma, wenn in dein Zimmer warst, nach jede 5 Minuten: „Ja, Sie komm und melden sich nachher mal bei mir.“ Dann holt er so ne große Akte vor und schreibt er allet uff, Junge (lachen). Der Norbert immer. In keiner Etage is so. So wie wa aus de Schule komm, imma Hausaufgaben vorzeigen, Hausaufgaben vorzeigen. Der sieht doch nich durch, sieht der.

M: Na, wat hast in ne Zukunft so vor? Wie willst deinen Facharbeiter abschließen?

K: Naja, den Facharbeiter wollt ich eigentlich mit zwei machen, nich wahr. Naja, nehm ick mir auch jetze noch mal vor. Na erst mal jetze abgeschlossen hab, wa, werd ich wohl zur Armee kommn erstmal, werd ich die anderthalb Jahre abmachen.

M: Und willst hier bleiben, in Mirow?

K: Wat? Ick bin doch nich doof, Junge, ick bleib vielleicht noch hier, wa, in den Stall, Junge, mit Forke und so.

M Wo willste mal hinjehn?

K: Hm, werd ich vielleicht n zehnte Klasse nachmachen. Wenn ich die nachgemacht hab, wer ich vielleicht, ja wenn mein Zeugnis gut is, als KFZ-Schlosser weitermachen. Denn n Kraftfahrer, da verdienst doch viel mehr als so. Denkst, ich nehm mir die Forke an ne Hand und forke hier rum oder fahr auf n Trecker rum? Seh nich so aus.

M: Na, warum, warum hast et denn jelernt hier?

K: Warum hast jelernt? Weil ick mußte.

M: Warum? War denn keen andrer Beruf mehr da?

K: Zwei Stück, einmal Viehzucht und einmal hier. Wat soll ich n machen, wenn se ma aus der Schule schmeißen, nich wahr? Wat willst da noch groß aussuchen? Tja.

(Nach: Beneke, Jürgen: *Untersuchungen zu ausgewählten Aspekten der sprachlich-kommunikativen Tätigkeit Jugendlicher.* [Diss. A] Berlin 1982)

DISZIPLINARVERFAHREN GEGEN EINEN LEHRLING

a) Verweis der Betriebsschule

BETRIEBSSCHULE
RUDI ARNDT
Bildungsstätte der Druckerei Neues Deutschland

Lehrling
Karsten Burkard

Ihre Zeichen	Ihre Nachricht vom	Fernsprechangabe	Unsere Zeichen	Datum
			Berlin, den 5.5.1982	

Betreff

Am 5. Mai 1982 wurde gegen Sie ein Disziplinarverfahren durchgeführt. Ursache des Verfahrens war die Nichtbefolgung einer vom Direktor der Betriebsschule am 4.5.82 ausgesprochenen Weisung, zum Ablegen von Zeichen, die dem Friedenswillen der Bürger unseres Staates zuwider laufen.
Trotz erfolgter Belehrung, die Verpflichtungen, die sich aus dem Lehrvertrag ergeben, einzuhalten, mißachteten Sie die Weisung.

Ich spreche Ihnen deshalb einen

V e r w e i s

aus und erwarte, daß Sie in Zukunft die Pflichten als Lehrling in der sozialistischen Berufsausbildung einhalten.

Janovsky
Direktor der Betriebsschule

---

b) Reaktion des Lehrlings

Karsten B u r k a r d
1234 B e r l i n
Baumstr. 45
geb. 13.09.1964

Berlin-Lichtenberg, den 6.5.1982

Betr.: Bitte um Aufhebung des Lehrvertrages

Hiermit bitte ich um Aufhebung des Lehrvertrages vom 01.09.1980 zwischen mir und der Druckerei Neues Deutschland, 1017 Berlin, Franz-Mehring-Platz 1.

Begründung: Im Rahmen der Friedensdekade des Bundes der Evangelischen Kirchen in der DDR trage ich einen Aufnäher mit der Aufschrift »Schwerter zu Pflugscharen«. Dies ist für mich ein Bekenntnis meines Friedenswillens, der seine Begründung im Glauben an Jesus Christus hat. Diesen Aufnäher trage ich seit Dezember 1981 auch in der Berufsschule ohne daß es zu Anfragen seitens der Schulleitung kam. Am 03. Mai forderte mich der Direktor der Berufsschule, Herr Janovsky, auf, mit dem Aufnäher nicht mehr in der Schule zu erscheinen, mit der Begründung, es sei das Symbol einer Kriegsbewegung. Bei einem Gespräch am darauffolgenden Tag bekräftigte Herr Janovsky die schon oben angeführte Begründung für seine Weisung, mit dem Aufnäher nicht mehr in der Berufsschule zu erscheinen. Als ich mich weigerte diesen Aufnäher abzutrennen, wurde ich das zweite Mal der Schule verwiesen. Die Begründung des Direktors kann ich nicht akzeptieren, da sie weder dem Inhalt des Symbols noch meinem religiösen Bekenntnis, welches ich damit zum Ausdruck bringen möchte, Rechnung trägt. Mir wurden bei Zuwiderhandlung disziplinarische Maßnahmen angekündigt. Am Mittwoch, dem 5. Mai erhielt ich in einer Disziplinarverhandlung einen Verweis, ohne, daß von seiten der Schulleitung eine für mich annehmbare und einsichtige Begründung abgegeben wurde. Seit dem Gespräch am

Montag, dem 3. Mai 1982 konnte ich mit diesem Aufnäher nicht mehr am Unterricht teilnehmen. Mir wurden weitere disziplinarische Maßnahmen angekündigt, wenn ich der Anordnung des Direktors nicht Folge leiste. Durch die für mich unannehmbare Begründung (siehe oben) des disziplinarischen Vorgehens der Schulleitung gegen mich, fühle ich mich in meiner Glaubenseinstellung bedrängt.

Da mir eine von allen beteiligten Seiten akzeptable Lösung nicht möglich erscheint, mir jedoch ein gutes Miteinander wichtiger ist, als die Fortsetzung der Lehre unter den zur Zeit bestehenden Umständen, ziehe ich die Konsequenz, obwohl mir sehr an der Beendigung der Lehre gelegen wäre, und bitte Sie deshalb um Aufhebung des Lehrvertrages.

Karsten Burkard

Unterschrift der Erziehungsberechtigten:

Marianne Burkard

Berlin, d. 28.5.1982

Aufhebungsvertrag

Hiermit bitte ich um Aufhebung meines Lehrvertrages vom 01.09.1980 aus persönlichen Gründen, die beinhalten, daß ich den Aufnäher »Schwerter zu Pflugscharen« laut Weisung des Direktors nicht tragen darf.

Karsten Burkard

Berlin, d. 1.6.1982

Aufhebungsvertrag

Hiermit bitte ich um die sofortige Aufhebung meines Lehrvertrages vom 01.09. 1980 aus persönlichen Gründen.

Karsten Burkhard

c) Aufhebungsvertrag

Aufhebungsvertrag

Der zwischen der Druckerei Neues Deutschland und dem Lehrling Karsten Burkard, geb. am 13.9.1964, mit Zustimmung seiner Erziehungsberechtigten, Frau Marianne Burkard, geschlossene Lehrvertrag wird gemäß § 141, Abs. 1 AGB aus persönlichen Gründen gelöst.

Die dafür erforderliche Zustimmung des Rates des Stadtbezirks wird durch den Betrieb eingeholt.

Mit Bestätigung durch den Rat des Stadtbezirks gilt der Lehrvertrag als gelöst.

Karsten Burkard	*Gustav Burkard*	*Furche*
Karsten Burkard	Erziehungsberechtigte	Direktor Kader/Bildung

2. Juni 1982

Die Bestätigung durch den Rat des Stadtbezirks liegt mit Schreiben vom 4.6.1982 vor.

Furche
Direktor Kader/Bildung

ZV in der Lehre – Eine Fachschülerin erinnert sich, Berlin 1990 (nach dem Manuskript)

Es war in der Fachschule, als ich in der Lehre war. Da mußten wir alle in ein ZV (Zivilverteidigung)-Lager fahren. Das war eine Klasse mit fast nur Mädchen, wir hatten nur einen Jungen in der Klasse.

In diesem ZV-Lager waren noch Fachschülerinnen von anderen Fachschulen. Wir haben gleich am ersten Tag volle Montur gekriegt: Uniform, Stiefel, alles so etwas. Und mußten am ersten Tag alle antreten und marschieren. Und haben dann erst mal so Kommandos geübt, rechts um, links um ... Da hatte ich bei irgendeinem Kommando, bei dem es „rechts um" hieß, mich aus Versehen links um gedreht, das hatte dieser, wie sagt man, Kommandeur oder so, der diese Befehle gegeben hat, natürlich auch gesehen. Ich mußte dort vor allen Mädchen strafexerzieren. Das waren dort 200 oder 300 Mädchen. Und ich weiß nicht wie lange es war, für mich war es eine ziemlich lange Zeit, drei Minuten oder fünf Minuten, immer „rechts um, links um" und marschieren. Das ist so demütigend vor so vielen Leuten, die man nicht kennt, da so zu marschieren, das war furchtbar ...

Ich hatte das noch nicht vorher kundgetan, sondern erst in diesem Lager, daß ich nicht schießen wollte. Da bin ich natürlich auf totale Gegenreaktion gestoßen. Der Politoffizier, dem ich das gesagt hatte, er hat das überhaupt nicht akzeptiert und versuchte mit allen Druckmitteln mich kleinzukriegen, mich dazu zu bewegen, daß ich trotzdem schieße. Ich habe aber nicht geschossen, und ich fand das ziemlich toll, daß meine Klasse doch ziemlich hinter mir gestanden hat und immer gesagt hat: Wir verstehen das und laß dich ja nicht klein kriegen. Das kannte ich von früher, von meiner Klasse in der Stasischule, überhaupt nicht. Hier war es meine Klassenlehrerin, die sich sonst so neutral gab, die es versucht hat, mich aus Vernunftsgründen dazu zu bewegen, daß ich trotzdem schieße. Ich habe mich dann aber nicht dazu bewegen lassen ...

Ja, das Ganze endete jedenfalls damit, daß ich in Sport 'ne „fünf" kriegen sollte, obwohl ich eigentlich „eins" stand. Dann haben wir, meine Eltern und ich, Eingaben an den Direktor der Schule geschrieben. Das ging dann weiter an den staatlichen Direktor vom Krankenhaus, dem wir zugeordnet waren. Da mußten wir dann vor die ganze Schulkommission und Gespräche führen. Und das ist ein ganz schön deprimierendes Gefühl, wenn man da vor den ganzen Lehrern und Direktoren sitzt. Gut, ich hatte meine Eltern dabei. Es war einfach sehr unangenehm.

Zum Schluß habe ich dann 'ne „drei" gekriegt, was eigentlich noch immer nicht gerechtfertigt war. Es war eben nicht eine „fünf".

REISEN MIT JUGENDTOURIST

a) Brief an eine GOL-Vorsitzende

FDJ-Kreisleitung
„Jugendtourist" Berlin, den 4.05.89

Liebe/r....*Brigitte*..................!

Mit diesem Brief möchte ich Dir zusammenfassend nochmals die inhaltlichen und organisatorischen Anforderungen an die Bearbeitung der Reisen in das NSW bzw. Länder mit besonderen Visabedingungen übergeben.

1. Teilnehmer in das NSW und in Länder mit besonderen Visabedingungen sind unsere besten FDJ-ler

– die sich durch einen festen sozialistischen Klassenstandpunkt auszeichnen

– bei denen Wort und Tat übereinstimmt, indem sie Bestes in der Arbeit, beim Lernen und Studieren leisten

– die Vorbild in ihrem persönlichen Verhalten sind.

2. Es sind insbesondere Freunde auszuwählen,

– die in der Lage sind, die Politik der SED und des Jugendverbandes aktiv darzulegen
– die sich in der Arbeit bewährt haben und sich mit Argumenten des Gegners auseinandersetzen können. Die entscheidende Verantwortung für die Auswahl der Teilnehmer tragen die FDJ-Organisationen. Jede GO macht eigenständige Vorschläge welcher FDJ-ler Teilnehmer an einer Reise werden soll.

In den FDJ-Kollektiven der GO-en werden die Anträge und Vorschläge diskutiert, und danach entscheidet die GO-Leitung, welcher Jugendfreund für eine Reise berücksichtigt werden sollte.

Bewerbung:

Die Bewerbung bei der zuständigen GO-Leitung erfolgt mit einem Vormerkschein. Es ist nicht gestattet andere Unterlagen, wie Beurteilungen, Fragebogen usw. von den Teilnehmern abzufordern. Wir bitten Euch darum, eine Vorauswahl zu treffen, und uns eine Prioritätenliste mit höchstens 4 Jugendfreunden zu erstellen (bei den großen GO-en auch mehr).

Mit dieser Liste zusammen werden die Vormerkscheine abgegeben. Es ist darauf zu achten, daß diese durch die Teilnehmer selbst ausgefüllt sind. Alle Angaben sind vollständig einzutragen, das trifft besonders auf die PKZ und die Tätigkeit sowie konkrete Arbeitsstelle zu. (bei Tätigkeit nicht nur die Nummer, sondern in Worten.)

Bei der Arbeitsstelle die entsprechende Abteilung angeben. Eine weitere Bearbeitung ist sonst nicht mehr möglich!

Freundschaft!

1. Sekretär
W. Peters

Ltr.d.KK-Jugendtourist
L. Humpert

---

b) Antrag auf eine Jugendtouristreise

Manuela Schweiger
Jens Blannert
Rodeallee 57
1456 Berlin

Antrag für eine Jugendtourist-Reise

Manuela Schweiger
Jens Blannert

Wir würden gerne mit JUGENDTOURIST im Zeitraum Juli/August 1989 eine Reise in die Sowjetunion machen (für ca. 3 Wochen, nach Mittelasien, Georgien oder in eine andere schöne Gegend dieses Landes).

Die Antragsteller sind Mitglieder der FDJ, waren bisher noch nie mit Jugendtourist unterwegs und planen die Reise als Hochzeitsreise.

Mit freundlichen Grüßen

Berlin, 7. Dezember 1988

Jens Blannert

Manuela Schweiger

<u>H e r z-S t i l l s t a n d !?</u>

Herzlich laden wir zu den Tagen der Begegnung am <u>27.3. u. 28.3.</u> ein.

Wie mag es in Deinem Herzen aussehen?

Vielleicht sogar so?

Feigheit Neid Eifersucht Angst

Stolz Eitelkeit Engherzigkeit

Einsamkeit

Durch Gespräche in Gruppen wollen wir versuchen, eine Antwort zu finden. Wir wollen ganz offen miteinander reden.

Wir freuen uns schon auf diese Tage. Natürlich gibt es auch etwas zu essen.

Durch das miteinander Reden wollen wir eine große Familie werden. Du brauchst nicht allein kommen, bringe ruhig Deine Freunde mit. Musik ist auch reichlich vorhanden, denn wir haben die uns allen bekannte Gruppe „L i c h t“ unter uns.

Es werden auch eine ganze Reihe von Gästen da sein.

Also los am Sonnabend, dem 27. März ab 15.00 Uhr,
Sonntag, dem 28. März ab 10.00 Uhr!

Es grüßt Dich die Junge Gemeinde
aus Berlin-Johannisthal

Abschlußbeurteilung eines Lehrlings

VEB BAU UND MONTAGEKOMBINAT

i n g e n i e u r h o c h b a u b e r l i n

MONTAGEBAU STAHLBETON SPANNBETON FEUERUNGSBAU GLEITBAU

Betriebsschule „Herbert Baum"

VEB BMK ingenieurhochbau berlin, 4567 Berlin, Postschließfach 234

7654 B e r l i n
Teltower Str. 11
PSF.: 558/23
Tel.: 376 45 89

Ihre Zeichen	Ihre Nachricht vom	Unsere Zeichen	Datum
		Zzc/Op	19.06.1986

Betreff

Abschlußbeurteilung des Lehrlings Ralf B r o d e m a n n

Ralf Brodemann erlernte seit 01.09. 1983 an unserer Betriebsschule den Beruf des Baufacharbeiters mit Abitur.

Die Lehrzeit wurde am 15.07.1986 beendet.

Ralf Brodemann zählte seit Lehrbeginn zu den markanten und wertvollen Mitgliedern der Klasse. Durch sein parteiliches, sachliches kritisches Auftreten, durch natürliche Autorität und persönliche Ausstrahlung förderte er die Kollektiventwicklung. Kameradschaftlichkeit, Kollegialität und Kontaktfähigkeit sind weitere positive Persönlichkeitsmerkmale. Seine Leistungen hatten sowohl in der theoretischen, wie auch in der praktischen Ausbildung eine stetige Steigerung zu verzeichnen. Ursachen für diese positive Entwicklung lagen in erhöhter Zielstrebigkeit, größerem Fleiß und verbesserten Lernmethoden. Auch in seiner Produktionsbrigade wird ihm korrektes Verhalten, Zuverlässigkeit und Kameradschaftlichkeit bestätigt. –

Gleichzeitig mit der Steigerung der Lernergebnisse erhöhte sich auch Quantität und Qualität der gesellschaftlichen Arbeit. Die Wahlfunktion als stellvertretender FDJ-Sekretär der Klasse erfüllt Ralf Brodemann zuverlässig, mit politischer Verantwortung. Konstruktiv und ideenreich vertritt er die Interessen seines Kollektivs. Sehr vielseitig und schöpferisch wirkte er auf vielen Ebenen unserer Einrichtung. So engagierte er sich im Rahmen der MMM u.a. bei der Projektierung und Realisierung des FDJ-Schulklubs. Als Mitglied unserer Singegruppe hatte er großen Anteil an der Entstehung und der Wirksamkeit dieser Kulturgruppe. An der vormilitärischen Ausbildung beteiligte er sich regelmäßig mit hoher Einsatzbereitschaft, auch bei mehreren GST-Veranstaltungen wie der Wehrkreisspartakiade war er im Einsatz.

Sein politisch klarer Standpunkt wird durch die Verpflichtung zu einem 3-jährigen Wehrdienst unterstrichen. –

Ralf Brodemann war Delegierter zum „Pfingsttreffen der Jugend" 1985. Er wurde mit einer Reise in die VR Polen ausgezeichnet. Er wurde zweimal „Bester Lehrling des Monats" und wurde nach dem 2. Lehrjahr im Rahmen der Klasse als „Vorbildliches Lehrlingskollektiv im sozialistischen Berufswettbewerb" gewürdigt.

Diese Beurteilung wurde in Zusammenarbeit mit dem Erzieherkollektiv und der FDJ-Leitung des Kollektivs erarbeitet.

Krinkel
Abt.-Ltr. d. theoretischen
Berufsausbildung

Moos
Klassenleiter

IV. „Die Familie ist die kleinste Zelle der Gesellschaft“

1. Heiraten und Familie

PARTNERSUCHE UND HEIRATSANZEIGEN

Glück ist das einzige, was sich verdoppelt, wenn man es teilt!
Junge Frau, 24/ 1,68, FSA, möchte intelligenten, gutauss. Partner
für den weiteren Lebensweg kennenlernen.

(*Wochenpost*, 5/1987)

Mir genügt eine Bildzuschrift.
Suche die Wera Pawlowna aus Tschernyschewskis Roman „Was tun?"
Schätze mich als äquivalent ein.
Bin 42/ 1,75, geschieden, Nichtraucher.

(*Wochenpost*, 9/1985)

Für die erwiesenen Aufmerksamkeiten zu unserer Vermählung danken wir
allen Verwandten und Freunden,
insbesondere der MTS „Fortschritt",
dem VEB Elektroinstallation,
dem Wasserwirtschaftsbetrieb und
den Kolleginnen der Kreissparkasse Neustrelitz

Detlef Bunge und Frau
Gudrun, geb. Koß

Strelitz-Alt, den 16. Dez. 1955

(*Freie Erde*, 1956)

„Hochzeit machen, das ist wunderschön"
(Aus einem Brigadetagebuch, Halle 1983)

Anläßlich der Vermählung des Kollegen

Rudolf Rodecke

übermittelten der Kollege Scharf und der Kollege Fritsche als Vertreter der Belegschaft der Abteilung Stahlbau dem Brautpaar die herzlichsten Glückwünsche und überreichten ein Kollektivgeschenk, bestehend aus einem sechsteiligen Kaffeeservice, einer Vase und einem dazugehörigen Blumen-strauß. Nach dem Überreichen des Hochzeitsgeschenkes saßen sie mit dem Brautpaar gemeinsam an der Kaffeetafel.

Das Kollektiv wünscht dem jung vermählten Paar für den weiteren Lebensweg alles Gute, viel Gesundheit, Freude und Schaffenskraft.

24. 9. 83

DEUTSCHE DEMOKRATISCHE REPUBLIK

E h e u r k u n d e

Standesamt .... Berlin - Prenzlauer Berg .... Nr.: *344 / 1988*
Bodo Wolfgang Groß..
geboren am 06. Februar 1961 .... in Dresden ....
....
und .... Jutta Brigitte Fischer ....
....
geboren am 08. August 1960-------- in Berlin-Friedrichshain ----------
....
haben am ......13. Mai 1988 -------... die Ehe geschlossen.
Der gemeinsame Familienname ist .... Groß -----...
Vermerke: keine.

Berlin-Prenzlauer Berg, den 13. Mai 1988

i.V. *Teschner*

Geburtsstandesamt und Nr.
Ehemann:...... Dresden West .... 221 / 1961 .....
Ehefrau:......... Berlin-Friedrichshain .... 1922 / 1960 .....

B E R L I N -
P R E N Z L A U E R B E R G

Liebes Hochzeitspaar !

Zu Ihrer Eheschließung
beglückwünsche ich Sie recht herzlich.
Ich wünsche Ihnen
ein Leben in Frieden, Glück
und sozialer Geborgenheit
in unserem sozialistischen Staat.

Ihr Stadtbezirksbürgermeister

Sozialistische Eheschließung

<u>Ehegelöbnis</u>

Allen schaffenden Menschen und uns selbst geloben wir, unsere in beiderseitiger Liebe heute gegründete Ehe als Gemeinschaft für das ganze Leben zu gestalten.

Wir geloben den Schaffenden, mit gemeinsamer Kraft die sozialistischen Errungenschaften und die Staatsmacht der Arbeiter und Bauern zu stärken.

Wir geloben gegenseitige Achtung – Fürsorglichkeit – Förderung zu beruflicher und kultureller Entwicklung – Gemeinsamkeit der Entschlüsse und unlösbare Treue.

GERA, den 19. Dezember 1959

Helmut Kleiber *Gertrud Kleiber*

Die Familie

ist die kleinste Zelle der Gesellschaft.
Sie beruht auf der für das Leben geschlossenen Ehe
und auf den besonders engen Bindungen,
die sich aus den Gefühlsbeziehungen zwischen Mann und Frau
und den Beziehungen gegenseitiger Liebe, Achtung
und gegenseitigen Vertrauens
zwischen allen Familienmitgliedern ergeben.

(*Buch der Familie,* 1979)

Bei Familie Lahmer, Frankfurt/O.

Familienglück – wo fängt es an, wo hört es auf? Beginnt es damit, daß man sich auf das Wunschkind freut, jede Veränderung nach der Geburt registriert, oder beginnt es bei den strahlenden Kinderaugen zu Weihnachten oder zum Geburtstag?

Wir denken, Glück beginnt dort, wo Frieden ist, und dort, wo zu spüren ist, wir sind eine Familie, in der einer für den anderen da ist, ihn ernst nimmt und Zeit für ihn hat, ihm erklärt, was der andere nicht versteht.

Wir sind glücklich, wenn wir spüren, daß uns unser sechsjähriger Sohn vertraut, auch mal was erzählt, wo er keine gute Rolle gespielt hat, also ehrlich ist. Wenn er seinen Freunden erzählt, daß sie alle mit zu ihm spielen kommen können, weil Mama und Papa dann auch mal mit allen spielen und nicht böse sind, wenn es hinterher im Kinderzimmer ein bißchen nach Chaos aussieht.

Froh ums Herz wird uns, wenn wir bemerken, daß Michael nicht nur an sich denkt, daß er Rücksicht auf andere nehmen kann, tröstet, da wo jemand weint, hilft, wenn Mama die Arbeit über den Kopf zu wachsen droht, oder einfach mal gelaufen kommt, ein Küßchen gibt und sagt, daß er uns lieb hat.

Schön sind unsere gemeinsamen Ausflüge zu Fuß in den nahe gelegenen Wald. Dort hat er mit Papa einen Waldspielplatz entdeckt, wo man sich prima als „Jäger" betätigen kann. Herrliche „Spaßwildschweine" und „Spaßhirsche" (Büsche und Erdhügel) sind dort zu erjagen. Papa, der Koch, kann die auf einem „Spaßlagerfeuer" ganz toll zubereiten. Daß die dann wie Äpfel schmecken, macht gar nichts, man spürt trotzdem das saftige, kräftige Fleisch einer Rehkeule. Und überhaupt, was es alles im Wald zu entdecken gibt! Käfer, Schmetterlinge, Eichhörnchen, Kienäpfel, Pilze, Bucheckern und vieles mehr. Zu jeder Jahreszeit gibt es da etwas. Wir gehen nie mit leeren Taschen heim.

Aber auch unsere Ausflüge mit dem Auto sind schön. Wie groß doch unser kleines Land plötzlich ist. Und was es alles zu entdecken gibt! Da kann man Schlösser sehen, in denen Könige und Prinzessinnen gelebt haben. Und manchmal ist es dann gar nicht so leicht zu begreifen, daß die doch nicht so gut wie die Märchen waren.

Oder unsere Fahrten an den Müritzsee. Dort kann man sich einen Kahn ausleihen und den ganzen Tag auf dem Wasser verbringen. Da kann man angeln und gleich dazu lernen, wie die Fische heißen, wie sie leben und wie man sie am besten zubereiten kann. Aber es gibt ja noch vieles mehr zu entdecken. Wasservögel, seltene Pflanzen u. a. Papa kann herrliche Geschichten dazu erzählen. Sein Opa war Fischer und hat ihn oft mit auf das Wasser genommen, deshalb kennt sich Papa auch so gut aus. Schade nur, daß wir keinen „Fischopa" haben, das wäre einfach toll.

Manchmal entdecken wir unterwegs auch Dinge, die uns nicht so glücklich machen. Aber davon muß unser Sohn erfahren. Er soll wissen, daß Glück erkämpft sein muß: Da gab es an den Seelower Höhen viele Fragen zu beantworten, z. B. warum es böse Menschen gibt, warum sie nicht wollen, daß alle Kinder satt, gesund und fröhlich sind. Wie froh können wir doch sein, daß es die Sowjetsoldaten gibt, die wir oft auf der Straße treffen, und die sich so freuen, wenn wir ihnen „Drushba" entgegenrufen.

Es gäbe noch sehr viel zu erzählen, von uns und unserem Familienglück, von unseren Freunden – den Büchern –, unseren Ausflügen in Museen und Kinos, den Kindergeburtstagen und vielem mehr.

Wir wünschen uns, daß es in unserem Land noch viele, viele andere Familien gibt, die alle so glücklich sind wie wir.

(Bummi für Eltern, 9/84. In: *Bummi,* Nr. 17, Berlin)

Ehescheidung

Kreisgericht Dresden
Aktenzeichen: XY 08/15

Verkündet
am 13.2.1976

U r t e i l

Im Namen des Volkes!

In dem Rechtsstreit
der Sparkassenangestellten Claudia F r a n k e, geb. Singer, wohnhaft 8010 Dresden, Gagarin-Str. 9

-Klägerin-

Prozeßbevollmächtigter: *Rechtsanwalt Dr. E. Piera*
8021 Dresden

gegen

den Mechaniker Klaus-Peter F r a n k e, wohnhaft 8010 Dresden, Gagarin-Str.9

-Verklagter-

Prozeßbevollmächtigter: *Rechtsanwalt Dr. R. Axt*
8010 Dresden

wegen
Ehescheidung

hat die Kammer für Familienrecht des Kreis (Dresden) -Gerichts
nach mündlicher Verhandlung durch
Richterin Frau Rother
als Vorsitzende,
Edelgart Schiemann, Rentnerin
Franz Steffens, Reichsbahninspektor
als Schöffen
für Recht erkannt:

1.) Die am 18.10.1962 vor dem Standesamt Dresden-Altstadt, Heir.Reg.Nr. 888/61 geschlossene Ehe der Prozeßparteien wird

g e s c h i e d e n

2.) Das Erziehungsrecht für die Kinder
Paul, geb. am 28.10.1960,
Axel, geb. am 13.5.1962,
Dirk, geb. am 17.9.1964
wird der Klägerin, und das Erziehungsrecht für das Kind
Andreas, geb. am 4.8.1965,
dem Verklagten übertragen.

3.) Der Verklagte wird verurteilt, für das Kind Dirk einen monatlichen Unterhaltsbeitrag in Höhe von 90,- Mark bis zur Vollendung des 12. Lebensjahres und einen solchen danach in Höhe von 105,- Mark bis zur wirtschaftlichen Selbständigkeit zu zahlen sowie für die Kinder Paul und Axel einen monatlichen Unterhaltsbeitrag in Höhe von je 105,- Mark bis zur wirtschaftlichen Selbständigkeit.

4.) Die Klägerin wird verurteilt, für das Kind Andreas einen monatlichen Unterhaltsbeitrag in Höhe von 40,- Mark bis zur wirtschaftlichen Selbständigkeit zu zahlen.

5.) Der Verklagte wird verurteilt, für die Klägerin ab Rechtskraft der Scheidung auf die Dauer von sechs Monaten einen Unterhaltsbeitrag in Höhe von 1000,- Mark zu zahlen.

6.) Während der Dauer der Unterhaltszahlung für die Klägerin verringert sich der Unterhaltsbeitrag für das Kind Dirk auf monatlich 75,- Mark sowie für die Kinder Paul und Axel auf je 85,- Mark monatlich.

7.) Das Mietrecht an der Ehewohnung wird der Klägerin zur alleinigen Fortsetzung übertragen und der Verklagte verurteilt, innerhalb von 14 Tagen nach Zuweisung anderen Wohnraumes die Ehewohnung zu räumen.

8.) Die Kosten des Verfahrens (Gebührenwert: 7300,00 Mark) werden dem Verklagten auferlegt.

Begründung (in Auszügen):

[...] Die Klägerin begehrt die Scheidung und führt dazu aus, daß die Ehe recht gut verlaufen sei bis auf kleinere Streitigkeiten. Jedoch unterhalte der Verklagte seit Herbst 1975 ehebrecherische Beziehungen zu einer anderen Frau. Er habe sie ständig belogen und sie halte nunmehr die Fortsetzung der Ehe für sinnlos, da der Verklagte kaum noch zu Hause sei und nicht mehr mit ihr zusammenleben wolle. Sie sei auch gesundheitlich durch das ehefeindliche Verhalten des Verklagten sehr angegriffen. [...]
Dazu führt der Verklagte aus, daß die Angaben der Klägerin zu den ehebrecherischen Beziehungen im wesentlichen stimmen, jedoch gab es in der Ehe häufige Differenzen wegen der Unordnung und Sauberkeit im Haushalt. Außerdem habe es auch Probleme bezüglich der sexuellen Beziehungen gegeben. Er wolle mit der Zeugin Walther weiter zusammenleben und sei nicht bereit, die Ehe mit der Klägerin fortzusetzen. [...]

Ursache der nunmehr zerrütteten Ehe ist nach der Meinung des Gerichts die Aufnahme der ehebrecherischen Beziehungen zur Zeugin Walther, die seit September 1975 intimen Charakter tragen. Der Verklagte setzt sich dabei über jegliche Verantwortung und moralische Prinzipien hinweg und belog die Klägerin über längere Zeit bezüglich der Beziehungen zu einer anderen Frau. Auch nachdem die Klägerin nach Bekanntwerden dieser Beziehungen gesundheitlich sehr angegriffen war, bemühte sich der Verklagte in keiner Weise, seiner Verantwortung für die Ehefrau und die Kinder gerecht zu werden. Auch die Zeugin brachte nicht überzeugend zum Ausdruck, daß sie den Verklagten auf sein verantwortungsloses Verhalten hingewiesen hat, sondern setzte sich ebenso über die sozialistische Moralauffassung hinweg.

Das Gericht kommt zu der Auffassung, daß allein das ehefeindliche Verhalten, d. h. die Aufnahme der Beziehungen zur Zeugin Walther dazu geführt hat, daß jegliche Basis für die Fortsetzung der Ehe fehlt. In grober Weise hat er das Vertrauen der Klägerin mißbraucht, so daß auch sie sich trotz aller Bemühungen, den Verklagten zurückzugewinnen, außerstande sieht, die Ehe mit dem Verklagten fortzusetzen. Die Ehe hat somit ihren Sinn für die Ehepartner, die Kinder und die Gesellschaft verloren, zumal die Kinder in die Probleme und Konflikte der Ehe einbezogen wurden. Die Ehe war gem. § 24 FGB zu scheiden. [...]

Rother *Schiemann* *Steffens*

Passierschein IV
zum vorübergehenden Aufenthalt in der Sperrzone

~~Herr~~ / ~~Frau~~ / Fräulein Sowinski
(Name)

Cornelia
(Vorname)

ist berechtigt, sich aus **dienstlichen/ privaten** Gründen in der Zeit vom...18.8.88..bis..01.8.90..

in Haar
(Ort und Kreis)
Krs. Hagenow aufzuhalten.

Der Passierschein ist **nur gültig** in Verbindung mit dem Personalausweis Nr. ....

Mitgeführtes Kraftfahrzeug (pol. Kennz.) ....

Hinweise auf der Rückseite beachten! Hagenow den 21.07. 1988

Stiebel
(Unterschrift)

Hinweise:

1. Zum Erreichen des Reiseziels ist innerhalb des Grenzgebiets der kürzeste Weg zu benutzen.
2. Sie haben diesen Passierschein während des Aufenthaltes in der Sperrzone ständig bei sich zu tragen.
3. Sie haben sich innerhalb von 12 Stunden nach Einreise, soweit der Aufenthalt 12 Stunden übersteigt, bei der Meldestelle der Volkspolizei oder beim zuständigen Abschnittsbevollmächtigten der Volkspolizei anzumelden und vor der Ausreise abzumelden.
4. Der Passierschein kann Ihnen entzogen werden, wenn die Gründe, die zur Ausstellung geführt haben, weggefallen sind oder gegen die Anordnung über die Ordnung in den Grenzgebieten und Seegewässern der Deutschen Demokratischen Republik – Grenzordnung – vom 25. März 1983 verstoßen wird.
5. Nach Ablauf der Geltungsdauer bzw. dem Wegfall der Gründe, die zur Ausstellung führten, ist der
   - aus beruflichen Gründen ausgestellte Passierschein der ausstellenden Dienststelle der Deutschen Volkspolizei;
   - aus persönlichen Gründen ausgestellte Passierschein der für den Wohnsitz zuständigen Dienststelle der Deutschen Volkspolizei unverzüglich zu übergeben.

---

2 Gespräche über die Familie, Berlin 1980

A2: Det einzje, wat bei uns wirklich sich hält, is soon dämlicher Osterkaktus. Weeste, mit diesen Blättern, der so runterbammelt, der jedet Jahr. Den hat mein Weib in Flege, in der Küche. Der steht da. Un ab un zu gießt mal einer Wasser rein oder Fleischbrühe, je nachdem. Un der blüht ooch jedet Jahr, bödsinnjerweise. Fängt jetzt schon wieder an und treibt wieder Knospen raus. Der is zäh, wirklich, zäh wie Kruppstahl.

A1: Der hat sich schon an euch gewöhnt.

A2: War noch kleen, sechs, sieben Jahre alt. Meene Bekannte ham mein Eltern n Jummibaum zu Weihnachten oder zum Jeburtstag oder irgendwann n Jummibaum jeschenkt. N Jummibaum is wat janz Schauet, ja, ham se mir erzählt. Da kommt Gummi. Kann man Gummitiere draus machen. Und kann man n Gummiball draus machen. Ick eins, zwei fix in die Küche, mir n langet Messer jeholt, anjebohrt. Schnitz, schnitz, schnitz, kommt der Jummi raus.

A1: Aber da kam nichts.

A2: Kam nichts. Doch, es kam was, die Hand meiner Mutter hinter meine Löffel.

Blaugraues Ensemble in anspruchsvoller Schlichtheit, unter dem Jäckchen ein ärmelloses Kleid mit bis zur Taillenhöhe plissiertem Einsatz. Mattgrauer Hut, graue Schuhe, weiße Handschuhe, weiße Tasche. Dieses Kleid fanden wir in der Berliner Boutique und so nett und brauchbar, daß wir uns wünschen, bald ähnlich schöne Modelle (wenn es geht, ein wenig billiger) auch in anderen Läden und Städten angeboten zu bekommen. Das scheint uns das Genre zu sein, das den Vorstellungen einer selbstbewußten, berufstätigen Frau zwischen 30 und 40 Jahren ungefähr entspricht. Ausschlaggebend allerdings für den letzten Schliff eines Modells werden immer wieder persönliches Geschick, Gefühl für modische Dinge, Gepflegtheit, Auftreten und Benehmen der Trägerin sein.

(*sibylle,* Berlin, 1/1959)

Grauer Trägerrock mit spitzem Ausschnitt. Hellgraue Schuhe, weiße Perlenschnur um das Handgelenk, weiße Blüte. (Wenn Gäste kommen, bleibt die eigene Aufmachung zurückhaltend.)

Die weiße Bluse zu einem ockerfarbenen Plisseerock. Diese Zusammenstellung macht einen ebenso schlichten wie gepflegten Eindruck. Mit den hellbraunen Schuhen der richtige Anzug für alle Gelegenheiten, bei denen unsere eigene Person von wichtigeren Problemen in den Hintergrund gerückt wird (öffentlich-gesellschaftliche Atmosphäre).

Kittelschürze mit geräumigen aufgesteppten Taschen. Bedauerlich, daß so wenig Gewicht auf dieses praktische, bewährte Bekleidungsstück gelegt wird. Es wäre zu begrüßen, wenn genügend Haushaltskittel in bequemen modischen Formen, mit und ohne Gürtel zu tragen, in frischen Farben und lebhaften Mustern mit passendem Kopftuch hergestellt und angeboten würden.

Arbeitsbekleidung

Liebe sibylle, mein Schreiben an Dich ist gleichsam ein Hilferuf aller werktätigen Frauen an die Industrie. Was bietet uns der Handel für abscheuliche Arbeitsbekleidung an! Ich arbeite jeden Tag in der Textilindustrie, komme also mit Frauen jeden Alters zusammen, und was einem da an Berufsmänteln, Kittelschürzen oder sonst noch alles über den Weg läuft, ist keine Augenweide. Da gehen 46er und 48er Größen mit Cocktailschürzen, möglichst noch quergestreift, herum, abgesehen von manchen unmöglichen Mustern, die die Trägerinnen von vorn wie hinten als Vierzehnfensterfront erscheinen lassen. Oder die dunkelblauen Kittel mit bunten Besätzen; in diese Art Kittel scheint die ganze Konfektionsindustrie vernarrt zu sein. Und welche unmöglichen Variationen es gibt, ist einfach unbeschreiblich. Nicht daß die vielen Kolleginnen keinen Geschmack hätten, aber aus dem Zeitmangel heraus nimmt man dann eben so ein Gebilde, weil man es ja unbedingt haben muß. Natürlich kann das Material für die Fertigung derartiger Artikel nicht das beste sein, aber man muß doch wenigstens den Kittel gern anziehen. Es könnte dazu noch so viel getan werden! Ich bin seit kurzem dabei, mir meine Kittel selbst zu nähen, und rate jeder, ebenfalls die Zeit daranzusetzen. Nun kann ich mir bald ein Schild umhängen, daß es diese Kittel nirgendwo zu kaufen gibt. [...]

Martina Stutzer,
Kunstseidenwerk „Siegfried Rädel", Pirna

(*sibylle,* Berlin, 4/1962)

Nationales Aufbauwerk Mitte

Berlin C 2, den 17. März 1960
Elisabethstr. 28/29
Tel: 51 03 91/App. 631, 632

An das
Betriebsaufbaukomitee über die BGL
Märkisches Museum

Werte Kollegen!
Nachdem die Frostperiode wohl endgültig ihren Abschluß gefunden hat, dürfte der Zeitpunkt für die Wiederaufnahme der NAW-Arbeiten im Freien gekommen sein.

Wir rufen daher alle Betriebe, Organisationen, Schulen und Wirkungsbereiche auf, sich an dem Auftakt zum NAW 1960 am

Grossaufbautag
Donnerstag, den 24. März

zu beteiligen.
Die Arbeiten auf unseren NAW-Baustellen dienen alle nur dem einen Ziel, bei der Gestaltung des Stadtzentrums aktiv mitzuhelfen, um eine der größten Aufgaben unserer Stadt im Rahmen des 7-Jahrplanes, den Wiederaufbau des Stadtkerns, beschleunigt durchzuführen.

Es sei uns Verpflichtung, unserer Regierung bis zum

15. Jahrestag der Befreiung vom Faschismus

eine Anzahl guter Leistungen im NAW als Präsent zu überreichen, die gleichzeitig als Beitrag für die Gipfelkonferenz dienen sollen. Jeder helfe nach seinem Können.

Wir arbeiten auf folgenden Baustellen:

Enttrümmerung:	Otto-Nuschke-Str. 52–53
"	Behrenstr. 40 (neben dem Stadtbauamt)
"	Altes Polizeipräsidium (Alexanderplatz)
Grünanlage:	Kur-, Niederwallstr.
"	Monbijou-, Oranienburger Str. 77/80
"	Neubauten Pflug-, Chausseestr.
"	" Sebastianstr.

Für Euch wurde die Baustelle:

Altes Polizeipräsidium

vorgesehen.
Auf Eure bewährte Mitarbeit rechnet
Ausschuß der Nat. Front
Stadtbezirksausschuß Mitte
Sack
(Sekretär)

Bezirksarbeitsstab
Sackmann
(Leiter des Bezirksarbeitsstabes Mitte)

(Keiderling, Gerhard: *Berlin 1945 –1986. Geschichte der Hauptstadt der DDR.* Berlin 1987)

Registrierkarte für Wohnungssuchende

Registrierkarte	POSTKARTE
Bitte bewahren Sie diese Karte sorgfältig auf und legen Sie sie bei Vorsprache in der Abt. Wohnungspolitik und Wohnungswirtschaft vor.	*Heike Dornbusch*
	Wendenschloßstr. 21
Registriernummer	*Berlin*
	1170
Bei Zuweisung einer Wohnung ist diese Registrierkarte zurückzugeben.	

Rat des Stadtbezirks
Berlin- Köp
App.14
Abt. Wohnungspolitik und Wohnungswirtschaft
Landjägerstr. 11

Berlin, den 12.6. 89
Fernruf 6571 401

Werte(r) Bürger(in)!
Wir teilen Ihnen mit, daß Ihr Antrag auf Zuweisung einer Wohnung vom ..89/5 anerkannt ist. Sobald die Möglichkeit der Berücksichtigung Ihres Antrages gegeben ist, erhalten Sie von uns unaufgefordert Mitteilung. Zur Durchführung einer planmäßigen Wohnraumlenkung können Bewerbungen um bestimmte Wohnungen und die dafür eingebrachten Einwilligungen der Vermieter nicht berücksichtigt werden.
In Ihrem Interesse werden Sie gebeten, Änderungen, die sich gegenüber Ihrem Wohnungsantrag ergeben, unverzüglich der Abt. Wohnungspolitik u. Wohnungswirtschaft mitzuteilen, damit diese bei der Bearbeitung berücksichtigt werden können.

5 - Anschrift		
Gemeinde-Nr.		Wohnungs-Nr.
162500	00447782346	100047

Mit sozialistischem Gruß
i. A

Hu

Sehr geehrte Frau Steffen! *Berlin, 31. 02. 82*

Bitte genehmigen Sie für Hartmut am 02.03. einen schulfreien Tag. Wir haben eine neue Wohnung bekommen und ziehen um. Sollte ich mich irgendwie revanchieren können, Sie wissen ja, wie ich zu benachrichtigen bin.

Besten Dank!

P. Grieber

Gerhard Bühler
<u>1035 B e r l i n</u>
Krossener Str. 22

Berlin, den 12. 4. 1985

Arbeiterwohnungsbaugenossenschaft
über die
Abt. Volksbildung beim Rat des Stadtbezirks Berlin-Lichtenberg
<u>1184 B e r l i n</u>
Türrschmidtstraße 24

Betr.: *<u>Antrag zur Aufnahme in die AWG</u>*

Hiermit beantragen wir, Birgit und Gerhard B ü h l e r , die Aufnahme in die AWG Berlin-Lichtenberg.

Zur Zeit bewohnen wir eine Zwei-Raum-Altbauwohnung im Stadtbezirk Berlin-Friedrichshain, die uns 1983 vom Rat des Stadtbezirks Berlin-Lichtenberg Abt. Volksbildung bereitgestellt worden war. Beide Wohnräume umfassen zusammen eine Fläche von 26 m^2 (15 und 11 m^2).

Da im Oktober vergangenen Jahres unsere Tochter geboren wurde, erweist sich der Wohnraum in absehbarer Zeit als zu klein. Hinzu kommt, daß wir beide einen Teil unserer beruflichen Tätigkeit in der Wohnung erledigen müssen. Meine Frau arbeitet als Lehrerin und ich bin Mitarbeiter der Humboldt-Universität und muß den größten Teil meiner wissenschaftlichen Arbeit ebenfalls zu Hause ausüben, da mir die Sektion Geschichte keinen festen Arbeitsraum bereitstellen kann.

Nach Absprache mit den Verantwortlichen für Wohnraumversorgung bei der Abteilung Volksbildung Berlin-Lichtenberg sind wir zu dem Entschluß gekommen, diesen Antrag zu stellen, da eine langfristige Lösung unseres Problems nur durch einen Umzug in eine Drei-Raum-Wohnung erfolgen kann.

Selbstverständlich sind wir bereit, die sich mit der Aufnahme in die AWG ergebenden Verpflichtungen schnellstmöglich zu erfüllen.

Mit freundlichem Gruß
G. Bühler

Dem Antrag wird zugestimmt.

Stempel: **Rat des Stadtbezirks**
Berlin-Lichtenberg
Abt. Volksbildung
22. Oberschule
1136 Berlin, Massower Str. 37

Nerlich
(Direktor)

Mietvertrag

Der nachstehende Vertrag über die gegenseitigen Rechte und Pflichten zwischen Mieter und Vermieter soll dazu beitragen, durch vertrauensvolle Zusammenarbeit das gesellschaftliche Leben in der Hausgemeinschaft zu entwickeln. Vermieter und Mieter sorgen gemeinsam durch gegenseitige Hilfe und Unterstützung für die ordnungsgemäße Erhaltung der Wohnungen und die Entwicklung der Wohnkultur im Wohngrundstück.

Herr/Frau/die Eheleute/die volkseigene Wohnungsverwaltung VEB Kommunale Wohnungsverwaltung Berlin-Friedrichshain

In 1017 Berlin Warschauer Str. 39/40

Ort Straße **als Vermieter**

vertreten durch WV 1/2 in 1017 Berlin, Leninallee 2

und

Herr/Frau/Fräulein/die Eheleute Eichstedt Sylvia

als Mieter

In 1034 Berlin Karl-Marx-Allee 92

Ort Straße

schließen folgenden Mietvertrag:

Abschnitt I

Entstehung des Mietverhältnisses

§ 1

Dieses Mitverhältnis entsteht auf Grund der Wohnungszuweisung/~~Tauschgenehmigung~~ vom 13.5.86 des für die Wohnraumlenkung zuständigen Organs. Es beginnt am 1.6.86 und gilt auf unbestimmte Zeit.

Abschnitt II

Inhalt des Mietverhältnisses

§ 2

1. Der Vermieter vermietet an den Mieter zum vertragsmäßigen Gebrauch die im Grundstück

1034 Berlin, Richard-Sorge-Str. 37 3.

Ort, Straße, Nr. Geschoß, Stockwerk

Vorderhaus links

links, rechts, Mitte

gelegene Wohnung, bestehend aus: 56, 00 qm

2 Zimmern 1 Küche/~~Kochnische~~ Kammern Speisekammer Mansarden

Balkon/Loggia Bad 1 Korridor Abstellraum 1 Toilette IWC

2. Die Wohnung ist ausgestattet mit:

2 Öfen

Heizkörper für Fernheizung/Zentralheizung/Etagenheizung

1 Küchenherd: ~~Kohle~~/Gas/~~Elektro~~

Badeofen

Durchlauferhitzer

Einbaumöbel (Art und Anzahl): 1 Handwaschbecken 1 Dusche

1 Gamat 3000

3. Das Mietverhältnis erstreckt sich ferner auf die Nutzung:
___ Bodenkammer ___ Keller Nr. ___ Stallungen ___ Schuppen ___ Garage ___ qm
Garten Nr. ___

4. Dem Mieter werden vom Vermieter für die Mietzeit ausgehändigt:
___ Haus-, ___ Wohnungs-, ___ Zimmer-, ___ Bodentür-, ___ Kellertür-, ___ sonstige Schlüssel.
Der Vermieter versichert, daß er außer den vorstehend aufgeführten und ausgehändigten Schlüsseln keine weite-ren zur Wohnung des Mieters und ihren Nebenräumen gehörigen Schlüssel mehr im Besitz hat.

§ 3

Der Vermieter übergibt dem Mieter die Wohnung in einem für den vertragsmäßigen Gebrauch geeigneten Zustand und sichert ihm die Benutzbarkeit der Wohnung zu. Er verpflichtet sich, auf seine Kosten vor Einzug des Mieters bis zum ___ folgende Arbeiten an oder in den Mieträumen vornehmen zu lassen:

Der Mieter bestätigt, die Wohnung mit allem Zubehör und ohne/ohne weitere Mängel übernommen zu haben.

§ 4

1. Der Mieter hat das Recht zur Nutzung folgender gemeinschaftlicher Einrichtungen im Wohngrundstück:

2. Die vom Vermieter mit den Mietern vereinbarte Hausordnung gilt als Bestandteil des Mietvertrages.

§ 5

1. Der Mietpreis für die Wohnung beträgt monatlich 54,65 M.

2. Neben dem Mietpreis werden für nachstehende Leistungen gesonderte Entgelte und Umlagen erhoben:
Zentrale Beheizung ___ M ___ Warmwasser ___ M ___ M

3. Der Mietpreis und die gesonderten Entgelte sind bis zum 3. Werktag des laufenden Monats zu zahlen.

Postsch.kto 7199-58-148936 Bankkto. 6712-89-4502

§ 6

1. Vermieter und Mieter arbeiten, ausgehend vom gemeinsamen Interesse an der bestmöglichen Erhaltung des Wohngrundstücks, bei der Durchführung der ihnen obliegenden Aufgaben vertrauensvoll zusammen.

2. Der Vermieter ist verpflichtet, Schäden aller Art mit Ausnahme derer, die schuldhaft von dem Mieter oder zu seinem Haushalt gehörenden Personen verursacht worden sind, zu beseitigen. Werden Schäden nicht beseitigt, kann eine Vereinbarung getroffen werden, daß der Mieter den Mangel selbst beseitigt oder beseitigen läßt und die zur Herstellung des vertragsmäßigen Zustandes notwendigen Aufwendungen ersetzt bekommt.

3. Der Mieter verpflichtet sich zur pfleglichen Behandlung der Wohnung, zur sofortigen Anzeige auftretender Mängel und unternimmt alles, um die Vergrößerung des Schadens zu verhindern. Kommt der Mieter bzw. eine zu seinem Haushalt gehörende Person schuldhaft diesen Verpflichtungen nicht nach, hat er den daraus entstehenden Schaden auf seine Kosten beseitigen zu lassen.

4. Für die malermäßige Instandhaltung während der Dauer des Mietverhältnisses ist der Mieter/~~Vermieter~~ verantwortlich.

§ 7

1. Bauliche Veränderungen durch den Mieter bedürfen neben der ggf. erforderlichen Zustimmung der zuständigen staatlichen Organe in jedem Falle der Zustimmung des Vermieters. Sofern keine anderen Vereinbarungen getroffen werden, trägt der Mieter die Kosten. Bei Auszug übergibt der Mieter dem Vermieter oder dem nachfolgenden Mieter die Anlagen gegen Werterstattung oder entfernt sie aus der Mietsache. Im Falle des Entfernens ist der alte Zustand durch den Mieter wieder herzustellen, sofern keine anderen Vereinbarungen getroffen werden.
siehe § 112 (3) und § 113 (2) ZGB

2. Installationen von Antennen aller Art bedürfen der Zustimmung des Vermieters. Bei Häusern mit Gemeinschaftsantennen ist das Anbringen einer zusätzlichen Antenne nicht gestattet.

3. Der Mieter gestattet nach vorheriger Ankündigung die Besichtigung der Wohnung durch den Vermieter bzw. durch Beauftragte des Vermieters zur Feststellung des Zustandes der Wohnung.

§ 8

Vermieter und Mieter vereinbaren weiterhin (z. B. Festlegungen über Reinigung innerhalb und außerhalb des Hauses, Pflege der Grünanlagen, Brandschutz, Streupflicht, Schutz gegen Frostgefahr usw.):

____

____

Abschnitt III

Beendigung des Mietverhältnisses

§ 9

Das Mietverhältnis endet
a) durch Kündigung des Mieters
b) durch Vereinbarung der Vertragspartner
c) durch gerichtliche Entscheidung.

2. Für die Kündigung des Mietverhältnisses gilt eine Frist von 2 Wochen. Die Kündigung muß schriftlich erfolgen.

§ 10

1. Der Mieter ist verpflichtet, bei Auszug aus der Wohnung diese in einem unter Berücksichtigung des normalen Verschleißes vertragsmäßigen Gebrauchszustand, besenrein und mit sämtlichen Schlüsseln, einschließlich der von ihm selbst beschafften, dem Vermieter zu übergeben.

2. Soweit erforderlich, werden vor Auszug des Mieters zur Feststellung des vertragsmäßigen Zustandes der Wohnung die Räume gemeinsam durch den Vermieter und den Mieter überprüft.

3. Kommt der ausziehende Mieter seinen Verpflichtungen zur Beseitigung von ihm schuldhaft herbeigeführten Mängeln innerhalb 2 Wochen nicht nach, so ist der Vermieter berechtigt, die notwendigen Arbeiten selbst durchzuführen und die dabei entstehenden Kosten vom Mieter zurückzufordern.

Abschnitt IV

Allgemeine Bestimmungen

§ 11

1. Änderungen und Ergänzungen des Mietvertrages sind nur wirksam, wenn sie schriftlich vereinbart werden.

2. Für die Entscheidung aller Streitigkeiten, die sich aus dem Mietverhältnis ergeben, ist das Kreisgericht zuständig, in dessen Bereich sich die Wohnung befindet.

3. Streitigkeiten über die preisrechtliche Zulässigkeit der Miete entscheidet das zuständige Fachorgan des Rates des Kreises, des Rates der Stadt bzw. des Stadtbezirkes.

4. Für alle übernommenen Verbindlichkeiten haften die unterzeichneten Mieter als Gesamtschuldner gem. 434 ZGB

Berlin-Friedrichshain, den 20. 5. 86

VEB Kommunale Wohnungsverwaltung
Berlin-Friedrichshain
Wohnungsverwaltung 1/2
1017 Berlin, Leninallee 2

Driesen
Vermieter

S. Eichstedt
Mieter

Das sichtbare Trocknen der Wäsche und Lüften der Betten in den Fenstern und auf den Balkonen der Straßenseite ist nicht gestattet, um das Gesamtbild des Hauses nicht zu beeinträchtigen.

Wohnungstausch

Biete gr. 3-Raum-Whg., 96 m², Dimitr.str., VH. 1 Tr.,
Balkon, gefl. Dusche, IWC, verkehrsg.
Suche 2-Raum-Komf.-Whg., auch Altneubau, mit mod. Hzg.
Tel. 449 75 29, ab 18 Uhr.

(Berliner Zeitung, 6.1.1987)

Hausordnung, Berlin 1953

Das Bestreben der Verwaltung ist es, allen Mietern ein friedliches, glückliches und gesundes Wohnen zu sichern. Die Erfüllung dieser Aufgaben setzt die Mitarbeit aller Hausbewohner voraus. Diesen Zweck soll die Beachtung der Hausordnung und die Zusammenarbeit zwischen Verwaltung und Mietern im Interesse aller Hausbewohner gewährleisten.

1.

Die Hausbewohner pflegen im Verkehr mit ihren Mitbewohnern die Gesetze gegenseitiger Solidarität und harmonischer Gemeinschaft. Die Hausbewohner nehmen darum Rücksicht auf ihre Mitbewohner und halten auch ihre Kinder an, sich freundlich und anständig zu benehmen, die Haus- und Gartenanlagen zu schonen und lärmendes Spielen im Hause zu unterlassen.

2.

Die Hausbewohner vermeiden ruhestörenden Lärm, insbesondere vor 7 Uhr morgens, von 14 bis 16 Uhr und nach 22 Uhr. Sie unterlassen in diesen Zeiten möglichst die Benutzung der Badeeinrichtung und stellen das Radiogerät bei Benutzung auf Zimmerlautstärke ein. Das Klopfen der Teppiche erfolgt an dem dazu bestimmten Ort nur zu den polizeilich vorgeschriebenen Zeiten. Brennstoffe dürfen nur an den von der Verwaltung bestimmten Stellen zerkleinert werden.

Müll, Asche (ohne Glut), Küchenabfälle und dergleichen gehören in und nicht neben den Müllkasten. Gerümpel entfernen die Hausbewohner selbst; das gilt auch für Verunreinigungen, die durch Brennstofflieferungen oder ähnliches verursacht werden.

3.

Das Werfen von Gegenständen oder das Ausschütten von Wasser aus den Fenstern ist unstatthaft. Das Trocknen der Wäsche und Lüften der Betten in Fenstern und auf Balkonen der Straßenseite soll vermieden werden, um das Gesamtbild des Hauses nicht zu beeinträchtigen. Diesem Gesamtbild soll auch bei Gartenbenutzung und Ausschmückung der Balkone Rechnung getragen werden. Ungepflegte Gärten kann die Verwaltung anderen Mietern zur Benutzung überlassen.

4.

Aborte und Ausgüsse sind sauber, die Wände und Fußböden neben und unter den Ausgüssen trocken zu halten. Es ist alles zu vermeiden, was zur Verstopfung der Abflußleitungen führen könnte.

Zur Verhütung von Feuersgefahr darf der Boden nicht mit offenem Licht betreten werden. Es dürfen auch keine schweren Lasten und leicht entzündliche Gegenstände dort gelagert werden. Veränderungen an Feuerstätten nebst Abzugsrohren sind nur mit Genehmigung der Verwaltung und unter Beachtung der behördlichen Vorschriften zulässig. Die Öfen und Herde sind sachgemäß zu beheizen.

Zwecks Vermeidung von Beschädigungen müssen Dachfenster und Bodenluken nachts und bei schlechter Witterung (Regen, Sturm usw.) geschlossen sein.

Um der Diebstahlsgefahr zu begegnen und Strom zu sparen, achtet jeder Hausbewohner darauf, daß Boden- und Kellertüren bei Verlassen der Räume geschlossen werden und das Licht gelöscht ist. Haus-, Keller-, Boden- und Fahrstuhlschlüssel dürfen an hausfremde Personen nicht ausgehändigt werden. Jeder Hausbewohner sorgt mit dafür, daß Haus- und sonstige Zugangstüren zu den ortsüblichen Zeiten verschlossen sind.

5.

Bei längerer Abwesenheit sollen die Wohnungsschlüssel für den Bedarfsfall zur Verfügung der Verwaltung gehalten werden, da andernfalls in dringenden Fällen die Räume gewaltsam geöffnet werden müßten.

6.

Zur Schonung der Wohnräume soll das Waschen der Wäsche mit Ausnahme von Kleinwäsche möglichst in der Waschküche und das Trocknen auf dem Trockenboden vorgenommen werden. Bei der Entnahme von Wasser soll sparsam umgegangen werden.

7.

Zur Vermeidung von Frostschäden treffen die Mieter bei Frostgefahr in ihren Wohnungen die üblichen und notwendigen Vorkehrungen, um das Einfrieren von Wasser- und Abflußleitungen, Aborten und Badeanlagen zu verhindern.

8.

Für die Tierhaltung ist die Genehmigung der Verwaltung erforderlich. Sie darf nur aus triftigen Gründen versagt werden.

VEB (K) Wohnungswirtschaft
Güstrow

Güstrow, 7. Juli 1987
Sprechtag: Dienstag 9.00 - 17.00 Uhr

Herrn/~~Frau~~ Teetz
Güstrow
R.-Breitscheid-Str. 78

MAHNUNG

Bei der Überprüfung des Mietenkontos mußten wir leider feststellen, daß bei Ihnen per 30. 6. 87 ein Mietrückstand von 1,80 M ausgewiesen wird.

Dieser setzt sich wie folgt zusammen:

Mai/Juni 1.80 M
M
-.20 M

zuzüglich 10 % Verzugsgebühren 2.00 M

Wir müssen Sie bitten, die Überweisung dieses Betrages sofort nach Erhalt dieser Mahnung vorzunehmen. Sollten Sie jedoch mit unseren Feststellungen nicht übereinstimmen, bitten wir um eine umgehende Abstimmung mit unserer Mietenbuchhaltung in der Godewindstr. 34 unter Vorlage Ihrer Zahlungsbelege. In dieser Abteilung können Sie zu den Sprechtagen vorsprechen.

monatliche Miete 43.90 M

Rieskau
VEB (K) Wohnungswirtschaft
Güstrow

Gespräch KWV-Besichtigung

(A: KWV-Mitarbeiter; B: Bauleiter; C: Mieterin; D: KWV-Mitarbeiter)

A: Ach, die vielen Treppen, und das bei der Hitze.
B: Da ham Se aber Glück gehabt, daß wir überhaupt hier raufgekommen sind bei dem Wetter.
A: Und dann kein Aufzug.
C: Den ham Sie vergessen einzubauen.
A: Tach, Frau Knoppke.
C: Guten Tach. Kommen Sie rein.
D: Guten Tag. Bei dem schönen Wetter sollte man lieber draußen spazierengehn, was!
A: So, Frau Knoppke - Das is die Decke. Die Tüte, weißt Du.

B: Ja. Da hab ick doch jesacht, da fehlt doch noch wat. Det is nich allet zusamm.

D: Hier komm überall Risse, die warn vorher nich und hier -

B: Ham Sie det schon zugemacht?

D: Nee. Die ham da irgend-

C: Da war irgend sone dicke Blase rangeputzt. Ich nehme an, daß die -

B: Ach, das ham die übergeputzt

C: Oder übergeputzt.

B: Das hat doch gar nich gebunden.

C: Und dann lag der ganze Schlamassel hier unten.

B: Das ham die übergeputzt.

D: Ja, und denn bilden sich überall Risse, die warn vorher nich da.

B: Und das wird noch schlimmer wern.

C: Ach so?

D: Und hier -

B: Wie ich das hier sehe, sind das Sauerkohlplatten, wa, Menolitplatten. Deswegen gehn die Streifen so durch.

D: Kann sein, ja.

A: Ick mach würde ja n Vorschlag machen. Denn also Maurer hab ick jetzt nich. Könn Sie sich det allene n bissel machen?

B: Da brauchste nischt ruffmachen. Det fällt ab.

A: Nee, so meine ick det nich. Daß er sich det glatt und denn tapeziern se sich det.

D: Wir wolltn Tapete druff machen, richtig starke.

A: Ja, Tapete. Die bezahl ick Ihnen.

D: Ja, richtige starke.

B: Würd ick ooch sachn.

A: Und denn is det weg.

C: Denn sonst kommn die Risse immer wieder.

A: Nee, würd ick Ihn bezahln für det Zimmer. Das gebe ich Ihnen. Und den Arbeitslohn bezahln wir Ihnen auch. Das rechnen wir dann gemeinsam hier ab mit dem Bauleiter.

B: Ja, ach na klar. Aber det is Überputz. Da hat ener übergeputzt. Denn da is ja noch alte Farbe drunter.

D: Ja, ick weeß ja ooch nich.

B: Aber det beste is da Tapeziern. Die Risse sind nich so stark, daß se durch de Tapete komm.

A: Ick würd ja sagn, machn Se sich da Tapete drüber, denn is das alles schön verdeckt.

B: Bloß det müssn Se abwaschen. Oder nee, det is Latex. Det is wischfest. Der Rand sieht ganz so aus. Ham Sie ne Leiter obn?

C: Nee, nich obn.

D: Nee, das is wischfest. Das is Latex.

B: Na, da brauchen Se sich jar keen Kopp machn. Da brauchen Se jar nischt.

C: Nich abwaschen, nee?

B: Nee, einfach rüber. Ick würde aber an Ihre Stelle, ick meine, die bezahlt Ihn det ja, ick würde mir n kleen Eimer mit Kleister machn

D: Hm –

B: und da ne Büchse Latex rin und nochmal vorstreichn.

D: Ja, vorleim. Das hab ick schon gehört. Das is gut.

B: Det hab ick bei mir uffn Balkon jemacht. Det fällt nich mehr ab. Gut, ja?

A: In Ordnung. Na, denn is allet klar. Denn machen Se sich det und komm denn mal vorbei bei mir.

C: Hm.

A: Also, denn uff Wiedersehn.

B:, C:, D: Wiedersehn

(Nach Roloff, Marion: *Untersuchungen zur Kontaktfunktion der sprachlichen Kommunikation.* [Diss. A], Berlin 1984)

Urkunde

Für beispielhafte
Taten
im Wohngebiet wird

Marianne Hilscher

DAS EHRENABZEICHEN

für vorbildliche
Nachbarschaftshilfe
verliehen

Bezirksausschuß
der Nationalen Front
der Deutschen
Demokratischen Republik

Auszug aus den Hinweisen für Neubauwohnungsbesitzer

Werte Mieter!

Im Rahmen des umfassenden sozialpolitischen Programmes der SED und der Regierung der Deutschen Demokratischen Republik sind auch Sie glücklicher Besitzer einer Neubauwohnung geworden.

Ihre Wohnung wurde vom Kollektiv der Bauschaffenden des VEB (B) Wohnungsbaukombinat Potsdam und seinen Kooperationspartnern errichtet.

Wir wünschen Ihnen und Ihrer Familie, daß Sie an Ihrem neuen Heim viel Freude und Zufriedenheit haben und glückliche Jahre darin verleben.

Die Bauschaffenden des Wohnungsbaukombinates Potsdam

(*Hinweise zur Erhaltung der Gebrauchsfähigkeit Ihrer Wohnung* vom VEB (K) Wohnungsbaukombinat Potsdam 1986)

ZUWEISUNG EINER NEUEN WOHNUNG

a) Anordnung zum Verlassen der Wohnung

RAT DES STADTBEZIRKS BERLIN - PRENZLAUER BERG

Abteilung Wohnungspolitik

Frau Malewski
1055 Berlin
Prenzlauer Allee 88

19.3.1985

Werte Frau Malewski !

Auf der Grundlage der Wohnraumlenkungsverordnung vom 14.9.1967 § 13 erfasse ich die Wohnung 1055 Berlin, Prenzlauer Allee 88, Vorderhaus, 2 Treppen, links, Dreiraumwohnung mit Bad, Vormieter Kasulke, Wohnungsnummer 0302.

Diese Erfassung hat die Wirkung, daß keine zivilrechtlichen Handlungen, diese Wohnung betreffend, ohne meine Zustimmung vorgenommen werden dürfen und alle bereits vollzogenen zivilrechtlichen Abmachungen gegenstandslos sind.

Sie erhalten gemeinsam mit Ihrem Kind durch die Abteilung Wohnungspolitik das Angebot einer Zweiraumwohnung mit Dusche bzw. Bad. Dieses Angebot wird durch die zuständige Kollegin vorher auf Zumutbarkeit geprüft.

Sollten Sie den angeordneten Wohnungswechsel innerhalb von vier Wochen nicht vollziehen, kann eine Räumung auf dem Verwaltungswege durchgeführt werden.

Diese Räumung kann auch in Ihrer Abwesenheit erfolgen.

Alle dabei anfallenden Kosten gehen zu Ihren Lasten.

Rechtsmittelbelehrung

Gegen diese Entscheidung kann Beschwerde eingelegt werden. Die Beschwerde ist schriftlich oder mündlich (dienstags von 9.00 bis 19.00 Uhr) unter Angabe der Gründe innerhalb einer Woche nach Zugang der Entscheidung bei der Abteilung Wohnungspolitik des Stadtbezirks Berlin-Prenzlauer Berg, Zimmer 106, einzulegen.

Die Beschwerde hat aufschiebende Wirkung.

Mit sozialistischem Gruß
Sidow
Leiter Bereich Wohnungspolitik

b) Beschwerde der Mieterin

An den Stadtbezirksbürgermeister

Betrifft: Beschwerde zur Entscheidung des Wohnungsamtes Berlin-Prenzlauer Berg

Zur Entscheidung des Wohnungsamtes möchte ich aus folgenden Gründen Beschwerde einlegen.

Meine Eltern mieteten diese Wohnung am 10.11.1959.

Als im Jahre 1978 mein Vater verstarb, wollte meine Mutter mich in den Mietvertrag mit aufnehmen lassen. Die KWV jedoch gab ihr die Auskunft, daß das nicht gehe!

1981 übersiedelte meine Mutter legal in die BRD. Dazu mußte sie eine Erklärung abgeben, daß die Wohnung in gutem Zustand ist und daß es keine Mietschulden gibt. Dies wurde von der KWV befürwortet, die angekündigte Wohnungsbegehung aber fand nie statt! Diese Erklärung gab meine Mutter dann beim Rat des Stadtbezirks Abt. Inneres ab, wo ein Vermerk: „Tochter verbleibt in der Wohnung“ gemacht wurde.

So verblieb ich in der Wohnung, bin also nicht illegal in die Wohnung gezogen. Ich habe seit 1981 regelmäßig die Miete bezahlt. Frage mich jetzt allerdings, ob die KWV berechtigt war, von mir Miete zu empfangen, wenn ich, laut Wohnungsamt, nicht der Hauptmieter bin?

Auch finde ich es sehr verwunderlich, daß all die Jahre, wo auch eine Einwohnerzählung stattfand, niemand etwas gegen meinen Verbleib in der Wohnung hatte, zumal ich die meiste Zeit in Leipzig zum Studium war. Jetzt aber, wo ich alleinstehend mit einem 7 Monate alten Säugling bin, ist die Wohnung plötzlich zu groß.

Ich beabsichtige in einem Jahr zu heiraten, wenn mein zukünftiger Mann (nicht Vater des Kindes) von der Armee wiederkommt, so daß auch noch ein gemeinsames Kind geplant ist.

Wäre es nicht möglich, mir die Wohnung zu lassen, da ich ja spätestens in 2 Jahren wieder eine größere Wohnung beantragen müßte?

Auch würde mich interessieren, wer bei der angeordneten Räumung, also beim Umzug die Kosten zu tragen hat?

Ich möchte Sie bitten, mir bald eine Nachricht zu geben.

Mit sozialistischem Gruß

Malewski
16.3.85

c) Aus dem weiteren Briefwechsel

RAT DES STADTBEZIRKS BERLIN - PRENZLAUER BERG
Stadtbezirksrat

Frau Malewski
1055 Berlin
Prenzlauer Allee 88

17.4.1985

Betreff

Werte Frau Malewski!

Bezugnehmend auf das Schreiben vom 19.3.1985 erhielten Sie das Angebot der Zweiraumwohnung mit Bad, 1058 Berlin, Hiddenseer Straße 7, Vorderhaus, 3 Treppen, rechts, Vormieter Fasold.
Dieses Angebot wurde durch die zuständige Kollegin besichtigt und als bewohnbar eingeschätzt.
Hiermit fordere ich Sie auf, die o. g. Wohnung bis zum 15.5.1985 freiwillig zu beziehen.

Sollten Sie dieser Aufforderung nicht nachkommen, sehe ich mich veranlaßt, Maßnahmen einer Räumung auf dem Verwaltungswege einzuleiten.

Mit sozialistischem Gruß
Peuser

Berlin, den 18.4. 1985

Hiermit möchte ich die Wohnung in der Hiddenseer Str. 7, Vormieter Fasold, nach einer Besichtigung aus folgenden Gründen ablehnen:

- Die Wohnung befindet sich auf der Nordseite, so daß nie die Sonne in der Wohnung ist. (Meine Wohnung hat Ost- und Westlage)
- Die Wohnung befindet sich im 3. Stock!
  Ich habe mehrmals darauf hingewiesen, daß ich aufgrund zweier Knieoperationen nicht in der Lage bin, die Kohlen so hoch zu tragen. Außerdem würde sich durch die Nordlage der Wohnung die Heizperiode noch verlängern.

- Das ganze Haus wird derzeit rekonstruiert. Ein jetziger Einzug würde bedeuten, daß ich die Rekonstruktion mit einem 7 Monate alten Säugling durch zu stehen hätte, was mir und vor allem dem Säugling nicht zuzumuten ist!

- Nach einem Gespräch mit der zuständigen KWV, Kolln. Peuser, würde die KWV auch jetzt keine Mittel, z. B. Warmwasserspeicher, stellen.
  Die KWV zeigte sich sehr verwundert, daß man innerhalb der Rekonstruktion versucht, die Wohnung zu vermieten!

Malewski

RAT DES STADTBEZIRKS BERLIN - PRENZLAUER BERG
Stadtbezirksrat

Frau Malewski
1055 Berlin
Prenzlauer Allee 88

21.4.1985

Betreff
Ihr Schreiben vom 18.4.1985

Werte Frau Malewski!

Bezug nehmend auf Ihr o. g. Schreiben möchte ich Sie bitten, bis zum 30.4.1985 ein ärztliches Attest beizubringen, um die Lage der Zweiraumwohnung mit Bad, 1058 Berlin, Hiddenseer Straße 7, als Ablehnungsgrund anzuerkennen.

Auf die Vorlage eines Attestes wurden Sie, in den mit Ihnen persönlich geführten Aussprachen, bereits mehrmals hingewiesen.

Sollte die Vorlage bis zum o. g. Termin nicht erfolgen, bleibt der Ihnen bis zum 15.5.1985 gestellte Räumungstermin bestehen.

Mit sozialistischem Gruß
Peuser

Hiermit bestätige ich den Empfang des ärztlichen Attestes im Original mit folgendem Wortlaut:

22.4.1985

Frau Malewski geb. 1960

Pat. hat linksseitig 2 Knieoperationen mit Meniskusentfernung und Knorpelschäden durchgemacht. (1977/1981)

z. Z. erhebl. fortschreitende Chondropathie mit Belastungsbeschwerden beider Kniegelenke.

Aus diesen Gründen Wohnverhältnisse optimal gestalten, zumal Pat. alleinstehend. Es wäre wünschenswert Zentral/Fernheizung 1. Stock.

Dr. Med. A. Hübner
Facharzt für Chirurgie

Städt. Krankenhaus Pankow
1100 Berlin
Galenusstr. 60
Chirurgische Klinik

erhalten am 30.4.85
S. B.

d) Eingabe der Mieterin

Malewski
1055 Berlin, den 26.4.85
Prenzlauer Allee 88

An die Vorsitzende
der Frauenkommission
beim ZK der SED,
Genn. Thiele
1080 Berlin

Betr.: Bevölkerungseingabe
über die herzlose und bürokratische Behandlung einer alleinstehenden Mutter mit Säugling durch den Rat des Stadtbezirks Prenzlauer Berg

Werte Genossin Thiele!

Seit meiner Geburt im Jahre 1960 wohne ich in der Wohnung meiner Eltern in 1055 Berlin, Prenzlauer Allee 88, II Trp., in einer 2 ½ - Zimmer-Wohnung, in der das halbe Zimmer eine Größe von 8 m^2 hat.

Nach dem plötzlichen Tod meines Vaters im Jahre 1978 beantragte meine Mutter meine Aufnahme in den Mietvertrag, was von der KWV unberechtigt abgelehnt wurde (vgl. Zivilgesetzbuch Mietrecht § 125).

1981 zog meine Mutter legal in die BRD, um dort zum zweitenmal zu heiraten. Trotzdem ich gleichfalls hätte mitreisen können, da ich zu diesem Zeitpunkt finanziell noch nicht selbständig war, blieb ich in der DDR und wohne seitdem weiterhin in der elterlichen Wohnung.

Dem Rat des Stadtbezirks Prenzlauer Berg und der KWV wurde dieser Umstand durch das Ausfüllen der für die Ausreise notwendigen Formulare bekanntgemacht.

Während meines Studiums in Leipzig lernte ich den Vater meines Kindes kennen und lieben. Zu dieser Zeit arbeitete ich als Operativinstrukteur bei der FDJ-Stadtleitung L. und nahm auch an einem Lehrgang der Sonderschule des Zentralrates der FDJ teil.

Seit der Geburt meines Kindes lebe ich wieder voll in der Wohnung meiner Eltern und mußte leider erkennen, daß der Vater meines Sohnes doch nicht die Absicht hat, mit mir eine Familie zu gründen, sondern erst gerichtlich gezwungen werden mußte, die Vaterschaft anzuerkennen.

Zu dieser für mich nicht leichten Situation kommt jetzt hinzu, daß die Abteilung Wohnungspolitik beim Rat des Stadtbezirks Prenzlauer Berg plötzlich bemerkt, daß meine Wohnung mit zwei Personen unterbelegt ist **(diese Erkenntnis ist das Ergebnis einer mir inhaltlich nicht bekannten Eingabe einer unbekannten Person**).

Wie ich am Anfang meines Schreibens bereits dargelegt habe, ist das Streitobjekt „dritter Wohnraum" mit einer Grundfläche von 8 m^2 lediglich um 2 m^2 größer als die amtlich für einen Wohnraum festgesetzte Norm (vgl. Verordnung über die Lenkung des Wohnraumes vom 14.9.1967, Abschnitt 1 §1; Anmerkungen). Trotzdem wurde mir von der Abt. Wohnungspolitik des Rates des Bezirks Prenzlauer Berg mit Schreiben vom 3.4.1985 mitgeteilt, daß ich eine andere Wohnung beziehen muß. Mit gleichem Datum wurde mir erstmalig eine Besichtigungskarte für eine 2-Raum-Wohnung in 1058 Berlin, Hiddenseer Str.7, II Treppen, zugesandt. Nach Besichtigung dieser Wohnung lehnte ich diese ab, da das Haus derzeit rekonstruiert wird und erst Mitte 1986 fertiggestellt sein soll. Ich halte den Umzug in eine in Rekonstruktion befindliche Wohnung mit einem 8 Monate alten Säugling nicht für zumutbar, zumal der Vormieter deshalb ausgezogen ist.

Ich bin weiterhin im Besitz eines ärztlichen Attestes, das die Unzumutbarkeit einer höhergelegenen kohlebeheizten Wohnung wegen meiner aus dem Leistungssport stammenden Knieoperationen bescheinigt. (Anlage 1)

Außerdem ist es mir nicht möglich, die Übernahme der mit Schreiben vom 3.4.1985 angekündigten Kosten des Umzugs zu verkraften, da ich derzeit nur Mutterunterstützung beziehe.

Trotz dieser dem Rat des Stadtbezirks bekanntgemachten Gründe wurde mir mit Schreiben vom 17.4.1985 die Zwangsräumung meiner Wohnung angekündigt, falls ich die Wohnung meiner Eltern nicht bis zum 15.5.85 freiwillig verlassen habe. (Anlage 2)

Diese Entscheidung des Stadtbezirksrates P., eine alleinstehende Mutter mit einem 8 Monate alten Säugling wegen einer Wohnraumübergröße von nur 2 m^2 aus der Wohnung der Eltern, die sie seit 25 Jahren bewohnt, exmittieren zu wollen, halte ich im höchstem Maße für bürokratisch und herzlos, sowie in keinem Falle mit der Sozialpolitik der Regierung der DDR vereinbar.
Andere Gründe für diese Entscheidung kann ich mir nicht denken, da ich mir bisher nicht bewußt war, unrechtmäßig in der Wohnung zu leben und weder Mietschuldner noch asozial bin.

Bitte helfen Sie mir, das Vertrauen, das ich in die Politik unseres Staates und seiner Führungskraft, der Sozialistischen Einheitspartei Deutschland, setze, nicht zu verlieren.

Mit sozialistischem Gruß

Malewski

---

e) Antwort des DFD

DFD **DEMOKRATISCHER FRAUENBUND DEUTSCHLANDS**

TRÄGER DES VATERLÄNDISCHEN VERDIENSTORDENS

Bundesvorstand

Frau Malewski
1055 Berlin
Prenzlauer Allee 88

Berlin, den 22. Mai 1985

Werte Frau Malewski!

Ihre Eingabe an die Vorsitzende unserer Organisation war uns Anlaß, uns direkt mit den zuständigen Mitarbeitern des Rates des Stadtbezirks Berlin-Prenzlauer Berg zu beraten, wie in Ihrer Wohnungsangelegenheit eine Lösung erfolgen kann, mit der die wohnrechtlichen Fragen unter Berücksichtigung Ihrer Familie und der gesundheitlichen Probleme geklärt werden.

Mit dem Angebot der 2-Raumwohnung mit Bad und Gasheizung in der Dimitroffstr. 45; wo im Hause auch ein Fahrstuhl vorhanden ist, ist sicher eine ansprechende Lösung gefunden worden, die Ihre gesundheitlichen und persönlichen Interessen berücksichtigt.

Wir wünschen Ihnen und Ihrem Sohn im neuen Heim persönlich alles Gute.

Mit freundlichem Gruß
Sekretär
des Bundesvorstandes

Urkunde für die Goldene Hausnummer

FÜR HERVORRAGENDE INITIATIVEN
UND AUSGEZEICHNETE LEISTUNGEN
IM WETTBEWERB
DER BERLINER HAUSGEMEINSCHAFTEN
SCHÖNER UNSER BERLIN
BERLINER MACHT MIT!
WIRD DER HAUSGEMEINSCHAFT

Naugarder Str. 12

DANK UND ANERKENNUNG
AUSGESPROCHEN UND DIE
GOLDENE HAUSNUMMER
VERLIEHEN.

BERLIN, DEN 7. OKT. 1988

Schwarze
PROF. DR. SCHWARZE
VORSITZENDER DES
BEZIRKSAUSSCHUSSES BERLIN
DER NATIONALEN FRONT DER DDR

Klagg
KLAGG
OBERBÜRGERMEISTER
VON BERLIN

Grimczek
GRIMCZEK
CHEFREDAKTEUR
DER BERLINER
ZEITUNG

EIN TELEFON

(*Josef W. Huber, Berlin, 1986*)

a) Antrag auf Einrichtung eines Telefonanschlusses

Deutsche Post
Fernsprechamt Groß-Berlin
Fernsprechanmeldestelle

Herrn
Sigurt Finke
1127 B e r l i n
Schillerstr. 12

19.9.1968

Betreff: Einrichtung eines Fernsprechanschlusses
Ihr Antrag v. 20.8. sowie Bescheinigung - Warenhaus am Alex v. 13.9.1968

Sehr geehrter Herr Finke !

Wir sind leider nicht in der Lage, den Anschluß kurzfristig einzurichten, da die zuständige Vermittlungsstelle über keine feien Anschlußeinheiten verfügt.
Bei Freiwerden von Rufnummern durch Aufgabe bestehender Fernsprecheinrichtungen werden wir den Antrag erledigen.
Sie erhalten dann weitere Nachricht.

Hochachtungsvoll!
Im Auftrag

Seelig
Oberassistent

---

b) Eingabe an den Staatsrat

Deutsche Demokratische Republik
Kanzlei des Staatsrates
Bereich III
102 B e r l i n
Marx - Engels - Platz

Berlin, den 30.1.80
Sigurt Finke
1127 B e r l i n
Schillerstraße 12

B e t r e f f

Einrichtung eines Fernsprechanschlusses

In der Hoffnung, daß Sie mich bei der Einrichtung eines Fernsprechanschlusses unterstützen können, wende ich mich mit dieser Bitte an Sie.

Ich habe bei der Deutschen Post einen Antrag bereits am 20.8.68 um die Einrichtung eines Anschlusses gestellt.

Seit dieser Zeit stehe ich mit der Deutschen Post in ständiger Korrespondenz, aber leider vergeblich.

Es geht bereits in das zwölfte Jahr der Anmeldung und es ist mir unverständlich, daß nach dieser langen Wartezeit noch immer kein Ende abzusehen ist. Ich habe wirklich Verständnis für eine entsprechende Wartezeit, aber das überfordert meine Geduld.

Bei der Deutschen Post liegen Dringlichkeitsbescheinigungen vor, obwohl ich der Meinung bin, daß nach dieser langen Wartezeit eine Dringlichkeit nicht mehr vorzuliegen brauchte.

In der Hoffnung auf positiven Bescheid, verbleibe ich mit

sozialistischem Gruß

Sigurt Finke

---

c) Antwort des Staatsrates

STAATSRAT DER DEUTSCHEN DEMOKRATISCHEN REPUBLIK

Abteilung Eingaben

den 14.2.1980

Herrn
Sigurt Finke
1127 Berlin
Schillerstraße 12

Werter Herr Finke!

Ihre Eingabe an den Staatsrat der DDR haben wir erhalten und zur Kenntnis genommen. Da über die Einrichtung und Verlegung von Fernsprechanschlüssen die zuständigen Dienststellen der Deutschen Post auf der Grundlage zentraler Richtlinien und unter Berücksichtigung der technischen Möglichkeiten im Territorium in eigener Verantwortung entscheiden, übermittelten wir Ihre Zuschrift zur Klärung der Bezirksdirektion der Deutschen Post Berlin.
Von dort geht Ihnen weitere Nachricht zu. Bitte, gedulden Sie sich bis dahin.

Mit sozialistischem Gruß

Greif
Fachgebietsleiter

d) Ablehnung eines Telefonanschlusses

Deutsche Post
Bezirksdirektion Berlin
Abteilung Fernsprech-
und Fernschreibwesen

Herrn
Sigurt Finke

1127 Berlin
Schillerstraße 12

13.3.1980

Einrichtung eines Fernsprechanschlusses

Werter Herr Finke!

Ihre an den Staatsrat der DDR gerichtete Eingabe wurde uns zur Prüfung und abschließenden Bearbeitung übergeben.

Wir haben die Möglichkeiten der Realisierung des vorliegenden Antrages geprüft.

Die Einrichtung eines Fernsprechanschlusses setzt voraus, daß von der zuständigen Vermittlungsstelle bis zum Antragsteller ein freier Übertragungsweg und eine freie Anschluß-Rufnummer vorhanden sein müssen. Diese Voraussetzungen sind für die Schillerstr. 12 nicht gegeben. Zur Einrichtung Ihres Fernsprechanschlusses wäre eine Erweiterung im Kabelnetz erforderlich, die aus Kapazitätsgründen nicht veranlaßt werden kann.

In diesem Vermittlungsstellenbereich sind wir auf Teilnehmerkündigungen angewiesen, um weitere Fernsprechanschlüsse einrichten zu können. Auf Teilnehmerkündigungen hat die Deutsche Post keinen Einfluß, so daß auch gegenwärtig kein Termin zur Einrichtung Ihres Fernsprechanschlusses genannt werden kann.

Für Ihren Anschlußbereich liegen noch zahlreiche unerledigte Anträge vor, auch diese können nur im Rahmen der vorhandenen Möglichkeiten berücksichtigt werden.

Ihr Antrag bleibt weiter beim Fernsprechamt Berlin vorgemerkt.

Wir bedauern außerordentlich, Ihnen den gewünschten Fernsprechanschluß nicht bereitstellen zu können.

Hochachtungsvoll
Im Auftrag

Schädlich
Rat

e) Ablehnung eines Telefonanschlusses

Deutsche Post
Bezirksdirektion Berlin
Bezirksbüro für Teilnehmerangelegenheiten

Herrn
Sigurt Finke

1127 Berlin
Schillerstraße 12

4.5.1987

Einrichtung eines Fernsprechanschlusses

Werter Herr Finke!

Ihre an den Vorsitzenden des Staatsrates der DDR gerichtete Eingabe wurde der Bezirksdirektion Berlin zur Prüfung und abschließenden Beantwortung übergeben.

Im Ergebnis der Überprüfung, die unter Einbeziehung des Fernsprechamtes Berlin erfolgte, müssen wir Ihnen mitteilen, daß sich die Situation in Ihrem Wohngebiet zur Versorgung mit Fernsprechanschluß leider nicht verändert hat. In diesem Anschlußbereich ist die Deutsche Post seit langem ausschließlich auf Teilnehmerkündigungen bzw. Verlegungen bestehender Fernsprechanschlüsse in andere Schaltbereiche angewiesen, um weitere vorliegende Anträge berücksichtigen zu können.

Sollte sich die Möglichkeit zur Herstellung einer Fernsprechstelle an Ihrem Wohnsitz ergeben, wird Sie das Fernsprechamt direkt benachrichtigen.

Wir bedauern außerordentlich, trotz der langen Wartezeit erneut keine positive Antwort geben zu können.

Mit sozialistischem Gruß

Kleintau
Hauptrat

Achtung. Hausfrauen, die 9. Woche in Berlin!

Bitte ausschneiden! Inserat erscheint nur einmal!

Bitte ausschneiden! Inserat erscheint nur einmal!

Die neue Waschmaschine

„Her-Old"

mit den 3 Turbinen Wäschern

5 große Werbetage

im „Berliner Prater"
HO-Gaststätte
Berlin N 58
Kastanienallee 7–9

am Montag, dem 19. März 1956, 15, 17 und 20 Uhr
am Dienstag, dem 20. März 1956, 11, 15 und 17 Uhr
am Mittwoch, dem 21. März 1956, 15, 17 und 20 Uhr
am Donnerstag, dem 22. März 1956, 15 und 17 Uhr
am Freitag, dem 23. März 1956, nur 10 Uhr

Viele Tausende Hausfrauen von Berlin haben die

„Her-Old"-Waschmaschine mit den 3 Turbinenwäschern

bewundern können, und alle Besitzerinnen sind von der Leistung derselben ganz begeistert. Waschen auch Sie Ihre Wäsche nach dem neuen „H e r - O l d" - S y s t e m und

Sie sparen viel Zeit, Geld, Mühe und Wäsche!

Versäumen Sie auf keinen Fall diese lehrreichen Vorträge denn durch das neue **„Her-Old"-System** hat der Waschtag seinen Schrecken für jede Hausfrau verloren. Noch im Jahre 2000 wird das **„Her-Old"-Waschsystem** tonangebend sein. Einen Kessel Wäsche in 10 bis 12 Minuten gewaschen und gekocht, das ist die Leistung der **„Her-Old"-Waschmaschine.**

Eintritt frei! Preis nur 45,– DM

Die bestellten „Her-Old" können am Mittwoch und Donnerstag der Woche von 9 bis 13 und 14 bis 18 Uhr im obigen Lokal abgeholt werden

Ich bitte, pünktlich zu erscheinen!

(Keiderling, Gerhard: *Berlin 1945 – 1986. Geschichte der Hauptstadt der DDR*. Berlin 1987)

Peter Ensikat „Zeitschriftenschau“

Kommen Sie ruhig rüber mit den Groschen! Bei mir gibts nichts, was es nicht gibt auf dem Zeitschriftenmarkt. »Magazin« ist ja manchmal knapp, aber die Funzel-Miezen sind auch nackt, und bei der »Armeerundschau« sind höchstens ein paar Ehrenzeichen vorm Fleisch.

Sie glauben gar nicht, was es alles für Zeitschriften gibt bei uns! Illustrierte zum Beispiel. »Für Dich«, um nur eine zu nennen, da sagts der Name schon – für mich isse nichts. Aber sonst, diese immer wieder interessanten Bilder von unsern Großbaustellen. Kein Stein wird bei uns vermauert, bevor er nicht fotografiert wurde. Überhaupt sind für unsre Illustrierten die Bürger der DDR am fotogensten, wenn sie Arbeitskluft tragen. Und vor allem wird nichts Privates verraten, Negatives schon gar nicht, wohingegen unsre Erfolge so lang und breit ausgeplaudert werden, bis der Leser befriedigt die Augen schließt und erfolgreich über der Illustrierten einschläft.

Aber sonst haben wir ja auch Zeitschriften für Sachen, die wir gar nicht haben. Modezeitschriften zum Beispiel. Da staune ich immer wieder, wie die mit dem, was es im Konsum nicht gibt, ganze Zeitschriften vollmachen. Wenn unsre Mode nur halb so gut wäre, wie sie in der »Sybille« fotografiert wird, dann wäre sie mindestens doppelt so gut, wie sie ist. Naja, in den Exquisitabteilungen kann man ja schon eine ganze Menge fotografieren. So kriegen die finanziell schwächeren Bürger wenigstens ein Bild von dem, was sie sich nicht leisten können. Motto: Kauf dir nich so ville – kauf dir 'ne »Sybille«!

Haben Sie schon mal versucht, so eine richtige Fachzeitschrift zu lesen? Ich ja. Aber eben bloß versucht, weil, zu verstehen ist das nicht, was sie da meistens auf angeblich hochdeutsch hineinformulieren. Bei politischen Fachzeitschriften geht das ja noch, weil man ja Übung vom ND-Lesen hat. Also nicht etwa, daß ich das ND lese. Das kann man doch in so einem kleinen Kiosk gar nicht auseinanderfalten. Aber an diese Art von Sprache haben wir uns doch immerhin schon gewöhnt. Übrigens der »Horizont« war ja anfangs mal richtig interessant. Aber da ja auch unser Horizont immer weiter und weiter wird, konnte auch die Zeitschrift nicht weiter einfach interessant bleiben. Sie wurde nur einfach breiter und breiter, und das hindert oft einfach am Weiterlesen.

Haben Sie schon mal versucht, hinter die Fachausdrücke von einer Karnickelzüchterzeitung zu kommen? Ich glaube, da muß man selber Kaninchen werden, um das zu verstehn. Wer keine Mohrrüben frißt, hat da keine Chance. Das gleiche gilt für Foto-, Hunde-, Brieftauben-, Motor-, Segel-, Vögel-, Bienen- und Briefmarkenfreunde. Sprachfreunde sind sie alle nicht. Man hat immer das Gefühl, sie haben was zu verbergen. Aber lassen wir das – ich muß ja den Quatsch nicht lesen. Verkaufen ist leichter.

Aber nicht immer. Kommen doch manchmal Leute zu mir, die wollen was Lustiges. Also alles kann man unsern Zeitschriften nachsagen, aber nicht, daß sie lustig wären. Den Vorwurf kann ihnen keiner machen. Allenfalls optimistisch sind sie. Nämlich, wenn sie in die Zukunft blicken. Da wird schon mal ein Lächeln riskiert, seit dreißig Jahren schon. Wir haben uns unsre Zukunft demzufolge als eine Art Land des Lächelns vorzustellen. Natürlich haben wir auch eine regelrechte Fachzeitschrift für Humor und ... Da war doch noch was? Na, lassen wir das. Immerhin ist der »Eulenspiegel« gleich nach der »Funzel« unsre lustigste Zeitschrift. Da darf man auch mal lachen. Aber ja nicht etwa in der »Fußballwoche«. Da wird nicht gelacht, da wird nur gekämpft. Nach Lektüre dieser Zeitschrift beschleicht einen immer das Gefühl, Fußball sei ein ausgemachter Kampfsport. Mit Spiel scheint das kaum noch was zu tun zu haben. Ich wundre mich immer wieder, daß es nach solchen Fußballkämpfen noch so viele Überlebende gibt.

Den »Sonntag« verkaufe ich auch – mittwochs oder donnerstags. Wer ihn liest, weiß ich nicht. Ich glaube, viele kaufen ihn bloß, um ihn aus der Tasche gucken zu lassen. Soll ja was für Intellektuelle sein. Kann aber auch ein Gerücht sein.

Meine besten Kunden sind die, die die »Wochenpost« verlangen. Die behaupten, das, was da drinsteht, gerne zu lesen. Das soll kein Vorwurf sein. So eine Zeitschrift muß es ja auch geben.

Neulich hat mal ein Stammkunde zu mir gesagt: Mein Sohn hats gut. Der kann sich jeden Monat auf die »Frösi« freuen. Ich muß die »Einheit« lesen. Naja – hab ich ihn getröstet – Ihr Sohn wird ja auch nicht ewig Pionier bleiben. Und richtig, letzte Woche kauft der bei mir die »Junge Generation«, weil er jetzt FDJler geworden ist. Können Sie sich das schadenfrohe Gesicht des Vaters vorstellen?

(Schaller, Wolfgang/Zobel, Wolfgang: *Herkuleskeulereien. Kabarett-Texte.* Berlin 1976)

Gebrauchsanweisung für Isolierkannen und -flaschen, Aluminium-, Plastumhüllung und Metall-Plast-Kombination

Isolierkannen dienen zum

- Warmhalten von heißen Flüssigkeiten wie Kaffee, Tee usw. (sie bleiben viele Stunden heiß).
- Kalthalten von Flüssigkeiten wie Fruchtsaft und dgl., welche tagelang kühl bleiben.

Möchten Sie stets Freude an unserer Isolierkanne bzw. -flasche haben, dann beachten Sie bei der Benutzung folgende Hinweise:

- Vor dem Einfüllen heißer Getränke ist ein Ausspülen des Glaseinsatzes mit warmem Wasser zu empfehlen.
- Die Kanne bzw. Flasche nur so weit füllen, daß die Flüssigkeit nicht mit dem Verschluß in Berührung kommt.
- Milch sowie milchhaltige Getränke sollten nur kurze Zeit darin aufbewahrt werden (luftdicht abgeschlossene Milch säuert bei längerer Aufbewahrung in jedem Gefäß).
- Die gefüllte Kanne bzw. Flasche sollte möglichst nicht liegend aufbewahrt werden.
- Unmittelbar nach dem Gebrauch sind der Glaseinsatz auszuspülen und der Verschlußstopfen zu reinigen. Ein Hineinlegen in das Reinigungswasser ist unbedingt zu vermeiden.
- Bei Nichtbenutzung ist die Kanne bzw. Flasche geöffnet aufzubewahren und der Expanderverschluß zu entspannen.
- Kanne nicht auf heiße Ofenplatte und dgl. stellen.
- Bei defektem Isoliereinsatz besteht die Möglichkeit, das Erzeugnis an den Herstellerbetrieb zur Reparatur einzusenden.

KOCHEN

a) Geleitwort zum Kochbuch, Ende der 50er Jahre

Die Aufrechterhaltung sowohl der persönlichen als auch volkswirtschaftlichen Leistungsfähigkeit hängt maßgeblich von der Ernährung ab. Ein entscheidender Bestandteil bei der Lösung dieser Forderung kommt dem modernen wohlverstandenen Vorbereitungs- und Kochvorgang zu. Drücken wir diesen Gedanken noch etwas schärfer aus: Von der richtigen Lagerung und Aufbewahrung im Handel, einem schnellen und verlustsparenden Transport und vor allem der neuzeitlichen küchenmäßigen Zubereitung bei regulierter Hitzeeinwirkung in jedem Haushalt hängt es entscheidend ab, ob wir uns wirklich vernünftig ernähren. Daß dabei immer und überall die Frage nach pfleglichster Behandlung und nachhaltigster Schonung mancher besonders empfindlicher Wirk-, Mineral-, Spuren-, Aroma- und Duftstoffe im Vordergrund steht, wird heute zwar weitgehend anerkannt, aber bei der praktischen Küchenarbeit oft noch viel zu wenig beachtet. Schließlich gehört hierher auch der Hinweis, daß – wenn irgend möglich – die tischfertigen Gerichte sofort vollständig verzehrt werden sollen: Warmhalten und mehrmaliges Wiederaufwärmen sind, jedenfalls grundsätzlich, abzulehnen, wenn man allen Familienmitgliedern tagtäglich nicht nur etwas ‚Gutes', sondern vor allem auch etwas ‚Wertvolles' anbieten will!

Freilich wissen wir sehr wohl: Es ist ein weiter, verantwortungsvoller und oft recht schwieriger Weg, der hier gegangen werden muß. Um so erfreulicher ist es, wenn durch gute Kochbücher, wie dem vorliegenden, für jede Frau – und nicht zuletzt auch manchen Mann – solide Hilfsmittel und zuverlässige Ratgeber geschaffen werden, die unter allen möglichen Blickpunkten klar und schnell Antwort auf die Frage nach der richtigen Zusammensetzung und Zubereitung unserer Kost geben.

Deshalb wünschen wir diesem Kochbuch eine starke Verbreitung im Interesse der Erhaltung unserer Volksgesundheit und zur wirksamen Entfaltung aller persönlichen Kräfte unserer Menschen – zu ihrer eigenen Lebensfreude und für eine glückliche Zukunft unseres Volkes im Rahmen der sozialistischen Gesellschaftsordnung.

Prof. Dr. Dr. h. c. H. K. Klose
Direktor am Institut für Ernährung, Potsdam-Rehbrücke

(*Wir kochen gut.* Berlin-Leipzig, o.J.)

---

b) Rezept für ein VITA-COLA-GETRÄNK

2 Zitronen
4 Teelöffel Staubzucker
3 Flaschen Vita-Cola

Den Zitronensaft in vier Gläser verteilen, den Staubzucker darüberstreuen, Vita-Cola auffüllen.

(*Frühstück und Abendbrot.* o.J.)

c) Pflaumenernte

Für unsere Ernten war die Witterung des vergangenen Jahres nicht allzu günstig, aber zum Beispiel Pflaumen gab es in Hülle und Fülle. Erinnern Sie sich noch? Ein großer Teil dieses Überflusses wurde in Haushalten und von der Industrie haltbar gemacht. Auf diese Vorräte können wir jetzt zurückgreifen (das große Industrieglas schöner, reifer Pflaumen kostet 1,85 DM), und damit kann man schon allerlei anfangen. Aber unser heutiger Küchenzettel enthält nicht nur Rezepte für Pflaumenverwertung; auch andere Anregungen sind dabei, unter denen ausgewählt werden kann.

(*Frau von heute,* Nr. 8, Februar 1962)

---

d) Schnelle Pflaumensuppe

z. B. ist ein gutes Abendbrot. Von einem Industrieglas die Hälfte Früchte und die Hälfte Saft abnehmen. Den Saft mit Wasser auf 1 Liter auffüllen. Mit einem Ringel Zitronenschale und einem Stückchen Zimtrinde aufkochen und mit 1 Teelöffel kalt angerührtem Mondamin binden. Nach Geschmack süßen. Die Pflaumen einlegen, etwa 10 Minuten auf kleiner Flamme ziehen lassen, die Gewürze entfernen, und die Suppe über geröstete Brotscheiben aufgießen.

(*Frau von heute,* Nr. 8, Februar 1962)

KIM-Erzeugnisse

Die industrielle Produktion von Broilerfleisch und Eiern schafft auch im Hinblick auf die Zusammenarbeit mit Industrie und Handel völlig neue Möglichkeiten. So sind den Kombinaten für industrielle Mast Schlachtbetriebe, Eiersortier- und Versandstellen angeschlossen, die eine sofortige Verarbeitung bzw. Verpackung der frischen Ware und Weiterleitung an die Verbraucher ohne Zwischenlagerung ermöglichen.

Diese Vereinigung von Produktion, Verarbeitung und Handel gestattet die Bereitstellung von Geflügelprodukten erstklassiger Qualität und mit hohem Frischegrad. So werden durch KIM nur Vollfrischeier in hygienischer Verpackung angeliefert. Die Anlieferung mit betriebseigenen Fahrzeugen garantiert kürzeste Wege vom Produzenten zum Verbraucher.

Zu dem breiten Angebot an KIM-Erzeugnissen gehören neben küchenfertig zubereiteten ganzen und halben Broilern auch Teilstücke wie Keulen, Brüste, Geflügelklein, Herzen, Leber, Mägen u. a. In einer zweiten Verarbeitungsstufe werden diverse Geflügelspezialitäten hergestellt. Fachgerechte Verarbeitung und hygienische Verpackung sichern ein Verkaufsprodukt mit hohen Qualitätseigenschaften. Gewichtsangabe und Preisauszeichnung erleichtern dem Kunden den Einkauf.

Ebenso wie mit dem Einzelhandel bestehen mit Spezialgaststätten Direktbeziehungen. Diese Broilergaststätten erfreuen sich bei allen Feinschmeckern größter Beliebtheit. Dank eines gut geschulten Personals, einer gemütlichen Ausstattung und eines leckeren Angebotes entstanden neue gastronomische Anziehungspunkte. In hygienischer Alufolie verpackt, wird der gegrillte Broiler auch über die Straße verkauft.

(*Goldbroiler & Ei. 60 Rezepte für Feinschmecker.* Leipzig, 70er Jahre)

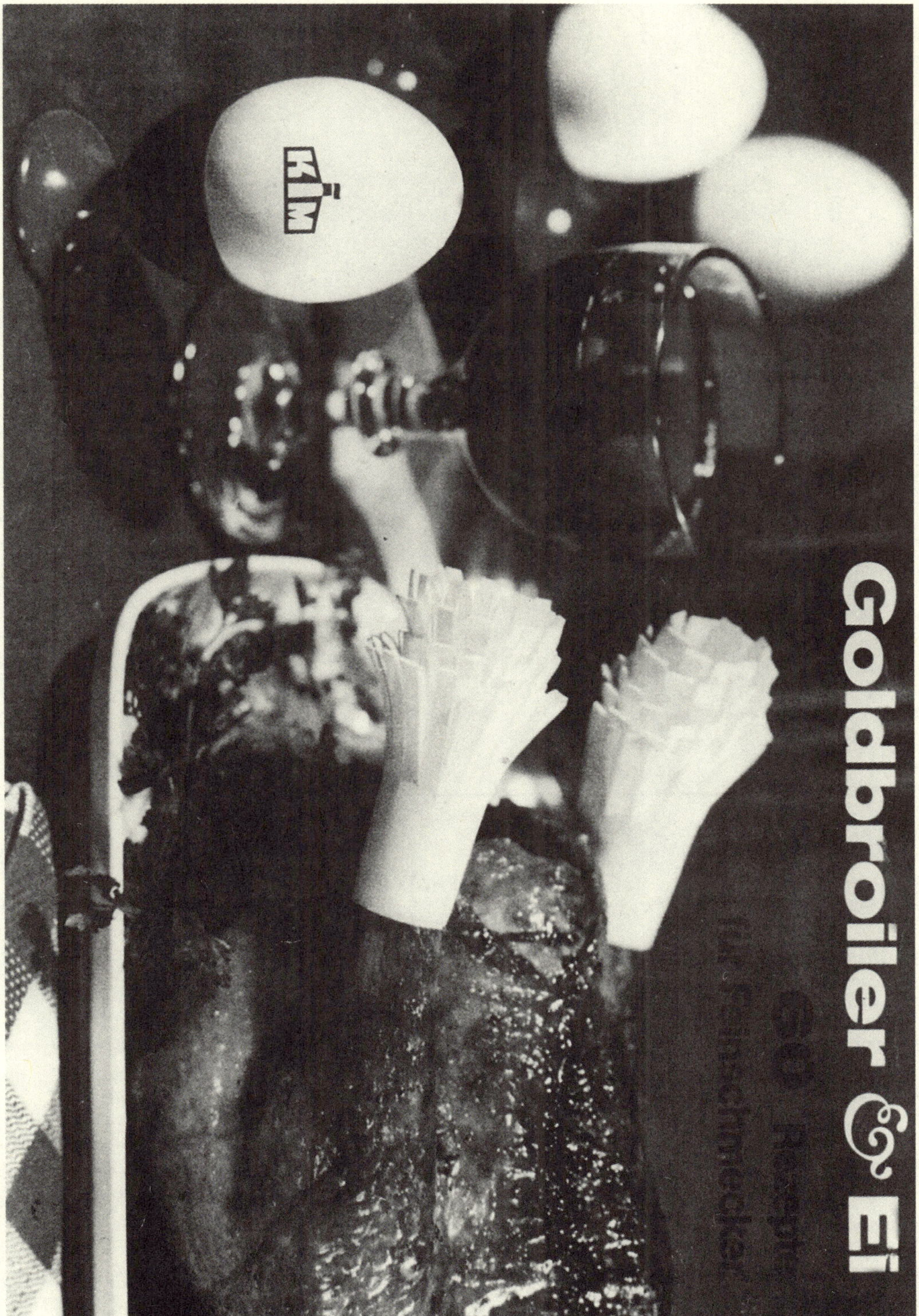

(*Goldbroiler & Ei. 60 Rezepte für Feinschmecker.* Leipzig, 70er Jahre)

4. Einkaufen

DEUTSCHE POST TELEGRAMM

1126z·berlin
1317a rostock
zczc 16
(2520)rostock/21 05.06.89 0815

85 BERLIN 34 1034 05.06.89-09 z

corinna gerhardt
karlmarxallee 117
(1034)berlin

bitte tomaten paprika blumenkohl ketschap
haushaltmetallfolie mitbringen
viola

0910 nnnn
1126z berlin
1317a rostock m

AMM DEUTSCH

DIE KAUFHALLE

a) Eröffnung einer Kaufhalle, Berlin 1976

Sehr geehrter Kunde!

Das Kollektiv der Kaufhalle Leninplatz begrüßt Sie herzlich in Ihrem neuen Einkaufszentrum.

„Leistung, die Vertrauen schafft“ ist der Leitgedanke, der im Mittelpunkt des ständigen Ringens des Kollektivs von 90 Mitarbeitern steht, um Ihnen auf der über 1000 Quadratmeter großen Verkaufsraumfläche ein lückenloses Lebensmittelsortiment, ein breites Frischwarenangebot, Kühlkost sowie ein Industriewarensortiment des täglichen Bedarfs anzubieten.

Wir werden unsere vielseitigen Kooperationsbeziehungen dazu nutzen, daß Sie ein stabiles und vor allem reichhaltiges Sortiment vorfinden.

Sie helfen uns und sich, wenn Sie Ihren komplexen Einkauf nicht am Wochenende, sondern schon an den Tagen vorher tätigen.

Wir würden uns freuen, wenn Sie sich mit Hinweisen und Vorschlägen zur Verbesserung unserer Arbeit an das Kollektiv oder den Kaufhallenbeirat wenden. Informieren Sie sich bitte anhand des Aushanges über die Sprechstunden des Beirates.

Für Ihre Anregungen steht Ihnen außerdem am Backwarenstand ein Kundenbuch zur Verfügung.

Einen angenehmen Einkauf wünscht Ihnen

das Kollektiv der Kaufhalle Leninplatz

---

b) Kritik an einer Kaufhalle

Heiko Gruber
8021 Dresden
Wilhelm-Pieck-Str. 18

An die
Konsumgenossenschaft Stadt Dresden
Waren täglicher Bedarf
Kaufhallen
8023 Dresden
Auerbacher Str. 100

Dresden, 18.1.1977

Eingabe

Für die Bewohner des Neubauviertels Innerer Ring ist die Kaufhalle Kleiststraße praktisch die einzige Einkaufsmöglichkeit. Daraus ergeben sich meines Erachtens bestimmte Verpflichtungen den Kunden gegenüber, denen in dieser Kaufhalle nur sehr mangelhaft nachgekommen wird.

Der Einkauf in dieser Kaufhalle ist mit unvertretbar langen Wartezeiten verbunden. An Wochenenden ist eine zehnminütige (und längere) Wartezeit vor der Kaufhalle normal, ehe man einen Einkaufswagen bekommt. Dazu kommt weiteres Schlangestehen vor Gemüsestand, Fleischstand, Käsestand und Kasse (insgesamt meist über 30 Minuten). Trotz objektiver Schwierigkeiten (Personalmangel) sollte man überlegen, wie man vor allem die Schlangen vor der Kaufhalle, die auf einen Einkaufswagen warten, abbauen könnte.

Sicher nicht nur objektive Ursachen haben die Mängel bezüglich des Fleischstandes, die um so unangenehmer empfunden werden, als mit Eröffnung der Kaufhalle ein HO-Fleischer in der Defoestraße geschlossen wurde und seit Dezember 76 der HO-Fleischer in der Langen Gasse in eine Wild- und Geflügelverkaufsstelle umgewandelt wurde. Unzureichend erscheint mir hier das gesamte Angebot. Besonderheiten (wie z. B. diverse Schinkensorten, aber auch Schinkenspeck oder Lende) sind hier, im Gegensatz zu früher in den jetzt geschlossenen Fleischerläden, (zumindest abends) kaum zu bekommen. Rouladen sind nur selten und nicht ausreichend im Angebot. Dazu kommt mangelndes Verantwortungsgefühl der Verkäuferinnen den Kunden gegenüber. Ab 18 Uhr wird der Fleischstand abgeräumt, obwohl die Kaufhalle erst 19 Uhr schließt. Der Fleischstand macht dann einen zwar sauberen, jedoch peinlich leeren Eindruck und ist ein Ärgernis für jeden, der zu dieser Zeit noch Fleisch kaufen will bzw. muß. Gehacktes ist oft schon ab 17 Uhr bis 17.30 Uhr nur mehr nach sehr energischem Verlangen oder gar nicht mehr zu haben.

Auch in anderen Bereichen, wenn auch nicht so „kontinuierlich“ wie am Fleischstand, wird das volle Angebot nicht bis Ladenschluß aufrechterhalten. Es ist z. B. sehr ärgerlich, wenn es 18 Uhr keine Milch mehr gibt (z. B. 12.1.77 und 13.1.77; am 18.1.77 waren um 18 Uhr nur mehr einige Beutel da).

Für die genannten, besonders auffallenden, Mängel kann ich als Kunde kein Verständnis aufbringen, zumal es in der gleichen Kaufhalle recht positive Beispiele – hervorzuheben wäre hier vor allem der Käsestand, die Getränkeversorgung oder die Freundlichkeit der Kassiererinnen – gibt und Berichte in der Presse zeigen (vgl. LVZ vom 17.1.77), daß es in anderen Kaufhallen unserer Stadt besser geht. Ich möchte Sie deshalb bitten, meine Beanstandungen zu überprüfen und dort, wo möglich, Abhilfe zu schaffen.

Mit sozialistischem Gruß

Heiko Gruber

---

c) Rechtfertigung

Konsumgenossenschaft
Stadt Dresden
8023 Dresden, Auerbacher Str. 100

Herrn
Heiko Gruber
8021 Dresden
Wilhelm-Pieck-Straße 18

2.2.77

Betreff: Ihre Eingabe vom 18.1.77

Werter Herr Gruber !

Wir haben Ihre Eingabe vom 18.1.77 betreffs der Einkaufsprobleme in unserer Kaufhalle Kleiststraße erhalten und möchten uns für Ihre Hinweise bedanken. Ihr Schreiben war uns Anlaß, die Versorgungstätigkeit in dieser Kaufhalle nochmals zu überprüfen und gleichzeitig eine Auswertung mit dem Kollektiv vorzunehmen. Bei dieser Auswertung konnte festgestellt werden, daß sich die Mitarbeiter der Kaufhalle Ihrer Verpflichtung den Kunden gegenüber bewußt sind und sich ständig bemühen, die Bevölkerung bestmöglichst mit den Waren des täglichen Bedarfs zu versorgen.

Um so mehr bedauern wir deshalb, daß der Einkauf bei Ihnen zu derartigen Verärgerungen führte. Die Anforderungen an das Kollektiv der Kaufhalle sind besonders am Wochenende sehr hoch, so daß eine

Wartezeit vor der Kaufhalle nicht völlig auszuschließen ist. Außerdem stellt diese Versorgungseinrichtung, wie von Ihnen bereits aufgezeigt, die einzige Einkaufsmöglichkeit für die Bewohner des Neubauviertels „Innerer Ring“ dar (Öffnung, Schließung und Umprofilierung von Verkaufsstellen im Stadtbezirk regelt der Rat der Stadt), was für die Verkaufskräfte eine ständig erhöhte Einsatzbereitschaft fordert.

Trotzdem können wir uns natürlich nicht mit derartig extremen Wartezeiten, wie Sie von Ihnen dargestellt wurden, einverstanden erklären. Zur Verkürzung der Wartezeiten vor der Kaufhalle wird ab sofort die Anzahl der Einkaufskörbe erhöht.

Durch tägliche Beratungen des Kaufhallendirektors mit den Abteilungsleitern, konkrete Abrechnung des sozialistischen Wettbewerbs (Einzelverpflichtungen der Mitarbeiter zur Erfüllung des Versorgungsauftrages der Kaufhalle), erhöhte Kontrolltätigkeit durch den Filialbereich und damit verstärkte leistungsmäßige Einflußnahme auf die Versorgungstätigkeit der Kaufhalle soll die Handelstätigkeit besser und reibungsloser gestaltet, so daß zukünftig die Unzufriedenheit der Kunden weitgehend ausgeschaltet werden kann.

Bezugnehmend auf das Warenangebot, besonders am Fleischstand, erging an den Abteilungsleiter nochmals die Weisung, daß das volkswirtschaftlich ständig zur Verfügung stehende Sortiment von Öffnung bis Schließung im Angebot zu sein hat. Mit Edelfleischteilen wie z. B. Rouladen, Lenden, Schinken usw. kann zum Zeitpunkt noch nicht völlig ausreichend versorgt werden, so daß der Verkauf nur schwerpunktmäßig erfolgt.

Die Bestellung für Milch wurde erhöht, obwohl hier der Abkauf starken Schwankungen unterliegt und die von Ihnen aufgeführten Tage zu den Ausnahmen zählen, da im Normalfall voll versorgt werden kann.

Wir möchten uns abschließend nochmals für die uns wertvollen Hinweise bedanken und würden uns freuen, Sie trotz dieser bisherigen Unzulänglichkeiten zu unseren Kunden zählen zu dürfen.

Mit genossenschaftlichem Gruß

i.V. Rigo
Filialbereichsdirektor

Der Volksmund

Warum darf in der DDR beim Fleischer die letzte Wurst niemals verkauft werden? –
Weil die Leute sich sonst nach den Fliesen anstellen.

d) Brief an Leipziger Volkszeitung

Klaus-Peter Zibell
7012 Leipzig
Gertraudenstraße 12

An den
Stadtredakteur der LVZ
Riemannstraße 54
Leipzig
7010

Leipzig, den 4.6.87

Sehr geehrter Genosse Stadtredakteur !

Hier ein nachgereichter Beitrag zum Kaufhallenwettbewerb oder ein Bericht darüber, wie wir unsere Möglichkeiten nutzen:

Ich wollte heute gegen 18.30 in der Kaufhalle Breitenfelderstraße den im Angebot befindlichen Spinat kaufen. Zwar sah er schon etwas welk aus, davon wollte ich mich aber nicht abhalten lassen, weil ich dachte, wenn ich etwas mehr nehme, wird schon Genießbares übrigbleiben. Ich wollte also ein Kilo davon. 80 Pfennige reißen auch kein großes Loch in den Geldbeutel. Leider wurde aus dem Kauf nichts, da die Verkäuferin meinte, ich hätte keinen geeigneten Beutel oder ein ähnliches Behältnis, in dem ich den Spinat auswiegen könne, mit. Sie könne mir keine Tüte oder Papier dafür anbieten.

So welkt der Spinat sicher weiter vor sich hin. Wenn es gut geht, wird er noch Schweinefutter. Bei dieser Verkaufskultur wäre es wohl besser, ihn gleich den Schweinen anzubieten. Man könnte dann die Kosten für den Transport in die Kaufhalle sparen.

Der Spaß hört aber einfach auf, wenn bei dem derzeitig nicht gerade erhebenden Gemüseangebot so mit dem bißchen Grün umgegangen wird.

Mit freundlichem Gruß

Klaus-Peter Zibell

Welchen Nutzen bringt uns der Intershop?

Zunächst einige Fakten:

1. Im Jahr 1989 werden etwa 35 Millionen Reisende aus der BRD, anderen kapitalistischen Staaten und aus Westberlin die DDR im Transitverkehr durchqueren.

2. Die DDR empfängt Jahr für Jahr Millionen von Touristen und Besuchsreisenden aus vielen Ländern der Welt. So werden allein aus der BRD und Westberlin jährlich etwa 6 Millionen Reisende und Besucher als Gäste in der DDR gezählt.

3. Aufgrund der historischen Entwicklung und geographischen Lage der DDR bestehen zwischen Bürgern der BRD und Bürgern der DDR vielfältige verwandtschaftliche Beziehungen. Daraus resultiert, daß die Reisetätigkeit von Bürgern der DDR zu Verwandten und Bekannten in die BRD und nach Westberlin stark angestiegen ist und in diesem Jahr eine Größenordnung von etwa 8 Millionen Reisen erreichen wird.

4. Aus den dargelegten Gründen gelangt auch ein nicht unerheblicher Teil unserer Bürger legal in den Besitz von Valutamitteln.

Der DDR entstehen aus der Dimension dieses ständigen Transit- und Reiseverkehrs erhebliche Belastungen im wirtschaftlichen Bereich, aber auch auf vielen anderen Gebieten, vom Verkehrswesen bis hin zu den unterschiedlichen Dienstleistungen.

Es ist bekannt, daß die DDR als rohstoffarmes Land – mehr als andere Staaten – darauf angewiesen ist, vom Rohstoff bis hin zu bestimmten Industriewaren sowie Nahrungs- und Genußmitteln umfangreiche Importe aus dem Ausland zu tätigen und die dafür benötigten Valutamittel zu erwirtschaften. Es ist auch kein Geheimnis, daß diese für unsere Wirtschaft und Versorgung unverzichtbaren Importe in bedeutendem Umfang nur aus dem nichtsozialistischen Wirtschaftsgebiet bezogen werden können. Daraus ergibt sich zwangsläufig die Notwendigkeit, alle möglichen Quellen der Valutaerwirtschaftung voll zu nutzen und effektiv zum Wohle des gesamten Volkes einzusetzen.

Nebenbei bemerkt ist es legitime internationale Praxis, daß viele Länder aus ihrer geographischen Lage als Transitland oder als touristischer Anziehungspunkt Nutzen ziehen. In der DDR geschieht das vor allem durch die Einrichtung des Intershophandels in den Städten, Hotels und an den Transitwegen.

Der Intershophandel bietet nahezu ausschließlich Erzeugnisse an, die aus dem nichtsozialistischen Wirtschaftsgebiet gegen Valuta eingekauft und mit Gewinn verkauft werden.

Es sei ausdrücklich bekräftigt, daß der aus dem Intershophandel für die DDR entstehende Gewinn im Rahmen der zentralen gesamtgesellschaftlichen Finanzplanung so eingesetzt wird, daß er nicht bestimmte Gruppen privilegiert, sondern ein hoher Nutzen für alle gewährleistet wird. Nicht zuletzt ist darauf hinzuweisen, daß mit den über den Intershophandel realisierten Warenfonds ein wichtiger Beitrag zur Versorgung der Bevölkerung mit gefragten Konsumgütern geleistet wird.

Zusammenfassend kann man feststellen, daß eine Abschaffung des Intershophandels gegenwärtig niemandem Nutzen, sondern uns allen Schaden bringen würde.

Ein wesentliches Ziel unserer Wirtschaftspolitik muß deshalb darin bestehen, zunehmend dafür Sorge zu tragen, daß gefragte Konsumgüter in gleicher Menge und Qualität wie im Intershophandel auch in den Einrichtungen des sozialistischen Binnenhandels, gestützt auf eine gewachsene Leistungsfähigkeit unserer Volkswirtschaft, angeboten werden können. Dazu sollte jeder in seinem Verantwortungsbereich und an seinem Arbeitsplatz beitragen.

(*WAS UND WIE - Informationen, Argumente, Übersichten für den Agitator.* November 1989)

„Zur Reblaus"

Speisenkarte

„Ein froher Gast
ist niemands Last"

Unseren Gästen ein herzliches Willkommen
in unseren Weinstuben
„Zur Reblaus"

Für die kulturvolle Gestaltung Ihrer Freizeit sind wir bemüht, Ihnen täglich ein guter Gastgeber, bei gleichbleibender gastronomischer Qualität, zu sein.

Ihr

„Reblaus-Kollektiv"

tutti frutti-Angebotskarte, Berlin, 2. Hälfte der 80er Jahre

KAFFEE UND KAFFEESPEZIALITÄTEN

Tasse Kaffee, schwarz	*1,35 M*
Tasse Kaffee, komplett	*1,50 M*
Kännchen Kaffee, komplett	*3,00 M*
Kännchen Mocca, schwarz	*2,70 M*
Kännchen Mocca, komplett	*2,85 M*
Kaffee, Irische Art (Tasse Kaffee, schwarz, 4 cl Whisky, Sahne)	*7,80 M*
Kaffee, Holländische Art (Tasse Kaffee, schwarz, 4 cl Eierlikör, Schlagsahne, Garnitur)	*5,25 M*
Kaffee, Wiener Art (Tasse Kaffee, schwarz, Schlagsahne, Garnitur)	*2,65 M*
Tasse Malzkaffee, komplett	*0,67 M*

Ihre Kuchenbestellung entnehmen Sie bitte der Vitrine!

IM HOTEL MERKUR

a) Eingabe an den Oberbürgermeister

Dr. Dietmar Stellert
7050 Leipzig
Goethestr. 24

An den
Oberbürgermeister der Stadt Leipzig
7010 Leipzig
Neues Rathaus

E i n g a b e

Sehr geehrter Genosse Oberbürgermeister!

Am 27. 7. 86 war ich mit meiner Frau zwischen 16.00 und 17.00 Uhr in der Mocca-Bar des Hotels Merkur. In dieser Zeit wollten drei Jugendliche, genau wie ich, in dieser Mocca-Bar Platz nehmen und etwas verzehren. Alle drei waren adrett gekleidet, freundlich und ruhig. Trotzdem wurden sie von der

Kellnerin, obwohl das Lokal halb leer war, abgewiesen. Als ich die Kellnerin nach dem Grund dafür fragte, sagte sie mir, es wäre das Privileg dieser Bar, sich die Gäste auszusuchen. Ungeachtet der Tatsache, daß ich so etwas für völlig unangemessen halte, zumal wenn sich die abgewiesenen Gäste freundlich und ruhig verhalten, so widerspricht es vor allem dem Fakt, daß sich in dieser Bar oft Gäste aufhalten, deren Verhalten überhaupt nicht unseren Normen entspricht, die aber offensichtlich geduldet werden, weil sie in sogenannter „harter Währung" bezahlen.

Ich weiß nicht, wie die abgewiesenen Jugendlichen über die Sache denken und sie einordnen, ich jedenfalls bin darüber empört.

Mit sozialistischem Gruß

Dr. Dietmar Stellert

---

b) Zwischenbescheid des Rates der Stadt Leipzig

RAT DER STADT LEIPZIG
(Bezirk Leipzig)
Handel und Versorgung

Herrn
Dr. Dietmar Stellert
Goethestr. 24
Leipzig
7050

5.08.86

Ihre Eingabe vom *1.o8.86*

Werte Frau
Werter Herr *Stellert* !

Ihre Eingabe haben wir zuständigkeitshalber an den Direktor des Interhotels Merkur zur endgültigen Bearbeitung weitergeleitet.

Wir bitten, dieses Schreiben als Zwischenbescheid zu betrachten.

Mit sozialistischem Gruß

K n u t
Stellv. d. Oberbürgermeisters
für Handel und Versorgung

c) Antwort des Hotels Merkur

Direktor **HOTEL MERKUR**

Herrn
Dr. Dietmar Stellert
Goethestr. 24

Leipzig
7050

Leipzig, am 20. August 1986

Ihre Eingabe – gerichtet an den Oberbürgermeister der Stadt Leipzig – zu Fragen der Plazierung in der Moccabar des Hotels MERKUR

Werter Herr Dr. Stellert!

Das von Ihnen geschilderte Vorkommnis war für mich Anlaß, den Sachverhalt einer umgehenden Prüfung zu unterziehen.

Vorweg nehmen darf ich, daß der Vorgang, wie er sich Ihnen darstellte, auch aus meiner Sicht auf das schärfste verurteilt worden wäre. Tatsächlich war das ungewöhnliche Verhalten unserer Mitarbeiterin gegenüber diesen Jugendlichen einem Vorspiel geschuldet, von dem Sie keine Kenntnis haben konnten. Zum besseren Verständnis dieses Zusammenhanges erlaube ich mir, Ihnen als Anlage die Stellungnahme der betreffenden Mitarbeiterin beizufügen.

Ungeachtet dessen muß ich aber mit Konsequenz Ihrer Äußerung widersprechen, daß bei Gästen, die in sogenannter „harter Währung“ zahlen, auf die Einhaltung der Normen des gesellschaftlichen Anstandes verzichtet würde. Richtig ist, daß, abgeleitet aus der Aufgabenstellung des Hotels, wie international üblich, Hotelgästen vorrangig die Nutzung gastronomischer Plätze eingeräumt werden muß. Ich stimme mit Ihnen überein, daß das Auftreten einiger dieser Gäste, die ausschließlich aus dem nichtsozialistischen Wirtschaftsgebiet stammen, logischerweise nicht mit unseren sozialistischen Verhaltensnormen in Übereinstimmung zu bringen ist.

Abschließend darf ich Ihnen versichern, daß seitens unserer Kollegen kein gestörtes Verhältnis zur Jugend unseres Staates besteht. Nicht zuletzt deshalb, weil ca. 30% der Mitarbeiter unseres Hauses selbst noch im jugendlichen Alter sind und als solche aktiv in der FDJ-Grundorganisation des Betriebes mitarbeiten.

Mit sozialistischem Gruß

Kleinert

Anlage

d) Stellungnahme der Kellnerin

Leipzig, den 12.08.1986

Stellungnahme zur Eingabe des Bürgers Dr. Dietmar Stellert vom 31.01.1986

Während meinem Dienst, am 27.07.1986 in der Moccabar, konnte ich beim Geldwechseln an der Reception drei Jugendliche beobachten, die sich in der Vorhalle des Hotels aufhielten und durch ihr Auftreten kein sonderlich angenehmes Verhalten zeigten.

Nachdem ich in die Moccabar zurückgekehrt war, betraten kurze Zeit später eben diese Jugendlichen die Moccabar und wollten sich an den Tisch des Ehepaares Dr. Stellert setzen.

Auf Grund der im Vorfeld geschehenen Tatsache – Verhalten der Jugendlichen in der Hotelhalle – und eventuell auftretenden Folgen, welche sich aus solchen Situationen, wie schon häufig beobachtet, ergeben können, bat ich die Jugendlichen in angemessener Art und Weise, die Moccabar wieder zu verlassen, da ich als Haftungsbereichsleiter dieser Bar ebenso die Pflicht habe, für einen niveauvollen und gemütlichen Aufenthalt aller Gäste zu sorgen, sowie sie vor sich anbahnenden Belästigungen zu schützen.

Als der Gast, Herr Dr. Stellert, mich einige Zeit später nach dem Grund meiner Abweisung dieser drei Jugendlichen fragte, gab ich ihm, ohne ihn mit den vorangegangenen Beobachtungen zu behelligen oder ihm in irgend einer Weise Rechenschaft ablegen zu müssen, zu verstehen, daß es mir in bestimmten Situationen gestattet sei, Gäste nicht zu plazieren.

Aus diesem Grund wehre ich mich auch entschieden gegen die Eingabe des Bürgers Dr. Dietmar Stellert und vor allem gegen die Aussage, mir meine Gäste auszusuchen, was in keiner Weise der Wahrheit entspricht.

Hannelore Wota
HBL Moccabar

Das meiner Meinung nach unangemessene Verhalten der Jugendlichen in der Hotelhalle zeigte sich durch lautstarken Wortwechsel untereinander, indem sie zum Ausdruck brachten, sich „die Bude“ und ihre „Kneipen“ mal genauer anzusehen, indem sie in Richtung der Hotelaufzüge gingen, um die Etagen „abzuklappern“.

6. Das Auto

Aus der Straßenverkehrsordnung – Vorbemerkung

Bei der weiteren Gestaltung der entwickelten sozialistischen Gesellschaft und den damit zu schaffenden grundlegenden Voraussetzungen für den allmählichen Übergang zum Kommunismus in der Deutschen Demokratischen Republik ist das Wohl, die Sicherheit und Geborgenheit der Bürger vornehmstes Anliegen. Das erfordert auch eine hohe Ordnung, Sicherheit und Flüssigkeit im Straßenverkehr. Unter den Bedingungen der ständig zunehmenden Verkehrsdichte gilt es, jederzeit das Leben und die Gesundheit der Bürger sowie das sozialistische und persönliche Eigentum zu schützen und die Erfüllung der wachsenden volkswirtschaftlichen Aufgaben im Straßenverkehr zu sichern.

Alle Verkehrsteilnehmer müssen die für sie geltenden Verkehrsbestimmungen kennen und gewissenhaft einhalten. Die Leiter der staatlichen und wirtschaftsleitenden Organe, Kombinate, Betriebe und Einrichtungen sowie die Vorstände der Genossenschaften sind verpflichtet, in ihren Verantwortungsbereichen die Bildung und Erziehung der Verkehrsteilnehmer zu organisieren sowie auf die strikte Einhaltung und Durchsetzung der Verhaltensregeln im Straßenverkehr Einfluß zu nehmen. Die gesellschaftlichen Organisationen und gesellschaftlichen Kollektive für Verkehrssicherheit sind aufgefordert, dabei aktiv mitzuwirken.

(*StVO 77. Straßenverkehrsordnung kommentiert.* Berlin 1977)

A u s b i l d u n g s v e r t r a g

85708

Reg.-Nr.

Die Fahrschule bildet den Fahrschüler zu einem verantwortungsbewußten Kraftfahrzeugführer aus und vermittelt ihm die dazu erforderlichen Kenntnisse und Fertigkeiten. Der Fahrschüler verpflichtet sich, bei Wahrnehmung der sich aus den entsprechenden Rechtsvorschriften ergebenden Entscheidungen, ein hohes Maß an Disziplin zu zeigen und den ihm während der Ausbildung gegebenen Weisungen des Fahrlehrers Folge zu leisten.

Bei Kradausbildung ist der Fahrschüler verpflichtet anzuhalten, sobald er den Fahrlehrer aus der Sicht verloren hat, und er muß die Rückkehr des Fahrlehrers abwarten. Die weiteren Rechte und Pflichten ergeben sich aus den gesetzlichen Bestimmungen und den übertragenen Hinweisen für den Fahrschüler; letztere sind Bestandteil des Vertrages.

Name: Fröhlich Vorname: Sylvia geb.: 26.12.66

Wohnanschrift: 1156 Berlin, Berliner Straße 12

Körperbehindert: ja / nein beantragte Fahrerlaubnisklasse: B

Datum: 23.6.86

i.A. ...... *Blumberg* .... *Sylvia Fröhlich* ....

Fahrschule Fahrschüler

Unter umseitiger Reg.-Nr. haben wir Sie zur Ausbildung in der von Ihnen gewünschten Klasse vorgemerkt. Die Einreihung in einen Lehrgang erfolgt laufend entsprechend der Nummer. Zu gegebener Zeit erhalten Sie von uns eine schriftliche Mitteilung zwecks Lehrgangsvereinbarung. Bis zu diesem Zeitpunkt müssen Sie den Lehrgang für Erste Hilfe beim DRK absolviert haben.

Der Erwerb der Teilnahmebescheinigung darf nicht länger als 2 Jahre zurückliegen.

Diese Mitteilung bitten wir abzuwarten und von Rückfragen möglichst abzusehen.

Dringlichkeitsanträge können nicht berücksichtigt werden. Bei Verlust Ihrer Unterlagen erhalten Sie keinen Ersatz.

VEB Kombinat Berliner Verkehrsbetriebe
Kombinatsbetrieb Taxi – Abt. Fahrschule
1058 Berlin, Milastr. 3/4

Best.-Nr. PKZ Best.-Datum

150005/ 004416 | 0 | 2 | 0 | 7 | 6 | 5 | 5 | 3 | 0 | 1 | 1 | 1 | **18. Feb. 1985**

VEB IFA-Vertrieb Berlin **PKW-Bestell-Bestätigung** **Skoda 105**

Auto-Salon UdL

1. Änderung / / /

2. Änderung / / /

Datum Kunde Verkäufer

Vorname: Klose Name: Angela Namensänderung:

Anschrift: 1058 Berlin Ahlbecker Str. 75

Anschriftsänderung:

Telefon-Nr.: / Tätigkeit: Kellner

Klose Scheler

Unterschrift (Kunde) (ums. Bedingungen werden anerkannt) Unterschrift (Verkäufer)

Nur gültig mit Stempel und Unterschrift des Verkäufers Stempel

Auszug aus den Bestell- und Lieferbedingungen der IFA-Vertriebsorganisation

– Aus der PKW-Bestellung sind keine vertraglichen Rechte und Ansprüche im Sinne des Kundenauftrages abzuleiten.

– PKW-Bestellungen werden nur in der für den Hauptwohnsitz zuständigen Fachfiliale von Kunden ab 18. Lebensjahr entgegengenommen.

– Der Kunde erklärt, nur e i n e Bestellung abgegeben zu haben.

– Die Bestellung ist personengebunden und nicht übertragbar.

– Auskünfte zur PKW-Bestellung sind nur unter Angabe der EDV-gerechten Bestell-Nummer möglich.

– Jede Veränderung der Wohnanschrift oder längere Abwesenheit ist der Fachfiliale im Interesse des Kunden mitzuteilen.

– Bei Wohnungswechsel außerhalb des Zuständigkeitsbereiches der Fachfiliale wird die weitere Bearbeitung und der Vertragsabschluß nur von der für den neuen Wohnsitz zuständigen Fachfiliale vorgenommen.

Bei Nichteinhaltung der Bestell- und Lieferbedingungen erlischt die Bestellung.

Die Bestellung erlischt auch, wenn der Besteller nicht innerhalb von 3 Monaten nach erfolgtem Lieferangebot mit der Fachfiliale den Liefertermin vereinbart.

VEB IFA - VERTRIEB BERLIN

Kaufvertrag Nr. B

Zwischen **VEB IFA-VERTRIEB BERLIN**
Rummelsburger Landstraße 110/112, Berlin – 1160
und
Herrn/Frau....... Rudolf Schultze ....

Verkaufsbüro: .... Berlin ....
Bestell-Nr: .... 92 6388.......
Bestell-Datum: ... 13.3.78 ....

PKZ.: 2 1 0 2 6 1 4 3 6 7 6 ....Telefon-Nr.: ..../...

Anschrift: ...... Mollstraße ....
.... Berlin, 1120 ....
....

wird die Lieferung eines **P e r s o n e n k r a f t w a g e n s** vereinbart.

Fabrikat/Typ: ....Trabant - Lim. ....
Ausführung: ....
Sonderausführung* /
Farbe* : .... LSo 4, p. weiß...

EVP ***11. 415,- M*** ca. 12.750, - M

Fünffach bereift, mit komplettem Werkzeug und Aufrüstung im Lieferumfang des Herstellers/Importeurs,
zuzüglich Aufpreis für Sonderausstattung ab

Leistungsort 1: Auslieferungsobjekt Rummelsburger Landstraße 110/112
~~Leistungsort 2: Auslieferungsobjekt Hönower Weg, Dahlwitz-Hoppegarten~~

Liefermonat: ....*Oktober* .... Jahr: .... 89 **PKW ausgeliefert am:** 12.Okt. 1989

Für diesen Kaufvertrag gelten die umseitigen Lieferbedingungen.

Ort / Datum: .... Bln., d. 7.7.89 .....

.... *Schultze* ....
Unterschrift des Käufers

.... *Meyer* ....
Unterschrift des Verkäufers

* Kundenwünsche, um deren Realisierung sich der Lieferer außerhalb der kaufvertraglichen Vereinbarung bemüht.

Der Volksmund

Die Autobestellung in der DDR dauert neuerdings nur noch 5 Tage:
1 Tag zum Bestellen,
dann 3 Parteitage,
und am 5. Tag holt man's ab.

Auszug aus den Lieferbedingungen (Bestandteil des Kaufvertrages)

2.1. *Allgemeines*

2.1.6. Der Käufer erklärt, innerhalb der letzten 3 Jahre vor Abschluß dieses Kaufvertrages kein fabrikneues Fahrzeug (bei PKW-Anhängern im jeweiligen Grundtyp) erworben und nur eine Bestellung abgegeben zu haben. Der Kaufvertrag ist nichtig, wenn der Käufer entgegen der vorstehenden Erklärung in den letzten 3 Jahren vor Abschluß dieses Kaufvertrages ein fabrikneues Fahrzeug (bei PKW-Anhängern im jeweiligen Grundtyp) erworben oder weitere Bestellungen abgegeben hat.

2.3. *Übernahmebedingungen*

2.3.1. Der Käufer ist verpflichtet, den Kaufgegenstand zum vom Verkäufer mitgeteilten Termin am vereinbarten Abnahme- (Erfüllungs-)ort abzuholen.

2.3.2. Der Käufer eines Fahrzeuges hat das Recht, den Kaufgegenstand am Erfüllungsort zu prüfen. Bei PKW beschränkt sich eine Prüfungsfahrt auf die Probefahrt des Beauftragten des Verkäufers. Der Käufer ist berechtigt, an der Probefahrt teilzunehmen.

2.4. *Preise und Zahlungsbedingungen*

2.4.1. Zur Berechnung kommt der am Kauftag über den Kaufgegenstand in der vereinbarten Ausführung preisrechtlich verbindliche Endverbraucherpreis (EVP).

2.4.2. Zum EVP treten die Zuschläge für das zur Ausführung und zum Lieferumfang gehörige Zubehör, der Aufpreis für Sonderausführungen sowie der Mehrpreis für Neu- und Weiterentwicklungen. Versicherungsbeiträge, Steuern und Zulassungsgebühren werden gesondert berechnet.

2.4.3. Die Preise gelten ab dem ausgelieferten Verkaufsobjekt, Kosten der Überführung bzw. Verladung gehen zu Lasten des Käufers.

2.4.4. Die Übergabe des Fahrzeuges erfolgt nur gegen Zahlung des vollen Kaufpreises.

2.5. *Garantie*

2.5.1. Der Verkäufer leistet gesetzliche Garantie für die Dauer von 6 Monaten.

HALOGENLAMPEN

a) Eingabe an den Stellvertreter des Oberbürgermeisters

An den
Stellvertreter des Oberbürgermeisters
für Handel und Versorgung
Gen. Gürtler
Rat der Stadt Halle
Schließfach 666
4017 Halle

5.8.1988

Rudolf Storch
Arno-Nitzsche-Str. 12
4022 Halle

Sehr geehrter Genosse Gürtler!

Gestatten Sie, daß ich mich mit einem Problem an Sie wende, von dem ich weiß, daß Sie sein Bestehen nicht verantworten und seine Lösung in Ihrem Verantwortungsbereich allein und unmittelbar auch nicht möglich ist. Weil ich Sie als Verantwortlichen für Handel und Versorgung in unserer Stadt aber als meinen Interessenvertreter in allen Dingen betreffenden Fragen ansehe, möchte ich Sie bitten, alles Ihnen Mögliche zu tun, um zu einer Lösung des Problems zu kommen.

Weil es für mich im Urlaub auftauchte, ist mir bekannt, daß das Problem republikweit besteht: Es gibt keine Halogenlampen für die Scheinwerfer des Wartburg 353 W. Mein Wartburg (Baujahr 1982) ist jedoch serienmäßig mit Halogenscheinwerfern ausgestattet. Eine Umrüstung auf normale Scheinwerfer wäre mit hohen Aufwendungen verbunden. Abgesehen davon halte ich es für eine normale Pflicht der Hersteller, den Ersatz von serienmäßig vorgesehenen Glühbirnen jederzeit zu sichern. Im Interesse der Betriebssicherheit meines Fahrzeuges, für die ich verantwortlich bin, bin ich verpflichtet, die Beleuchtungsanlage jederzeit funktionsfähig zu halten und eine Ersatzlampe mitzuführen. Dazu bin ich aufgrund der augenblicklichen Versorgungssituation nicht mehr in der Lage. Das Auto einfach stehen zu lassen, kann wohl nicht die Lösung sein. Ich fahre damit nicht nur zum Spaß.

Ich meine, es ist eine unerträgliche Situation, wenn wir unsere eigenen Sicherheitsbestimmungen nicht mehr einhalten können. Deshalb nochmal meine Bitte, helfen Sie mir, daß diese Situation umgehend bereinigt wird. Es wäre nett, wenn Sie mir nachweisen könnten, wann und wo ich eine solche Halogenlampe kaufen kann.

Mit sozialistischem Gruß

Rudolf Storch

---

b) Antwort des stellvertretenden Oberbürgermeisters

R A T D E R S T A D T H A L L E

(B e z i r k H a l l e)

Stellvertreter des Oberbürgermeisters für Handel und Versorgung

Herrn
Rudolf Storch
Arno-Nitzsche-Str. 12
4022 Halle

Halle, den 12. August 1988

Betrifft:
Ihre Eingabe vom 5.8.88

Sehr geehrter Herr Storch!

Die o. g. Eingabe habe ich erhalten.

Der Leiter des Bezirksversorgungskomplexes Halle des VEB IFA-Vertrieb wurde von mir zum Versorgungsproblem Halogenlampen für Wartburgscheinwerfer mit der Prüfung und Bearbeitung beauftragt. Von dort erhalten Sie weitere Nachricht.

Mit sozialistischem Gruß
Gürtler

Bestellung eines Taxis

Dr. Rüdiger Pätzold
7010 Leipzig
Ritterstraße 6

An den
Oberbürgermeister der Stadt Leipzig
7010 Leipzig
Neues Rathaus

Leipzig, den 2. Mai 1986

Eingabe

Sehr geehrter Genosse Oberbürgermeister!

Gestatten Sie, daß ich Sie über eine sogenannte »Dienstleistung« informiere, die meines Erachtens wohl doch keine ist.

Am 1. Mai gegen 20.30 Uhr versuchte ich, telefonisch beim VEB Taxi ein Taxi zu bestellen. Von der diensthabenden Kollegin wurde mir gesagt, es würde zur Zeit keine Vormerkung vorgenommen. Ich sollte etwa in einer halben bis dreiviertel Stunde nochmal anrufen. Mein Einwurf, daß ich mich, in Kenntnis der Tatsache, daß es in Leipzig zu wenig Taxis gibt, ohnehin auf eine längere Wartezeit (auch ein bis zwei Stunden) bei meiner Bestellung eingerichtet habe, man aber die Bestellung wohl aufnehmen könne (jeder Anruf kostet ja auch mein Geld), wurde mit einer nochmaligen Ablehnung und der Unterbrechung der Verbindung beantwortet.

Ich sehe zwar notgedrungen unter den gegebenen Umständen längere Wartezeiten bei Taxibestellungen ein, ich sehe aber nicht ein, daß zeitweilig keine Vorbestellungen angenommen werden. Der abrupte Abbruch des Gesprächs widerspricht vollends allen Prinzipien eines akzeptablen Kundendienstes.

Mit sozialistischem Gruß

Dr. Rüdiger Pätzold

Mit der Eisenbahn in die UdSSR

Täglich verkehren von Berlin nach Moskau, Leningrad, Minsk, Kiew, Wilnjus und Sotschi durchgehende Schlafwagen.

Schlafwagenplätze für internationale und Binnenstrecken können rechtzeitig bei der Sowjetischen Eisenbahn (SZD) reserviert werden.

Die Sowjetische Eisenbahn garantiert Ihnen hohen Komfort, ausgezeichneten Service und fahrplanmäßige Ankunft am Bestimmungsort.

Auskünfte erhalten Sie in den Intourist-Vertretungen, Reisebüros und bei den zentralen Zuginformationen.

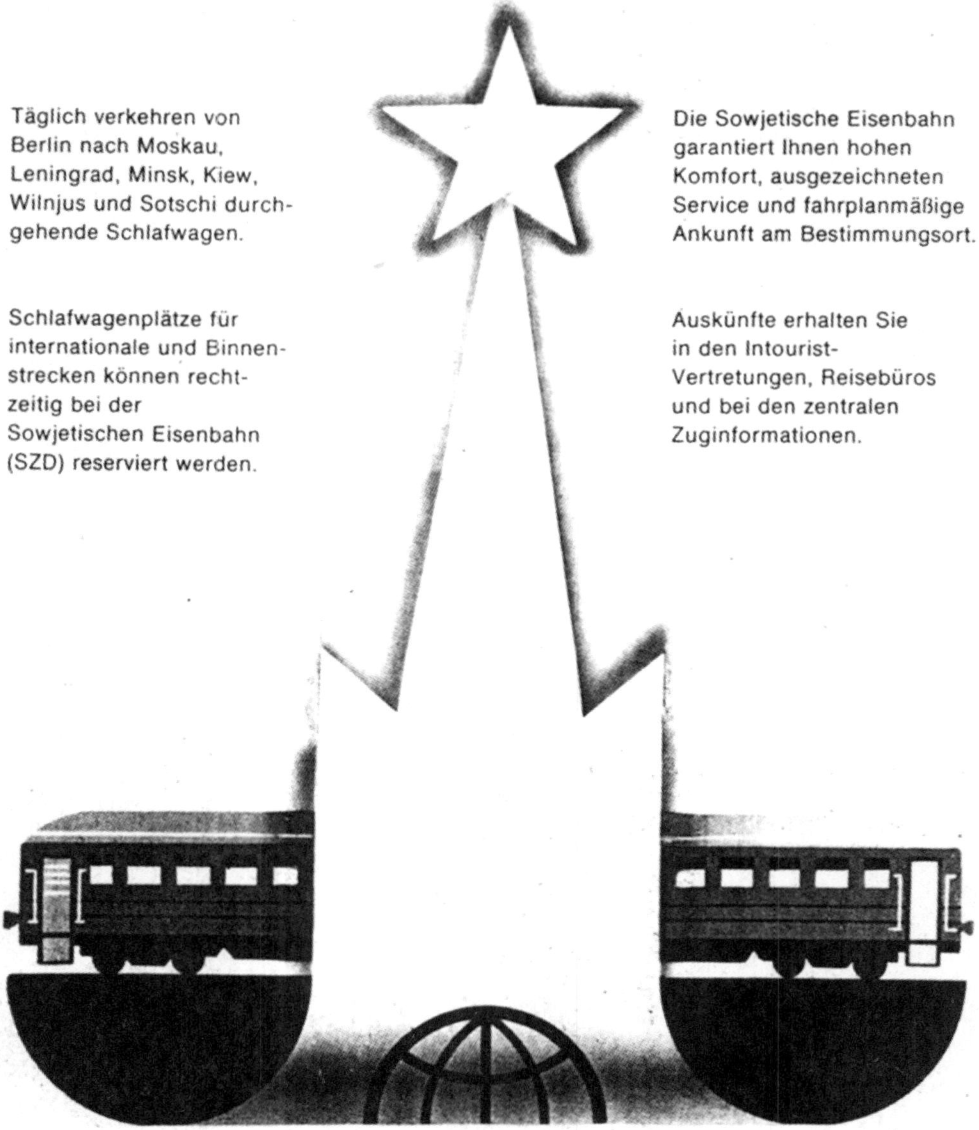

SOWJETISCHE EISENBAHNEN

V. „Mein Arbeitsplatz – mein Kampfplatz für den Frieden“

1. Personalien

Henriette von Mühlsdorf
Karlstraße 10
1057 Berlin

Hochschule für Finanzwirtschaft
Direktor der Bibliothek

Bln., den 29.06.1989

Bewerbung

Wie mit Ihnen am 29.06.89 besprochen, übersende ich Ihnen hiermit meine Bewerbungsunterlagen für eine Tätigkeit in Ihrer Bibliothek ab 1.9.89.

Hochachtungsvoll
Henriette von Mühlsdorf

Anlagen:
- Personalbogen
- Lebenslauf
- Verwandtenaufstellung
- 1 Lichtbild

Lebenslauf, Berlin 1989

Am 15. 3. 1970 wurde ich in Berlin geboren.

Meine Mutter, Elke von Mühlsdorf, ist Lehrerin, mein Vater, Hans von Mühlsdorf, Bibliothekar. Ich habe eine 22jährige Schwester, sie arbeitet als Kellner im Hotel Berolina.

1977 wurde ich in die 7. Oberschule im Stadtbezirk Pankow aufgenommen. Das Lernen machte mir Spaß, und ich hatte stets gute bis sehr gute Leistungen.

Mein besonderes Interesse galt den Fächern Literatur und Biologie. 1987 schloß ich die 10. Klasse mit dem Prädikat „sehr gut" ab und wurde zur EOS „Franz Mehring" im Stadtbezirk Prenzlauer Berg delegiert. Obwohl ich mich schnell in das neue Klassenkollektiv eingelebt habe, bereitete mir die Umstellung auf die neuen fachlichen Anforderungen der erweiterten Oberschule Schwierigkeiten. 1989 legte ich das Abitur mit dem Prädikat „befriedigend" ab.

Ich bemühte mich stets, gesellschaftlich aktiv zu sein, indem ich mich an schulischen und außerschulischen Einsätzen und Veranstaltungen aller Art beteiligte.

In der 1. Klasse trat ich in die Pionierorganisation Ernst Thälmann ein. In den ersten Jahren war ich Mitglied des Gruppenrates meiner Klasse, und von der 4. bis zur 7. Klasse arbeitete ich im Freundschaftsrat meiner Schule. Für diese Arbeit wurde ich 1983 zu einem fünfwöchigen Lehrgang in die Pionierrepublik „Wilhelm Pieck" delegiert.

Mitglied der FDJ bin ich seit 1984.

1985 erhielt ich die Jugendweihe.

In der POS arbeitete ich in der GOL als Kulturfunktionär und habe zahlreiche kulturelle Veranstaltungen organisiert. In der EOS war ich für die Ausgestaltung der Messe verantwortlich.

Neben meinen Aufgaben in der Schule und gesellschaftlichen Aktivitäten beteiligte ich mich an sehr unterschiedlichen Arbeitsgemeinschaften und Freizeitgruppen.

So war ich Mitglied einer Jugendtanzgruppe und nahm teil an Arbeitsgemeinschaften für Schwimmen und Geräteturnen. Um meine naturwissenschaftlichen Kenntnisse zu vertiefen, arbeitete ich in einer Gruppe junge Entomologen im Tierpark und besuchte Vorträge der Schülergesellschaft Biologie an der Humboldt-Universität zu Berlin.

Gleichzeitig interessiere ich mich für das kulturelle Geschehen. Ich lese sehr viel, besonders Gegenwartsliteratur, und gehe oft ins Theater oder Kino.

Da ich seit langem den Wunsch habe, in einer wissenschaftlichen Bibliothek zu arbeiten, bewarb ich mich für das Studienjahr 1989/90 um einen Studienplatz als wissenschaftlicher Bibliothekar an der „Fachschule für wissenschaftliche Information und wissenschaftliches Bibliothekswesen Berlin". Meine Studienbewerbung wurde abgelehnt. Da ich weiterhin den Wunsch habe, mich erneut um einen Studienplatz zu bewerben, möchte ich das dazwischenliegende Jahr nutzen, um mich durch praktische Tätigkeit auf das Studium vorzubereiten.

Berlin, den 29.6.89 *Henriette von Mühlsdorf*

Abschlußbeurteilung der Kollegin Henriette von Mühlsdorf, Berlin 1990

Kollegin von Mühlsdorf arbeitete seit dem 1. September 1989 in der Bibliothek der Hochschule für Finanzwirtschaft in der Abteilung Benutzung 2/Lesesäle.

Alle ihr übertragenen Aufgaben, insbesondere die Lesesaalaufsicht, erledigte sie umsichtig, ordentlich und gewissenhaft.

Sie hat ein ruhiges und zurückhaltendes Wesen und einen guten Kontakt zu den Kollegen und Lesern und zeichnet sich durch Freundlichkeit und Hilfsbereitschaft aus.

Dr. Frank Schubarth
Direktor

Lebenslauf, 1952

Ich, Heinrich Zimmer, bin geboren am 20.11.99 in Betz, Krs. Kolberg in Pommern. Meine Eltern hatten eine Landwirtschaft von 11 ha. Ich war der Älteste von 6 Geschwistern. Vom 6. – 14. Lebensjahr besuchte ich die Dorfschule in Betz und wurde aus der Oberstufe entlassen. Von da an arbeitete ich in der elterlichen Landwirtschaft. 1917 starb mein Vater und von da an hatte ich die Mutter und die 5 Geschwister zu ernähren. Von 1931 – 1933 war ich bei einer schlesischen Holzfirma und in verschiedenen landwirtschaftlichen Betrieben als Arbeiter tätig und ging von 1933 – 35 wieder in die elterliche Landwirtschaft. Von März 1935 – 5.1.36 bei der Postagentur Alt-Betz als Landzusteller. Am 6.1.36 wurde ich bei der Pommerschen Feuersozietät Stettin als Kassierer und Werber angenommen und hatte einen Bezirk von 20 Ortschaften zu betreuen. Nach dreimaliger Aufforderung durch die Hauptverwaltung der Sozietät trat ich 1938 der NSDAP als Mitglied bei, aus der ich 1943 wegen Meinungsverschiedenheit mit dem Ortsgruppenleiter wieder ausschied. Am 20.11.43 wurde ich zur Wehrmacht in Stettin (Landesschützen) gezogen. Nach der Ausbildung habe ich den Rückzug in Frankreich als Kradmelder bei einer KW Transportabteilung über Süddeutschland bis Tirol, wo unsere ganze Armee durch Kapitulation in Gefangenschaft ging, mitgemacht. Nach sechs Wochen vom Amerikaner entlassen, habe ich bis zum 9–9–45 in Pfauengrün in Oberfranken bei einem Bauern gearbeitet. Ging dann nach der damaligen Ostzone und fand meine Familie in Ruhlsdorf. Vom Herbst 1945 bis zum Frühjahr 1946 habe ich die Ausbeutung der Landarbeiter durch die Großbauern kennengelernt, indem ich bei verschiedenen Großbauern tätig war. 1946 – 1949 war ich Holzfäller bei der Gemeinde Ruhlsdorf. Vom 20.4.49 – 14.1.50 Landzusteller beim Zweigpostamt Ruhlsdorf. Nebenamtlich hatte ich seit 1948 die Gewerkschaft Land und Forst im Bezirk Schwerin organisiert und wurde am 15.1.50 bei derselben vom Kreissekretariat als hauptamtlicher Funktionär für den Bezirk Parchim mit 18 Landgemeinden eingestellt. Am 1.3.46 trat ich der SPD und nach dem Zusammenschluß der KPD und der SPD der SED bei und wurde 1951 überprüft und bekam meine Parteidokumente. Im FDGB bin ich seit 20.7.48 organisiert und gehöre dem Konsum seit dem Jahre 1947 und der DSF seit 1950 an.

Verheiratet bin ich seit dem 20.7.41 mit Charlotte Zimmer. Wir haben eine Tochter von 11 Jahren.

Vom Zentralvorstand der Gewerkschaft Land und Forst bin ich seit dem 15.8.52 in den neuen Kreis Anklam als Gebietssekretär versetzt und am 29.9.52 auf der stattgefundenen Gebietsdelegiertenkonferenz als solcher bestätigt. Ich habe 14 Tage Bezirksgewerkschaftsschule und 5 Wochen Kreisparteischule besucht.

Heinrich Zimmer

Arbeitsvertrag, 1959

Dieser Arbeitsvertrag wird abgeschlossen zwischen

Andreas Schulze

und

Zwickauer Maschinenfabrik

Mit diesem Arbeitsvertrag wird ein Arbeitsrechtsverhältnis in einem volkseigenen Betrieb begründet. Dieser Betrieb ist gesellschaftliches Eigentum und gehört allen Werktätigen. Die Arbeitsrechtsverhältnisse in diesem sozialistischen Betrieb sind daher Verhältnisse der kameradschaftlichen Zusammenarbeit und der sozialistischen gegenseitigen Hilfe der von Ausbeutung befreiten Werktätigen.

Aus diesem Arbeitsvertrag ergeben sich folgende Rechte und Pflichten:

§ 1

Andreas Schulze
nimmt am 5.1.1959 die Arbeit im Betrieb auf.

§ 2

Die Pflicht zur Einhaltung der sozialistischen Arbeitsdisziplin umfaßt:
a) pünktliches Erscheinen zur Arbeit und volle Ausnutzung des Arbeitstages,
b) gewissenhafte Befolgung der von der Betriebsleitung oder deren Vertreter gegebenen Anweisungen,
c) pünktliche und sorgfältige Durchführung erteilter Aufträge,
d) Schutz des sozialistischen Eigentums,
e) Beachtung der Vorschriften über Arbeitsschutz, Betriebshygiene und Brandschutz,
f) Einhaltung der Bestimmungen der Arbeitsordnung.

§ 3

Die Tätigkeit umfaßt die Arbeit als Maschinenschlosser in der Lohngruppe LL 5.

Bei Arbeit im Leistungsstücklohn wird der Leistungsgrundlohn in Höhe von DM 1,66 pro Stunde unter Berücksichtigung der Normerfüllung gezahlt.

§ 4

Der jährliche Erholungsurlaub beträgt 12 Arbeitstage.

§ 5

Alle Änderungen, die sich gegenüber den im Personalbogen gemachten Angaben ergeben sollten (z. B. Ausübung einer nebenberuflichen Tätigkeit, Wohnungswechsel), sind der Betriebsleitung unverzüglich schriftlich mitzuteilen.

§ 6

Über alle betrieblichen Angelegenheiten ist strengstes Stillschweigen zu bewahren, und zwar auch nach Beendigung des Arbeitsrechtsverhältnisses.

§ 7

Sollen Bestimmungen dieses Arbeitsvertrages geändert werden, so ist ein Änderungsvertrag abzuschließen.

§ 8

Das Arbeitsrechtsverhältnis kann durch Aufhebungsvertrag oder tägliche Kündigung mit einer Frist von 14 Tagen beendet werden. Im übrigen gelten die Bestimmungen der Verordnung über Kündigungsrecht vom 7. Juni 1951 (GBL. S. 550) und der Verordnung zur Änderung dieser Verordnung vom 17. Mai 1956 (GBL. S. 485).

.... Zwickau ...., den 5.1.1959

Andreas Schulze — *Möller*

....

Unterschrift — Unterschrift Leiter d. HA Arbeit

Zeugnis, Löbau 1952

Kollegin Helga Scholz
geb. am: 17.10.1932
wohnhaft in: Löbau, Bahnhofstr. 15

ist seit dem 1.9.1950 in unserer Vereinigung beschäftigt.

Sie wurde von diesem Tage an dem Kaufmännischen Direktor als Betriebsassistentin beigegeben. Sie besaß eine ausgezeichnete Auffassungsgabe und war stark interessiert, fachlich so viel als möglich Gutes in sich aufzunehmen.

Sie wurde nach einiger Zeit mit selbständigen Arbeiten betraut und erfüllte diese mit großer Genauig- und Gewissenhaftigkeit.

Nachdem sie alle Voraussetzungen besaß, wurde sie zu einem Lehrgang an der Finanzschule in Brandis delegiert. Diesen Lehrgang beendete sie mit gutem Erfolg und ihre Leistungen wurden mit als über dem Durchschnitt stehend bezeichnet.

Aufgrund ihrer guten Entwicklung wurde sie als 1. Buchhalterin in unserer Vereinigung eingesetzt und sie führte die Abschlußarbeiten selbständig durch.

Sie hat ihr Allgemeinwissen vergrößert und ist ohne weiteres in der Lage, nach kurzer Einarbeitung in einem Betrieb die Funktion einer Hauptbuchhalterin zu übernehmen.

Kollegin Helga Scholz scheidet infolge Auflösung unserer Vereinigung aus, und wir wünschen ihr für ihren weiteren Berufsweg besten Erfolg.

Albert Gausbach
Direktor

URKUNDE

Kollegin

Dr. Rita Pfütze

IST MITGLIED DES KOLLEKTIVS

der Sektion Mathematik

DAS FÜR HERVORRAGENDE LEISTUNGEN
BEIM AUFBAU DES SOZIALISMUS
UND BEI DER FESTIGUNG UND STÄRKUNG DER
DEUTSCHEN DEMOKRATISCHEN REPUBLIK
MIT DEM EHRENTITEL

KOLLEKTIV
DER SOZIALISTISCHEN ARBEIT

AUSGEZEICHNET WURDE

Ort Berlin am 12. Juni 1974

i. V.

Rektor

Universitäts-
gewerkschaftsleitung

a) Wettbewerbsverpflichtung, Berlin 1975 (Aus den Ausführungen des Meisters in der Brigadeversammlung)

Sacks: Zum sozialistischen Arbeiten unter der Losung: Aus jeder Mark, jeder Stunde Arbeitszeit, jedem Gramm Material einen größeren Nutzeffekt, führen wir den sozialistischen Wettbewerb zu Ehren des IX. Parteitages der Sozialistischen Einheitspartei Deutschlands. Zur Sicherung einer kontinuierlichen Produktion verpflichten wir uns per 31.1. 8,6% zum Jahresplan, per 31.3. 25,7% zum Jahresplan, per 30.6. 50% zum Jahresplan, per 31.12. 100% zum Jahresplan, für 1976 den Plan der Warenproduktion zu realisieren. Gemeinsam mit dem Kollektiv Alexander Puschkin stellen wir uns folgendes Ziel: den Jahresplan mit 100% zu erfüllen. Auf der Grundlage des Sortimentsplanes 3/76 bedeutet das eine Warenproduktion von 31.606.414,00 Mark. Alle Anstrengungen sind zu unternehmen, um bis zum IX. Parteitag der SED das Gütezeichen für die Silizium-Schaltdioden der Bauform B und L2 wiederzuerhalten. [...]

So, gibt es noch was zum sozialistischen Arbeiten? So, denn zu sozialistisch lernen. [...] Zur Festigung ideologischen Bewußtseins werden wir 10 Schulen der sozialistischen Arbeit mit einer Beteiligung von 100% der möglichen Kollektivmitglieder durchführen. Mit maximaler Beteiligung werden die Unterweisungen laut Themenplan der Zivilverteidigung weitergeführt. Die Mitglieder der Zivilverteidigung nehmen darüber hinaus an den Schulungen in ihren Stützpunkten teil. Die Gewerkschaftsfunktionäre und Mitglieder von Kommissionen gesellschaftlicher Organisationen verpflichten sich, an den festgelegten Schulungen teilzunehmen. Kollege Grote verpflichtet sich, das begonnene Fernstudium an der Humboldt-Universität fortzusetzen.

Koll. Voß verpflichtet sich, seine Weiterbildung als E-Mechaniker weiterzuführen.

Gibt es dazu irgendwelche Hinweise?

Wenn nicht, dann zum sozialistisch leben – 85% der in Frage kommenden Kollektivmitglieder konnten wir für freiwillige Zusatzrentenversicherung gewinnen. In der Solidaritätsbewegung, geht's mal bißchen ohne sich zu unterhalten, in der Solidaritätsbewegung verpflichten wir uns, 15% des monatlichen FDGB-Beitragsaufkommens dem Solidaritätskonto zu überweisen. Bei Demonstrationen stellen wir uns das Ziel, eine hohe Beteiligung zu erreichen. Zur sportlichen Betätigung stellen wir uns die Aufgabe, Kegelstunden zu organisieren und für die Beteiligung an der Betriebsolympiade zu werben. Zur Unterstützung der Sichtwerbung werden wir zu aktuellen Anlässen je eine Wandzeitung bestellen. Zur Unterstützung der Arbeit mit Schule und Elternhaus werden wir den bestehenden Patenschaftsvertrag mit der Klasse 6a der 5.Oberschule qualitativer gestalten. In der Arbeit der Vertiefung und Festigung der Freundschaft mit der Sowjetunion stellen wir uns das Ziel, Aufrechterhalten, Aufrechterhaltung der positiven Verbindung zum sowjetischen Kollektiv „Juri Gagarin“ und Berichterstattung im WF-Sender. [...]

Sozialistischer Wettbewerb '75
Aus jeder Mark,
jeder Stunde Arbeitszeit,
jedem Gramm Material
einen größeren
Nutzeffekt!

b) Gespräch am Arbeitsplatz, Berlin 1980

Christian: Hier ham wa n Zwischenblech. Da kommt eine fünfundreißiger Bohrung rein. So, un wenn du mich fragst, wat det sein soll, da würd ick dich enttäuschen. Det wissen wer nämlich nich.

Rolf: Kann n Abdeckblech sein.

Christian: Eine Bohrung, laut Zeichnung eine fünfundreißiger in die Mitte, mehr nich. Kann ick mir eigentlich nich vorstellen, wat det sein soll. Wenns mich doll intressieren würde, könnt ick ja mal fragen gehn da. Aber die Facharbeiter intressieren sich och nich dafür. Hauptsache dat Jeld stimmt, wa.

---

c) Monatsbericht, Berlin 1975

Stand der Planerfüllung

Zwar haben wir unseren Plan mit 100% erfüllt, aber sortimentsmäßig haben wir große Lieferrückstände auf Grund der verschiedenen Fehlteile. Noch immer ist die Situation der Scheibenfüße bei der kleinen Senderöhre nicht geklärt. Es wurden in diesem Monat verschiedene Versuche unter der Leitung einer Arbeitsgruppe durchgeführt. Wir hoffen, daß wir bald die zeichnungsgerechten Füße zur Verarbeitung bekommen, um die 3.550 Systeme ausliefern zu können.

Stand der Neuererarbeit

Im Neuererkollektiv überlegten wir angestrengt, wie wir unsere Zielstellung 40% Beteiligung an der Neuererbewegung erreichen können.

So kamen wir auf den Vorschlag, bei der kleinen Senderöhre das Anschweißen an Silberklammern wegfallen und das Kupferband versilbern zu lassen.

Dieser Vorschlag wurde von unserem Kollektiv eingereicht. Es sind 5 Kolleginnen daran beteiligt.

Solidarität

Unser Beitragsaufkommen beträgt 109,00 Mark. Solidaritätsspende 21,75 = 21,3%, zusätzlich spendeten wir in diesem Monat 88,50 Mark. Stand der Solidarität 48,3%.

Sozialistische Gemeinschaftsarbeit

In diesem Monat wurden die Wettbewerbsaufgaben festgelegt und vom Bereich verabschiedet. Zwei Koll. besuchten die Patenklasse und überbrachten Geschenke zur Auszeichnung der Zeugnisverteilung.

3 Koll. nahmen am Kegelsport teil. 1 Wandtafel wurde zum 30. Jahrestag von den Bereitstellern angefertigt.

Wir arbeiten nach persönlichen Plänen. 17 Koll. unseres Kollektivs sind daran beteiligt.

Am 20.2.75 führten wir unsere erste Schule d. soz. Arbeit in diesem Jahr durch.

Am 19.2. wurde unser Kollektiv zum 3. Mal ausgezeichnet.

Franz Frisch

d) Auszeichnung in der Neuererbewegung, Berlin 1985

3500 Ideen zum 35.

FDJ-Grundorganisation „Jenny Marx“

URKUNDE

Lieber Joachim Wagner!

Für Deine hervorragenden Leistungen im Ideenwettbewerb „3500 Ideen zum 35.“ zeichnet Dich die FDJ-Leitung mit dem Sonderpreis der FDJ

einer Reise in die ČSSR/ Česke Budejowice
in der Zeit vom 6.8. – 11.8.1985

aus.

Wir wünschen Dir weiterhin viel Erfolg in der Arbeit und im persönlichen Leben.

Freundschaft

Klose
FDJ-Sekretär

(Ausstellungsjournal Karigrafie '87)

e) Verpflichtungserklärung (Aus einem Brigadetagebuch, Halle 1988)

V e r p f l i c h t u n g
der Abteilung Stahlgießerei des Betriebsteiles III

Wir, die Werktätigen der Stahlgießerei des BT III stellen unsere Verpflichtungen unter die Losung:

„Hohe Leistungen zum Wohle des Volkes und für
den Frieden, alles für die Verwirklichung der
Beschlüsse des XI. Parteitages der SED.“

Verpflichtungen

- Teilnahme an 5 Sonderschichten
- Beteiligung am Ausbau der Putzerei sowie am Straßenbau
- Abgabe von 5 kg Altpapier (jeder Kollege)
- Kampf gegen Unfälle und Alkohol
- Koll. Sänger ist bereit, anderen Kollegen bei Um- und Ausbau von Wohnraum zu helfen (Maurerarbeiten)
- Einhaltung des AGB

(*Ausstellungsjournal Karigrafie '87*)

f) Gespräch zwischen 2 Meistern, Berlin 1975

Dörfel: Wir haben dies Jahr erst zweimal geeicht.

Sacks: Ja, das kommt dadurch, da Karl weg ist, denk ich.

Dörfel: Ja aber trotzdem. Verantwortlich würde ich sagn, is er selbst.

Sacks: Jawohl, dadurch, daß der Karl nicht da ist, geht keener eichen. Wen kann man nu damit beauftragen, solange wie der Karl nich da is?

Dörfel: Ja, ja ick würde sagn, erstmal Horst, wa, weil Martin müßte erst anjelernt werden. Dat werdn wir aber noch machn.

Sacks: Kann sein, Horst bestelln.

Dörfel: Denn dat jeht nich an. Wir habn dies Jahr zweimal geeicht mit n Koll. Karl. Ja, ja und wir sprechn von Qualitätsarbeit.

ERÖFFNUNG EINER POLIKLINIK
Berlin 1987

a) Konzeption zur Verleihung des Namens „Robert Koch" an die Poliklinik Franzenstraße vom 28.01.1987

Auf der Grundlage der Richtlinie zur Verleihung von Namen an Einrichtungen des Gesundheitswesens vom 23.09.1980 (Verfügungen und Mitteilungen des MfG Nr. 7 vom 29.11.1980) will das Kollektiv unserer Poliklinik den Kampf um die Verleihung des Ehrennamens „Robert Koch" aufnehmen.

Ich schlage folgende Konzeption zur Realisierung dieses Vorhabens vor:

1. Erarbeitung eines Verpflichtungsprogramms durch eine Arbeitsgruppe.
   T: 28.02.87
   V: OA Dr. Mais

   Vorschlag zur Zusammensetzung der Arbeitsgruppe:

   Leiter: OA Dr. Mais
   Oberin
   BGL-Vorsitzende
   FDJ-Sekretär
   Parteisekretär
   Ökonomischer Direktor

   Die Arbeitsgruppe legt das Verpflichtungsprogramm bis zum o. g. Termin der Leitung zur Bestätigung vor.

2. Die FDJ-Gruppe der Einrichtung hat bis September 1987 eine Materialsammlung zum Leben und Wirken Robert Kochs anzulegen und eine Ausstellung zu diesem Komplex vorzubereiten.

T: 30.09.87
V: FDJ-Sekretär
Unterstützung Parteileitung

3. Die wissenschaftliche Tagung, die anläßlich der Eröffnung der Poliklinik organisiert wird, sollte sich mindestens im Rahmen des Eröffnungsreferates mit Leben und Werk Robert Kochs und den sich daraus ergebenden Verpflichtungen für das Kollektiv der Poliklinik befassen.

T: Nov. 1987
V: AD

4. Die Verpflichtungen sowie ein Antrag auf Namensverleihung sollten bis März 1987 an die Stadtbezirksärztin übergeben werden.

Als Termin der Namensverleihung sollte der 11.12.1987 beantragt werden.

Baum
Ökonomischer Direktor

---

b) Brief des ärztlichen Direktors an die Stadtbezirksärztin

Rat des Stadtbezirks
Berlin-Marzahn
Abt. Gesundheits- u. Sozialwesen
Stadtbezirksarzt
Genn. Dr. Stolze

24.12.1987

Betr.: Eröffnung der Poliklinik Franzenstraße

Sehr geehrte Genossin Dr. Stolze!

Die Kollektive der Poliklinik haben sich mit großer Einsatzbereitschaft und Initiative den Aufgaben gestellt, die die Eröffnung der Poliklinik mit sich bringt. Ausgehend von den Beschlüssen und Hinweisen der 5. Tagung des ZK unserer Partei wurden sorgfältig alle Möglichkeiten geprüft, trotz aller noch bestehenden Schwierigkeiten die Arbeitsplätze in der neuen Poliklinik in zur Zeit möglicher Frist patientenwirksam zu machen. Dabei war die Festlegung der Kollektive, bereits am 4.1.88 die Arbeitsplätze des I. Bauabschnittes Innere Medizin, Allgemeinmedizin, Gynäkologie und Pädiatrie patientenwirksam werden zu lassen, von der Verantwortung getragen, die medizinische Grundbetreuung in unserem ständig wachsenden Stadtbezirk kontinuierlich zu verbessern. Diese kurzfristige Inbetriebnahme war nur möglich, weil in freiwilligen Einsätzen am Sonnabend, dem 12.12.87 und in vielen zusätzlichen Stunden an den Wochentagen alle Kollektive des Leitungsbereiches zusätzliche Aufgaben übernahmen.

Es ist uns als Kollektiv des Leitungsbereiches Poliklinik Franzenstraße ein besonderes Anliegen, diese frühzeitige Inbetriebnahme als weitere Initiative im Kampf um den Ehrennamen »Robert Koch« zu realisieren. Wir wollen mit den Anstrengungen um die Verwirklichung des Eröffnungstermins 4.1.1988 auch unsere Dankbarkeit und unsere Achtung zum Ausdruck bringen, die wir für die zielgerichtete Gesundheitspolitik unserer Partei und unseres Staates empfinden.

Im Bewußtsein, die materiellen und finanziellen Mittel, die zur gesundheitlichen Betreuung unserer Bürger im Rahmen des komplexen Wohnungsbaues bereitgestellt sind, kurzfristig auch betreuungswirksam werden zu lassen, schlagen wir vor, die feierliche Namensgebung am 29.1.1988 vorzunehmen. Die Feierlichkeit soll mit einem wissenschaftlichen Kurzprogramm und mit einer festlichen Abendveranstaltung in einer Clubgaststätte verbunden werden.

Ich gestatte mir, Sie in diesem Zusammenhang um Unterstützung bei der Terminstellung in einer Clubgaststätte zu bitten, da wir sicherlich aus eigenen Kräften so kurzfristig keinen entsprechenden Termin erhalten können.

Mit sozialistischem Gruß

MR Dr. Kunze
Ärztlicher Direktor

Aufforderung zur Installation von zwei Telefonanschlüssen

Kreiskrankenhaus
Kinderabteilung
Dr. med K. Bartscheerer
Stendal

An Abteilung Technik
z. Hd. Herrn Igel

10.12.87

Für die psychologischen Behandlungszimmer im Schwesternhaus werden ab Anfang Januar '88 dringend zwei Telefonanschlüsse benötigt. Die Anschlüsse sind notwendig, um die Behandlung und die Betreuung der Patienten zu gewährleisten.

Abteilung Psychologie

AUSZEICHNUNGEN

a) Antrag auf Prämiierung, Berlin 1966

Wir beantragen, unsere wiss. Assistentin Renate Altmann zum 7. Oktober mit einer Prämie in Höhe von 150,- MDN auszuzeichnen.

Kolln. Altmann arbeitet seit 1965 am romanistischen Institut, nachdem sie zuvor in der pädagogischen Praxis tätig war. Sie hat es schnell verstanden, den Übergang zur wissenschaftlichen Arbeit zu finden und an den Lehr- und Forschungsvorhaben der Abteilung für Romanistik teilzunehmen. Das ist um so höher zu bewerten, als Kolln. Renate Altmann auch außerordentlich belastende Institutsfunktionen übertragen wurden. Sie übernahm zusammen mit einem anderen Assistenten für ein Semester den Sekretariatsdienst und war danach für die organisatorisch-technische Vorbereitung und Durchführung der Staatsexamina verantwortlich. Besonders in der letzten Funktion hat Kolln. Altmann vorbildlich gearbeitet. Bei der Vielzahl unserer Studenten und der Mannigfaltigkeit ihrer Fachkombinationen ist die organisatorisch-technische Vorbereitung des Staatsexamens an unserem Institut eine schwierige und ungemein belastende Aufgabe. Da Kolln. Altmann neben ihrer sonstigen Arbeit in der Abteilung ihre verantwortungsvolle Institutsfunktion zur vollen Zufriedenheit der Institutsleitung ausgefüllt hat, beantragen wir für sie eine Prämie zum 7. Oktober 1966.

...... *Dr. Linke* ....
Gewerkschaftsvertrauensmann

.... *Prof. Ilsa* ....
kom. Institutsdirektor

---

b) Prämiierung

Berlin, den 7. Oktober 1966

Kollegen / Kollegin Renate Altmann
Romanistisches Institut

Werter Kollege/ Kollegin Renate Altmann

Mit berechtigtem Stolz blicken die Werktätigen der Deutschen Demokratischen Republik am 17. Jahrestag der Gründung des ersten deutschen Arbeiter- und Bauernstaates auf die in der Vergangenheit erzielten Arbeitsergebnisse zurück. Auch die Mitarbeiter unserer Universität haben durch ihre guten Leistungen in Lehre und Forschung sowie im Erziehungsprozeß und in der Patientenbetreuung den gesellschaftlichen Fortschritt in unserer Republik maßgeblich gefördert.

Ich danke Ihnen für die geleistete Arbeit und zeichne Sie in Anerkennung Ihrer persönlichen Leistungen mit einer Prämie in Höhe von

150,- MDN

aus.

Für die Zukunft wünsche ich Ihnen weitere Arbeitserfolge.

..... *Achtim* ....
Dekan

25 JAHRE DDR
TAG DES EISENBAHNERS
9. JUNI 1974

c) Antrag auf Auszeichnung als „Aktivist" an einer Hochschule, Berlin 1976

Prof. Dr. Hermann Sommer ist im Bereich Politische Ökonomie des Kapitalismus als Hochschullehrer tätig. Im Studienjahr 1975/76 amtierte Prof. Hermann Sommer sehr erfolgreich als Bereichsleiter. In dieser Zeit ist es ihm in politisch verantwortungsbewußter Weise durch großen persönlichen Einsatz gelungen, anstehende inhaltliche und wissenschaftsorganisatorische Probleme des Bereichs in Angriff zu nehmen und einer vorläufigen Lösung entgegenzuführen. So wurde unter seiner Leitung die Verantwortung der Lehrstühle sowie der Lehrkollektive für die Weiterentwicklung des wissenschaftlichen Lebens und für eine Erhöhung der Effektivität der Erziehungs- und Ausbildungsarbeit in intensiver Weise im Kreise der Hochschullehrer sowie im gesamten Bereichskollektiv neu diskutiert und ein Dokument, das Richtlinien für die zukünftige Arbeit beinhaltet, verabschiedet. In gleicher Weise wurde die weitere Zusammenarbeit mit dem Institut für wissenschaftlichen Kommunismus, vor allem in wissenschaftlichen Fragen, in Form eines vorbereiteten Vertrags zwischen beiden Institutionen neu fixiert und damit zu einem vorläufigen Abschluß gebracht.

Die besondere Aufmerksamkeit von Prof. Hermann Sommer galt der Festigung des Bereichskollektivs in politischer, wissenschaftlicher und kultureller Hinsicht, und eine Reihe von Aktivitäten ist auf seine Initiative zurückzuführen. Als Ganzes hat Prof. Herrmann Sommer als amtierender Bereichsleiter die gegenwärtige Arbeit des Bereichs Politische Ökonomie des Kapitalismus wesentlich beeinflußt und Grundlagen gelegt, die entscheidend sind für die zukünftige Arbeit.

URKUNDE

FÜR VORBILDLICHE
SOZIALISTISCHE ARBEIT
VERBUNDEN MIT
AKTIVER GESELLSCHAFTLICHER TÄTIGKEIT
WIRD

Kollegin
Dr. Rosemarie Walther

DER EHRENTITEL

AKTIVIST
DER SOZIALISTISCHEN ARBEIT

VERLIEHEN

Berlin, am 1. Mai 1974

Rektor

Universitäts-
gewerkschaftsleitung

3. „Sozialistisch lernen“

Schule der sozialistischen Arbeit (Protokoll, Berlin 1975)

Unser Thema der Schulung lautete
„Intensiv produzieren nutzt uns allen“

Als Gast nahm der Kollege Pfau an unserer Schulung teil.

Kollege Arnoldt erläuterte den Begriff „Intensivierung“, was verstehen wir darunter.

Durch eine intensiv erweiterte Reproduktion erhöht sich die Produktion durch wachsende Effektivität der lebendigen Arbeit.

Der Inhalt ist die ständige Steigerung der Arbeitsproduktivität.

Diese kann erfolgen, wenn wir die vorhandenen Produktionsanlagen und Gebäude besser nutzen und modernisieren, indem wir mit gleicher Anzahl Arbeitskräften mehr produzieren.

Die Hauptfaktoren der Intensivierung sind auch eine volle Ausnutzung der Arbeitszeit.

Die Erhöhung der Effektivität und Steigerung der AP setzt sich zusammen durch Arbeiten nach persönlichen Plänen, Wettbewerbsergebnisse, Neuererarbeit, Senkung der Ausschußfaktoren und gute Qualität durch Erhöhung der Garantieleistungen, durch rationelle planmäßige Instandhaltung von Produktionsmitteln.

So kann man durch Verbesserungen der Produktion billiger fertigen und aus eigener Kraft einen höheren Gewinn erzielen.

Ein entscheidender Faktor ist die Materialökonomie, d. h. bei der Herstellung unserer Erzeugnisse durch erhöhte Aufmerksamkeit und niedrigen Materialaufwand bei sinkenden Kosten eine hohe Qualität sowie einen großen Nutzen zu erreichen.

Dieses Thema war für uns alle sehr lehrreich.

An der Schulung nahmen 16 Kolleginnen und Kollegen teil.

Kai Muster

Zeitungsschau (Aus einem Brigadetagebuch, Berlin)

1. April 1960:

Walter Ulbricht sprach auf dem 8. Plenum des ZK der SED am Mittwoch über den Kampf der sozialistischen Staaten für den Überfluß an Fleisch, Fett, Milch und Eiern usw. und Erhöhung der Marktproduktion der Landwirtschaftlichen Produktionsgenossenschaften in der DDR.

In den meisten Dörfern sind alle Bauern der LPG beigetreten.

Nikita Chruschtschow besichtigte die Renault-Autowerke in Fluis. Er unterhielt sich mit den Arbeitern und erzählte ihnen, daß in Moskauer Werken 7 Stunden gearbeitet wird. Über die sozialen Einrichtungen befragt, sagte der sowjetische Ministerpräsident, daß die Krankenversorgung vom Staat bezahlt wird, während es in Frankreich eine 80 %ige Auslagenrückerstattung gibt.

<u>27. April 1960:</u>

Volkskammer tagte am Montag. Walter Ulbricht würdigte die geschichtliche Bedeutung der genossenschaftlichen Bewegung auf dem Lande und sagte, nun seien auch in der Landwirtschaft einheitl. sozial. Produktionsverhältnisse u. die Grundlage des Sozialismus geschaffen.

Am gestrigen 5. Verhandlungstage gegen Oberländer wurden seine Mordtaten im Kaukasus von Zeugen bestätigt. Sowjetische Kriegsgefangene wurden auf seinen Befehl in afrikanische Khaki-Uniformen gesteckt u. mußten ihre eigenen Kameraden erschießen.

<u>10. Juni 1960:</u>

USA verschleiern A-Gefahr nach dem Unglück auf ihrem Luftstützpunkt.

Toter Briefkasten wird von Grenzpolizei der BRD auf DDR-Gebiet geleert.

Autobahn Bln. – Rostock größtes Straßenbauvorhaben in der DDR.

V e r e i n b a r u n g
über die Aufnahme in die Kaderreserve der Nomenklatur des Generaldirektors des VEB Kombinat „Ernst Thälmann"

Auf der Grundlage des „Beschlusses des Sekretariats des Zentralkomitee der SED über die Arbeit mit den Kadern" vom 7. Juni 1977 und ausgehend von Ihren gezeigten gesellschaftlichen und fachlichen Leistungen nehme ich Sie,

Genosse *Herbert Hausmann* ....

mit Wirkung vom *01.02.1979* und sofortiger Verfügbarkeit in die Kaderreserve für die Funktion
.... Fachdirektor ....
auf.

Diese Vereinbarung verpflichtet Sie, Ihr Wissen und Können auf marxistisch-leninistischem und fachlichem Gebiet ständig zu vervollkommnen und zur planmäßigen Realisierung der von Partei und Regierung gestellten Ziele beizutragen.

Grundlage dafür bilden die in der Anlage zur Vereinbarung genannten marxistisch-leninistischen und fachlichen Weiterbildungsmaßnahmen und gesellschaftlichen Aufgaben.

Die Arbeit der Kaderreserve erfolgt auf der Grundlage der Nomenklaturordnung des VEB Kombinat „Ernst Thälmann" vom 01.09.1978.

Ein Rechtsanspruch auf die Übernahme der o. a. Nomenklaturfunktion besteht nicht.

Diese Vereinbarung ist nicht übertragbar. Sie ist im Falle der Aufhebung unaufgefordert zurückzugeben.

Karl-Marx-Stadt, den 1.2.1979

...... *Hausmann* ....
Reservekader

..... *Frank* ....
Fachdirektor bzw.
Betriebsdirektor

bestätigt: ...... *Kleemann* ....
Generaldirektor

DEUTSCHE DEMOKRATISCHE REPUBLIK

FACHARBEITERZEUGNIS

Name Glücklicher Vorname Gertrud

geboren am 11.7.1919 in Zwickau

hat die Prüfung als

Handelskaufmann

abgelegt.

GESAMTEINSCHÄTZUNG

Kollegin Glücklicher legte die Facharbeiterprüfung im Rahmen der Erwachsenenqualifizierung (Altkader) ab.
Rege Mitarbeit und eine parteiliche Auseinandersetzung mit den ökonomischen Problemen führten zu einem guten Lehrgangsergebnis.
Leider fehlt Kollegin Glücklicher die kaufmännische Handelspraxis.
Daraus resultiert auch das Gesamtprädikat »befriedigend«.

4. „Sozialistisch leben“

Aus der Wochenbesprechung beim Abteilungsleiter, Berlin 1976

(A = Abteilungsleiter; M_1 – M_3 = Meister)

A: Am 18.1. ist die Demonstration zu Ehren des Todestages Karl Liebknecht und Rosa Luxemburg. Wir hatten da orientiert, daß wir recht zahlreich dort erscheinen wollten. Und wie sieht's aus in den einzelnen Meisterbereichen? Wie wird die Beteiligung wahrscheinlich sein? – Frau M1?

M_1: Einige Kollegen habn sich bei mir bereit erklärt dazu, aber ein Teil wird mir da morgen noch Bescheid sagen.

A: Noch Bescheid sagn.

M_1: 100% kann ich es noch nicht sagen.

A: So, gut, wie schätzen Sie die Beteiligung ein? Prozentual?

M_1: Na, möcht sagen, 20%.

A: 20%, bei Grete?

M_2: Ja, auch so ungefähr.

A: Auch so, bei Karl?

M_3: Schätze so auf 25 – 30%. Ja also, hab alle andern anjesprochen, der eine is weg, der fährt gleich zum Geburtstag. Aber ik bin ja bloß n paar Mann da, aber ich bin ja bloß 8 Mann da bei mir.

A: Gut, also ich möcht noch mal erinnern, unser Stellplatz ist 8.45 Uhr Frankfurter Allee/Ecke Jungstraße. Dauert ja nicht lange.

M_1: U-Bahnhof Samariterstraße.

A: U-Bahnhof Samariterstraße, ja, aber dann in Richtung Frankfurter Allee aussteigen, also Richtung S-Bahnhof Frankfurter Allee aussteigen und dann zurücklaufen n Stück, ja, ist unmittelbar, ja, dauert ja auch nicht lange.

Brief der Brigade „Maxim Gorki“ an die Moskauer Patenbrigade, Berlin 1975

Liebe Genossin Anastasia!
Liebe Freunde!

Wir bitten um Entschuldigung, daß wir lange Zeit nichts von uns hören ließen. Wir danken Euch für die herzlichsten Grüße zum Jahreswechsel und hoffen, daß Ihr unsere Post im Dezember erhalten habt. Bei uns ist in den vergangenen Wochen des neuen Jahres viel geschehen, und deshalb waren wir etwas knapp mit der Zeit. Innerhalb unserer Abteilung fand eine Strukturveränderung statt, was auch Einfluß auf unsere Brigade nahm. Unser Aufgabengebiet ist größer und umfangreicher geworden und unsere Brigade hat sich stark verändert. 6 unserer Kolleginnen sind zur Unterstützung in ein anderes Kollektiv übergewechselt.

Vor zwei Wochen hatten wir Gelegenheit, mit einem Reporter des Zentralen Moskauer Fernsehens ein Interview zu führen. Es war der gleiche Reporter, der uns Ende Oktober schon einmal zu einem Interview gebeten hatte. Vielleicht hatten Mitglieder Eures Kollektivs Gelegenheit, diese Sendung zu sehen.

Wir sind erfreut, daß wir Gelegenheit haben, oft von unserer Verbindung zu sprechen und zu berichten. Wir sind der Meinung, daß die Arbeit in der Öffentlichkeit zur Festigung der Freundschaft zwischen unseren Völkern beiträgt.

Wir können Euch mit Stolz berichten, daß unser Werk für gute Leistungen am 21.1.74 mit der höchsten Auszeichnung der DDR, mit dem „Karl-Marx-Orden“, ausgezeichnet worden ist. Wir sind stolz, diesem hervorragendem Werkskollektiv anzugehören und durch unsere Leistungen mit dazu beigetragen zu haben, diesen Erfolg zu erreichen.

Besonders erfreut sind wir darüber, daß auch einige Kollegen unseres Werkes mit hohen staatlichen Auszeichnungen für ihre Leistungen geehrt wurden. 7 Kollegen wurden als „Verdienter Aktivist“ ausgezeichnet, 4 Kollegen mit der „Verdienstmedaille der DDR“, 1 Kollege mit dem Orden „Banner der Arbeit“.

Wir berichten heute mit großer Freude, daß wir als Brigade unseren Staatstitel „Kollektiv der sozialistischen Arbeit“ zum vierten Male mit Erfolg verteidigt haben. Darüber hinaus wurde unsere Brigade mit der Medaille für „Verdiente Leistungen im soz. Wettbewerb“ ausgezeichnet.

Als besonderen Höhepunkt in der Anerkennung unserer Leistungen berichten wir weiter, daß ich als Brigadeleiter mit weiteren Werktätigen Berlins mit dem „Karl-Marx-Orden“ geehrt wurde. Mit Stolz und Freude haben wir in Anerkennung unserer Leistungen diese hohen Auszeichnungen stellvertretend für viele erfolgreiche Werktätige und Kollektive entgegengenommen.

Wir möchten vorerst auf diesem Wege auch Euch für den guten Kontakt danken, denn auch unsere Verbindung hat mit dazu beigetragen, diese Leistungen zu vollbringen. Die Freundschaft mit Euch und allen Bürgern Eures Landes wird immer mehr zur Herzenssache unserer Werktätigen und der Anteil der sozialistischen Integration wird immer größer, so arbeiten wir z. B. seit 1973 nach der Basow-Methode, die sich auch in unserem Werk und in anderen Werken weiter verbreitet. Wir haben in unserer Post von Dezember berichtet, daß wir Beratungen aufnehmen zwecks Durchsetzung einer Einladung Eures Kollektivs. Unser Vorschlag hat Anklang gefunden und wir hoffen, daß alles den richtigen Weg geht und wir unsere Kontaktfestigung in Berlin fortsetzen können.

Ich persönlich habe den Wunsch, noch in diesem Jahr nach Moskau zu kommen, um die Gelegenheit wahrnehmen zu können, mit Euch einige Stunden der Freizeit zu verbringen und Gespräche über die weitere Festigung unserer Freundschaft zwischen den Kollektiven zu führen. Wir sollten uns Gedanken darüber machen, inwieweit wir gemeinsamen Kontakt zwischen anderen Kollektiven herstellen können. Wir hatten diese Frage schon in anderen Briefen von uns angeschnitten. Wir wollen hoffen, daß unsere Wünsche und Zielstellungen zu vollem Erfolg führen, und wir mit diesem Erfolg zur Festigung unserer Freundschaft beitragen. Dies, denken wir, wird ein Beitrag zur Belebung des Freundschaftsvertrages zwischen unseren Werken.

Für heute haben wir (denken wir) einiges nachgeholt, was zu berichten war, und so wünschen wir Euch für die Aufgaben 1976 vollen Erfolg bei der Erfüllung Eurer Zielstellung.

Mit dem Herzenswunsch der Festigung der Freundschaft
zwischen unseren Völkern und unseren Kollektiven
grüßen wir Euch mit

FREUNDSCHAFT

Euer Kollektiv „Maxim Gorki“
Seidel

ARBEITSDISZIPLIN

a) Aus der „Wochenbesprechung“ beim Abteilungsleiter, Berlin 1976

(A: Abteilungsleiter, M_1 – M_3: Meister)

A: Die VP hat an nem Betrieb eine Information gegeben, die einer Analyse entspringt, zwar gehts um Arbeitsbummelei. Man hat festgestellt, daß ne für sich, für uns anfürsich nicht unbekannte Folgeerscheinung der Arbeitsbummelei kriminelle Handlungen sind.

Wissen Se, wenn ich so mal rundblicke von Leu-, auf Leute, die ich so kenne, die kriminelle Handlungen begangen habn, würd ich sagen, stimmt fast, würde das zumindest nicht anzweifeln. Daraus resultiert eine Festlegung des Werkleiters – daß im verstärkten Maße Krankenbesuche durchzuführen sind.

Die Krankenbesuche selbstverständlich erst nach dem ominösen dritten Tag. Der jeweilige Leiter legt den Zeitpunkt des Krankenbesuches fest. Dazu muß ich sagen, man kennt ja seine Schäfchen, nich? Es ist der überwiegende Anteil unserer Kolleginnen, ich möchte sagen mindestens 95%, bei dem man keine Krankenbesuche bei uns machen bräuchte. Würde sagen, sind alle zuverlässig, aber hin und wieder is jemand dabei. Wir brauchen das bei uns nicht überbewerten – ich würde da niemand sehen. Wir hatten in der Vergangenheit natürlich solche Sachen – na

M_1: Der Kollege Nüring ist seit vergangner Woche Mittwoch nicht mehr erschienen, hat sich nicht gemeldet, ist bei euch etwas bekannt?

A: Mir ist nichts bekannt, der wohnt ja in der Taiga draußen, ja das wirklich Taiga... Grünhagen, das ist sehr schwer für uns zu erreichen.

M_2: (zu A) Wochenendaufgabe, Kollege Arich.

(alle lachen)

M_2: Sie wohnen am nächsten dran. 3 Kilometer weg.

A: Wenn Sie meine Wochenendbeschäftigung kennen würden oder die letzten Wochenendbeschäftigungen kennen würden...

M_2: Verdauungsspaziergang nach dem Mittagessen.

A: Ja, wir wolln auch das nicht überbewerten. Ich würde auch den Kollegen Nüring nicht zu diesem Personenkreis zählen. – (A zu M_1) – Sie haben die Augenbraue so hochgezogen, als ich das sagte.

M_1: Ja?

A: Ich nehm das erstmal zur Kenntnis, und wir könn im Moment sicherlich nichts machen.

M_3: Wobei wir unter diesem Aspekt die Kollegn nicht aufzusuchen brauchen, das ham wir nicht nötig, aber ich bin der Meinung, daß wir trotzdem unsere Krankenbesuche auch wieder verstärken sollten, nämlich s kommn von Kollegen Hinweise, daß zum Beispiel die Kollegin Frosch zehnte Woche lang krank ist und sie offiziell –

A: Wir brauchen nicht darüber zu diskutieren, über die Krankenbesuche in Form einer freundlichen, höflichen, netten und kollegialen Geste. Ich verstehe darunter die Krankenbesuche, so möchte ich das verstanden wissen, wo es erforderlich ist, jemand an seinen Arbeitsvertrag zu erinnern, wenn der nämlich nicht krank is. Ich hatte dieses ominöse Beispiel mal genannt. Ich hab mal nachts in der Bar eine Kollegin getroffen, die schwer leidend, schwer krank war. Dis war so nachts um einse rum. Die war am nächsten Tag gesund. Ich weiß nich, wie sie das geschafft hat. Is ging unendlich schnell.

M_2: Ist der Schreck ins Rheuma jefahren.

A: Ich brauchte keinen Tag, nee einen Tag, also da war noch ein Tag dazwischen, wo se wahrscheinlich ganz schnell zum Arzt gewetzt ist, hat sich gesundschreiben lassen.

---

b) Aussprache mit Kollegin Sattler (Aus einem Brigadetagebuch, Berlin 1975)

Nachdem die Aussprache mit unserer Kollegin Sattler ohne Erfolg war, hatten wir den FDJ-Sekretär, Koll. Moll, zu einer Aussprache in Anwesenheit vom Vertrauensmann, Koll. Schenk und Meister Marx geholt.

Anhand der Unterlagen über das Zu-Spät-Kommen erläuterte Kollege Graf dem Kollegen Rumpf diesen Zustand und daß diese schlechte Arbeitsmoral auf die Dauer nicht zu vertreten sei.

Kollege Barz verwies nochmals darauf, daß mit Kollegin Sattler schon mehrere Aussprachen im Kollektiv geführt wurden. Auf die Frage, ob ihre Mutter sie nicht weckt, erfuhren wir, daß die Mutter ihren eigenen Lebensweg geht. Kollege Barz forderte Kollegin Sattler nochmals auf, ihre Arbeitsmoral zu verbessern, um somit ein vollwertiges Mitglied im Kollektiv zu sein.

---

c) Unliebsames Vorkommnis in der Brigade (Aus einem Brigadetagebuch, Halle 1987)

Am 20.6.1987 wurden die Kollektivmitglieder

Kolln. Müller und
Koll. Frisch

bei Alkoholgenuß während der Arbeitszeit ertappt. Zur Rede gestellt, erklärten beide, von dem Nichtkollektivmitglied, Koll. Häuser, zum Alkoholmißbrauch animiert worden zu sein. Der Alkoholmißbrauch war für den Kollegen Schaf Anlaß, die Kollegen des Betriebes zu verweisen.
Am darauffolgenden Tage führte der Kollege Schaf gegen die vorstehend genannten Kollegen ein Disziplinarverfahren durch, im Verlauf dessen eingehend auf den Verstoß gegen die gesetzlichen Bestimmungen und das kollektivschädliche Verhalten eingegangen wurde.

Abgesehen vom gesetzlichen Alkoholverbot während der Arbeitszeit wertete der Kollege Schaf das Vorkommnis um so verwerflicher, als von allen Kollektivmitgliedern beispielgebendes, vorbildhaftes Verhalten erwartet wird.

Aus dem Verlauf des Disziplinarverfahrens war zu erkennen, daß die Kollegen ihr verwerfliches Verhalten eingesehen und das Kollektiv um Verzeihung gebeten haben. Es war der Eindruck zu gewinnen, daß dies Ausdruck innerer Überzeugung war. Trotz allem sah sich der Disziplinarbefugte, der Kollege Schaf, veranlaßt, den Kollektivmitgliedern, Kollegin Müller und Kollegen Frisch, je einen strengen Verweis auszusprechen.

Damit müßten die Voraussetzungen geschaffen sein, daß für die übrigen Kollektivmitglieder Benachteiligungen in der Kollektivarbeit und Einschätzung nicht eintreten.

Wegen anschließender und seit dieser Zeit fortbestehender Arbeitsbummelei des Kollegen Frisch wurde dieser aus dem Kollektiv ausgeschlossen.

Schaf, 18.7.1987
BT-Leiter

---

d) Stellungnahme der Kollegin Müller (Aus einem Brigadetagebuch, Halle 1988)

Ich bin seid 1965 in unserem Kombinat beschäftigt und nach so vielen Jahren, möchte ich meinem Betrieb nicht wechseln müssen.

Ich habe meine Arbeitspflichten gröblichst verletzt und damit habe ich mich entschlossen, daß ich weder Alkohol mit in den Betrieb bringe und weder noch zu mir nehmen werde.

H. Müller

GEMEINSAME ERLEBNISSE

a) Brigadetreffen (Aus einem Brigadetagebuch, Halle 1987)

Im Rahmen der Jahresabschlußfeier unseres Betriebsteiles in der „Gaststätte am Ring“ am 29. 11. 86 trafen sich auch die Mitglieder unserer sozialistischen Brigade. Es ist schon eine alte Tradition geworden, daß zu dieser Feier auch die Ehegatten eingeladen werden. So ergaben sich nach einem reichlichen Abendessen bei Musik und Tanz viele Gelegenheiten zu persönlichen Gesprächen, die auch über betriebliche Belange hinausgingen und dazu beitrugen, Bekanntschaften zu festigen und die bei den Ehepartnern das Gefühl hinterlassen haben, nicht abseits zu stehen, sondern in ein festgewachsenes Kollektiv mit einbezogen zu werden!

Alle Anwesenden waren sich darüber einig, daß es ein gelungener Abend war.

Ch. Stumpf

b) Brief eines Schriftstellers an die Brigade „Vietnam“

G. J.
(Schriftsteller) Berlin, den 30.11.75

Kollektiv »Vietnam«
VEB Werk für »Berlin-Chemie«

Liebe Kolleginnen und Kollegen der Brigade »Vietnam«!

Zunächst möchte ich der Hoffnung Ausdruck geben, daß Sie eine schöne, harmonische Jahresabschlußfeier hatten. Sicher konnten Sie im offiziellen Teil mit berechtigtem Stolz auf Produktionserfolge verweisen, und es haben sich sicher für Sie, logischerweise, auch einige fröhliche Stunden des Beisammenseins ergeben.

Fest entschlossen war ich, an dieser - vielleicht darf ich sagen ›unserer‹ - Feier teilzunehmen. Deshalb ja auch mein Brief im Nachhinein, da ich bis zuletzt annahm, daß ich es noch schaffen könnte. Aber es ist nun mal so: bei einem Schriftsteller drängen sich die terminlichen Verpflichtungen zum Jahresende hin so stark, daß man eben nicht alles tun kann, was man gerne möchte. Wie gesagt, ich bedauere es sehr und hoffe nur, daß Ihnen mein Fernbleiben nicht allzu arg auf die Stimmung gegangen ist und daß unsere Verbindung auch im kommenden Jahr ungetrübt bleiben möge.

Das Hörspiel, das ich Ihnen beim letzten Mal, jedenfalls in Auszügen, las, geht der Vollendung entgegen. Wenn ein Sendetermin bekannt ist, werde ich Ihnen Nachricht geben.

Für heute bleibt mir nur noch, Ihnen allen ein geruhsames Weihnachtsfest und einen beschwingten Übergang in das Jahr 1976 zu wünschen.

Ihr
gez. G. J.

---

c) Silberhochzeit in der Brigade (Aus einem Brigadetagebuch)

Am 3. Mai 1983 feierte unser Kollege Klaus Kloß seine Silberhochzeit. Schnell hatte sich dieser Tag in unserer Brigade herumgesprochen und waren einige Kollegen mit der „Sammelbüchse“ unterwegs, um für unseren Kollegen ein kleines Geschenk kaufen zu können.

Der „Ertrag“ war gut, und so konnten wir ihm 6 Stück schöne Kristall-Whisky-Gläser und ein kunstgewerbliches Holzkörbchen übergeben.

Mit Blumen und Geschenken bewaffnet und mit den herzlichsten Glückwünschen der Kolleginnen und Kollegen versehen, unternahmen der Kollege Pulske und der Kollege Schaf im Namen des Kollektives die Gratulationsrunde. Bei Kaffee und Kuchen verging die Zeit in fröhlicher Runde schnell und alle freuen sich schon auf die „Goldene“.

Halle, den 4. Mai 1983

d) „Sport frei!“ (Aus einem Brigadetagebuch, Halle 1982)

Teilnehmerkarte

BSG Empor Halle

Zur Erinnerung an den Meilenlauf bei der BSG Empor Halle zu Ehren des Deutschen Turn- und Sportfestes 1983 in Leipzig

Sport frei !

hieß es am Sonnabend, dem 4. 9. 1982 für die Beschäftigten des Stammbetriebes des Kombinates auf dem Sportplatz der BSG Empor am Taubenberg.

Bei herrlichem Sonnenschein fanden sich die Teilnehmer aus verschiedenen Betriebsteilen ein, um gemeinsam etwas für die körperliche Fitnis zu tun. Die allgemeine Stimmung hob sich schon bei Beginn der Veranstaltung. Eine kurze Massengymnastik zeigte doch diesem und jenem, wo die kleinen Fettpölsterchen wachsen. Dann wurde mit Kind und Kegel der Meilenlauf in Angriff genommen.

Rührige Organisatoren hatten die Sportstätten für den Erwerb des Sportabzeichens vorbildlich hergerichtet und standen den Sportlern bei der Durchführung der einzelnen Übungen mit Rat und Tat zur Seite. Sogar die Jüngsten hatten große Freude am Eierlaufen, Sackhüpfen und Ballwerfen. Mit Süßigkeiten und kleinen Andenken wurde Kondition und Laune der Kleinsten gesteigert. Bei den Großen taten dieses Bockwurst und Freibier. Jeder bemühte sich aus Leibeskräften beim

60 m-Lauf
Kugelstoßen
Korbballzielwurf
Slalomlauf
und Schießen

einen der für seine Altersklasse ausgesetzten Preise zu erringen. Sogar Schützenkönig und -königin wurden ermittelt.

Den Abschluß der Veranstaltung bildete das Endspiel im Fußball zwischen den Bereichen Gießerei und Kombinatsleitung. Dank fremder Unterstützung ließ sich die Kombinatsleitung jedoch den 1. Platz nicht streitig machen. Die Kollegen der Bereiche II und IV haben mit viel Einsatz und Spielfreude einen hervorragenden 2. Platz im Fußballturnier belegt. Mit Siegerehrung und Eintopfessen fand dann ein gelungener Sonnabendvormittag seinen Ausklang.

5. „Auf, auf zum Kampf, zum Kampf ...“

Aus dem Wehrdienstgesetz vom 24. Januar 1962

Erster Abschnitt

Allgemeine Bestimmungen

§ 1
Allgemeine Wehrpflicht

(1) Zur Erfüllung der ehrenvollen nationalen Pflicht, das Vaterland und die Errungenschaften der Werktätigen zu schützen, wird entsprechend dem Willen und der Entschlossenheit der Bürger der Deutschen Demokratischen Republik zur Verteidigung der sozialistischen Heimat die allgemeine Wehrpflicht eingeführt.

(2) Das Recht, den Dienst in der Nationalen Volksarmee freiwillig abzuleisten, bleibt unberührt. Die Vorschriften dieses Gesetzes finden entsprechende Anwendung, soweit nicht gesetzliche Bestimmungen eine andere Regelung vorsehen.

§ 3
Wehrpflichtige Bürger

(1) Die Wehrpflicht erstreckt sich auf die männlichen Bürger der Deutschen Demokratischen Republik vom 18. bis zum vollendeten 50. Lebensjahr. Bei Offizieren endet sie mit der Vollendung des 60. Lebensjahres.

Sechster Abschnitt

Straf-, Ordnungsstraf- und Schlußbemerkungen

§ 32
Strafbestimmungen

(2) Wer vorsätzlich dem Einberufungsbefehl zur Ableistung des Wehrdienstes nicht oder nicht pünktlich Folge leistet oder sich dem Dienstantritt zur Ableistung des Wehrdienstes entzieht, wird mit Freiheitsstrafe bis zu fünf Jahren bestraft.

(3) der Versuch ist strafbar.

Antrag auf Ableistung des Wehrdienstes ohne Waffe

Mühlhausen, den 8.3.1973

Antrag

Ich stelle hiermit den Antrag auf eine Ableistung des Wehrdienstes ohne Waffen, gemäß den bestehenden gesetzlichen Regelungen der Deutschen Demokratischen Republik.

Aus Gründen, die ich mit meinem Gewissen nicht verantworten kann, lehne ich den Dienst mit der Waffe ab, um so dem sozialen Aufbau zu dienen, den ich für zweckmäßiger halte.

Achim Richter

Aufruf zum sozialen Friedensdienst, Dresden 1981

Lieber Freund!

Wir suchen weiter nach Wegen zum Frieden. Die „Ehrfurcht vor dem Leben" gebietet uns, Frieden zu schaffen ohne Waffen und uns für das bedrohte Leben einzusetzen.

Uns bedrängt die immer weiter wachsende Rüstung im Westen und im Osten. Uns bedrängt das immer mehr zunehmende Gewicht des Militärischen in unserer Gesellschaft. Uns bedrängen auf der anderen Seite ebenso die sozialen Mängelerscheinungen, dort wo es um die Kranken, die körperlich und geistig Geschädigten, die Alten in Alters- und Pflegeheimen, die Suchtgefährdeten und auch um die Wiedereingliederung von Strafentlassenen geht. Auf diesen Gebieten fehlt es ja erheblich an Arbeitskräften.

Diesem Mangel wäre zum Teil schon mit Hilfskräften abzuhelfen, die ihren guten Willen und Menschlichkeit mitbringen. Die qualifizierten Arbeitskräfte könnten sich ihren eigentlichen Aufgaben voll widmen.

Wir haben uns am 25. 4. und 9. 5. 1981 in Dresden getroffen und an der seit einem halben Jahr diskutierten Initiative „Sozialer Friedensdienst" (SoFd) weiter gearbeitet.

Der überarbeitete Text liegt hier vor. Unsere Initiative will ein konkreter Beitrag sein, Frieden einzuüben, und gleichzeitig denen in unserer Gesellschaft zugute kommen, die Hilfe am dringendsten brauchen.

Sozialer Friedensdienst

Die Volkskammer der DDR möge beschließen:

1. Als gleichberechtigte Alternative zu Wehrdienst und Wehrersatzdienst wird ein Sozialer Friedensdienst (SoFd) eingerichtet. Die Erfassung, Musterung und Einberufung dazu erfolgt dem Wehrdienst entsprechend. Das Gesetz über die allgemeine Wehrpflicht vom 24. 1. 1962 mit den dazu erlassenen Folgebestimmungen ist dahingehend zu ändern.
2. Der SoFd-Leistende wird zu einer 24monatigen Dienstzeit verpflichtet
   – als zeichenhafte Vorgabe seines Friedenswillens
   – als Schwelle für „Drückeberger".

3. Der SoFd-Leistende genießt die gleichen Rechte wie der Wehrdienst-Leistende (z. B. Versicherung, Entlohnung, Urlaub, Erhalt des früheren Arbeitsplatzes).

4. Eine Kasernierung in Wohnheimen kann vorgesehen werden, um einseitigen „Heimschlafvorteil" zu vermeiden.

5. Es erfolgt eine Grundausbildung in Erster Hilfe und Katastrophenschutz.

6. Der SoFd-Leistende erhält regelmäßig politischen Unterricht mit den besonderen Schwerpunkten: Friedenssicherung, Abrüstung, gewaltfreie Konfliktbewältigung.

7.1. Der Einsatz von SoFd-Leistenden an sozialen Schwerpunkten:
- Heimbetreuung (Kinderheime, Altersheime, Pflegeheime, Heime für körperlich und geistig Behinderte)
- Krankenhaus-Hilfsdienst
- Sozialfürsorge (Suchtkranke, Jugendhilfe, Resozialisierung)
- Volkssolidarität
- Der Bereich Umweltschutz ist daraufhin zu prüfen.

7.2. Die Zielsetzung dabei ist
- Entlastung der Fachkräfte für ihre eigentlichen Aufgaben
- Entlastung von Familienvätern und -müttern von Nacht- und Wochenenddienst.

Wenn Du Dir diese Initiative zu eigen machen kannst,
sprich mit Deinen Freunden darüber –
schreibe bis zum 1. September 1981 (Weltfriedenstag) an die Synode der Kirche, in deren Bereich Du wohnst.

Es kommt auf Dich, wie auf jeden einzelnen an!

Dresden, am 9. 5. 1981

Im Namen der Initiativgruppe

(gez.) *Stenzel* (gez.) *Klare* (gez.) *Frey*

WEHRDIENST UND FRAUEN

a) Aus dem Wehrdienstgesetz vom 25. März 1982

I. Abschnitt
Allgemeine Bestimmungen

§ 1

Grundlegende Bestimmungen über den Wehrdienst

(1) Durch den Wehrdienst sichert die Deutsche Demokratische Republik ihren Bürgern die Wahrnehmung ihres Rechtes und die Erfüllung ihrer Ehrenpflicht, den Frieden und das sozialistische Vaterland und seine Errungenschaften zu schützen.

§ 3

Pflicht zum Wehrdienst

(3) Während der Mobilmachung und im Verteidigungszustand können weibliche Bürger der Deutschen Demokratischen Republik vom 18. Lebensjahr an bis zum 31. Dezember des Jahres, in dem sie das 50. Lebensjahr vollenden, in die allgemeine Wehrpflicht einbezogen werden. Das gilt für die Vorbereitung der Mobilmachung und des Verteidigungszustandes entsprechend, soweit dazu in diesem Gesetz etwas festgelegt ist.

---

b) Eingabe an die Volkskammer der DDR

Claudia Reiter
1100 Berlin
Saefkow-Platz 17

Berlin, den 28.4.1982

E I N G A B E an die Volkskammer der DDR

An die gewählten Vertreter des Volkes

Ich fühle mich durch Sie nicht vertreten, die für mich beschlossen, daß auf Grund des am 25. März 1982 beschlossenen Gesetzes über den Wehrdienst in der DDR, nun auch ich, ein weiblicher Bürger, Frau und Mutter, der Pflicht zum Wehrdienst unterliege.

In der Wehrgesetzgebung der DDR von 1962 betraf dieses noch ausschließlich die männlichen Bürger.

Der Grund für die Einführung dieser Neuerung zwanzig Jahre später nach Entspannungspolitik, Helsinki, allgemeiner Anerkennung der Friedenspolitik der DDR, bleibt mir verschlossen.

Im Angesicht der Bedrohung des Lebens durch einen atomaren Krieg, der eine Katastrophe für unseren Planeten werden würde, kann ich diese Verschärfung auch nicht als einen Schritt zur Abwendung dieser

Gefahr sehen. Ich frage mich, warum nun auch die Frauen, die Mütter der Soldaten und Mütter ihrer Kinder, in diesem schrecklichen Ernstfall „Soldaten“ werden sollen?

Bisher war man wohl davon überzeugt, daß die Frauen auch im zivilen Bereich in einem solchen Fall genug Aufgaben hätten, nicht nur die Männer zu ersetzen, sondern auch die Familien aufrechtzuerhalten. Ich sehe es wie Sie: In einem nächsten Krieg, in dem Atombomben alles Leben vernichten werden, braucht man keine Mütter mehr.

> Doch wozu dann Soldaten und Soldatinnen?
> Wen sollen sie schützen, ein unbewohnbares Land?

Da ich auf meine Fragen keine Antwort finden kann, muß ich Ihnen mein Unverständnis, und da ich erst bei dem Beschluß des Gesetzes davon Kenntnis erhielt, meine Ablehnung bekunden.

Beim Nachdenken über eine Möglichkeit, den Rüstungswahnsinn zu beenden, der sich als das Haupthindernis der Schaffung eines dauerhaften Friedens ohne die atomare Bedrohung darstellt, erinnere ich mich an einen Ritus der Kindheit:

> Wenn zwei sich stritten, wer nun aufhört mit dem Streit, muß der eine die letzte Ohrfeige einstecken – und dann die Hand reichen und sagen: – Frieden!

Kinder wissen es nicht, doch sie fühlen, wann der Streit anfängt, die Kräfte zu verzehren, wann die Verletzungen so tief werden, daß der Streit kaum noch zu beenden wäre. Für unsere Kinder, die zukünftigen Soldaten und Soldatinnen, für uns alle, möchte ich klug sein und Kind werden, meine Hand nicht erheben zum vielleicht letzten Schlag.

Claudia Reiter

(Durchschlag an das ZK der SED)

---

c) Antwort des Ministerrates

Ministerrat
der Deutschen Demokratischen Republik
Ministerium für Nationale Verteidigung
Sekretariat des Ministers
AG Eingaben und Beschwerden

Straußberg, den 21.05.1982

Frau
Claudia Reiter
1100 Berlin
Seafkow-Platz 17

Werte Frau Reiter!

Die Volkskammer der DDR sandte Ihre Eingabe vom 28.04.82 an das Ministerium für Nationale Verteidigung mit dem Auftrag, sie zu beantworten.

Das Bestreben unserer Politik ist darauf gerichtet, den Frieden mit aller Kraft zu sichern. Diesem Ziel dient auch das Wehrdienstgesetz vom 25.03.1982.

Ergeben sich jedoch für unseren Staat infolge imperialistischer Drohpolitik gefährliche Situationen, dann ist es notwendig, alle Kräfte für die Landesverteidigung zu mobilisieren. Deshalb gelten während der Mobilmachung und im Verteidigungszustand auch für weibliche Bürger besondere Regelungen.

Würde es notwendig, können nach § 3, Abs. 5 des Wehrdienstgesetzes weibliche Bürger während der Mobilmachung und im Verteidigungszustand vom 18. Lebensjahr an bis zum 31. Dezember des Jahres, in dem sie das 50. Lebensjahr vollenden, in die allgemeine Wehrpflicht einbezogen werden. Schon auf der Grundlage des Wehrdienstgesetzes vom 24. Januar 1962 konnten im Verteidigungszustand diensttaugliche Frauen der gleichen Altersgruppen für einen Dienst in der NVA verpflichtet werden.

Die im § 3, Abs. 5 des Wehrdienstgesetzes gebrauchte Formulierung „können in die allgemeine Wehrpflicht einbezogen werden“ bedeutet, daß das Frauen betrifft, deren Hilfe aufgrund ihres Wissens und Könnens während der Mobilmachung und im Verteidigungszustand benötigt wird. Dabei ist auch zu beachten, daß dem Einsatz von Frauen – ihre psychischen Voraussetzungen berücksichtigend – natürliche Grenzen gesetzt sind. Viele Funktionen können aber auch ohne weiteres von ihnen ausgeübt werden, wie z.B. in der medizinischen Betreuung, im Nachrichtenwesen oder im administrativen Dienst. In diesen Funktionen leistet heute schon eine Anzahl weiblicher Bürger freiwilligen Wehrdienst.

Diese Regelungen tragen dem Engagement einer Vielzahl von Frauen, in für unseren Staat bedrohlichen Situationen einen größeren Beitrag für die Landesverteidigung als in Friedenszeiten zu leisten, Rechnung.

Hierin äußert sich auch zugleich die Verwirklichung des in der Verfassung verankerten Grundrechtes der Gleichberechtigung der Frau.

Hochachtungsvoll

Lech
Oberst

BEI DER „FAHNE“

a) Bereitschaftserklärung

WIR WERDEN UNSEREN
ARBEITER – UND – BAUERN – STAAT
ZU SCHÜTZEN WISSEN !

B E R E I T S C H A F T S E R K L Ä R U N G

des Jugendfreundes *Hoffman.* (Name) *Michael* (Vorname) *30.4.1941* (geb.)

wohnhaft in *Berlin-Baumschulenweg Mosischstr. 3*

Betrieb *VEB WF. Treptow* Tätigkeit *FDJ - Sekretär*

In der Erkenntnis, daß es erforderlich ist, unsere Arbeiter-und Bauern-Macht zu stärken und die sozialistischen Errungenschaften der Werktätigen der DDR zu erhalten und weiter zu festigen, gebe ich hiermit die Bereitschaftserklärung ab, nach Ablegung der Facharbeiterprüfung bzw. nach Erreichung des Alters mindestens *2* Jahre Dienst in den bewaffneten Organen der DDR zu leisten.

Entsprechend meiner beruflichen Tätigkeit und der persönlichen Neigung bitte ich, bei der *chemischen Einheit* als *Soldat* am .... eingestellt zu werden.

BERLIN, den *17.8.1961*

Michael Hoffmann
– Unterschrift –

(Keiderling, Gerhard: *Berlin 1945 –1986. Geschichte der Hauptstadt der DDR.* Berlin 1987)

b) Der Fahneneid

> ICH SCHWÖRE
> Der Deutschen Demokratischen Republik, meinem Vaterland, allzeit treu zu dienen und sie auf Befehl der Arbeiter-und-Bauern-Regierung gegen jeden Feind zu schützen.
> ICH SCHWÖRE
> An der Seite der Sowjetarmee und der Armeen der mit uns verbündeten sozialistischen Länder als Soldat der Nationalen Volksarmee jederzeit bereit zu sein, den Sozialismus gegen alle Feinde zu verteidigen und mein Leben zur Erringung des Sieges einzusetzen.
> ICH SCHWÖRE
> Ein ehrlicher, tapferer, disziplinierter und wachsamer Soldat zu sein, den militärischen Vorgesetzten unbedingten Gehorsam zu leisten, die Befehle mit aller Entschlossenheit zu erfüllen und die militärischen und staatlichen Geheimnisse immer streng zu wahren.
> ICH SCHWÖRE
> Die militärischen Kenntnisse gewissenhaft zu erwerben, die militärischen Vorschriften zu erfüllen und immer und überall die Ehre unserer Republik und ihrer Nationalen Volksarmee zu wahren. Sollte ich jemals diesen meinen feierlichen Fahneneid verletzen, so möge mich die harte Strafe der Gesetze unserer Republik und die Verachtung des werktätigen Volkes treffen.

(*Handbuch Militärisches Grundwissen.* Berlin 1983)

---

c) Brief des Hauptmanns an die Mutter eines Unteroffiziersschülers

NATIONALE VOLKSARMEE 02.07.1986
Dienststelle Schwerin
Postfach 48925
Schwerin
2789

Frau
Charlotte Klose
Am Grenzpfad
Belzig
8503

Werte Frau Klose!

Ihr Sohn Uwe versieht seit April 1984 seinen Ehrendienst in unserem Truppenteil.

Ich freue mich, Ihnen mitteilen zu können, daß er zu den besten Unteroffizieren gehört und mehrfach bereits für seine vorbildliche Pflichterfüllung gelobt werden konnte.

In seiner Dienstdurchführung ist er gewissenhaft, in seinem Verhalten kameradschaftlich und bei der Erfüllung jeder ihm gestellten Aufgabe zuverlässig.

Ihr Sohn hatte in der Vergangenheit wesentlichen Anteil daran, daß unser Kollektiv im sozialistischen Wettbewerb hohe Leistungen erreichen konnte. Als Kommandeur des Truppenteils konnte ich mich wiederholt von der Einsatzbereitschaft Ihres Sohnes überzeugen. Ich bin dessen gewiß, daß das auch in Zukunft so sein wird.

Wenn ich Ihnen heute diesen Brief schreibe, so deshalb, weil ich mich persönlich bei Ihnen bedanken möchte, daß Sie Ihren Sohn Uwe zu einem verantwortungsbewußten Menschen erzogen haben, der seine ganze Kraft dafür einsetzt, den Aufbau des Sozialismus militärisch zu sichern.

Sie können stolz auf Ihren Sohn sein.

Mit sozialistischem Gruß!

i.V. *Seibt*
Hauptmann

KONTAKTE

a) Patenschaftsvertrag

PATENSCHAFTSVERTRAG

zwischen

der Klasse 9a der Peter-Florin-Oberschule
Berlin-Buchholz

und der
Diensteinheit IV/18 des Wachregiments
„Feliks Dzierzynski" des Ministeriums für Staatssicherheit

Die gegenseitige Hilfe und Gemeinschaftsarbeit sind Bestandteil des Lebens in der sozialistischen Gesellschaft. Sie werden auf allen Gebieten in unserer sozialistischen DDR mit großem Erfolg verwirklicht.

Deshalb wollen auch wir, die FDJ-ler der Grundeinheit der Klasse 9a der Peter-Florin-Oberschule, und die FDJ-ler der Diensteinheit IV/18 des Wachregiment „Feliks Dzierzynski" in enger Zusammenarbeit voneinander lernen, damit jeder in seinem Wirkungskreis Höchstleistungen erreicht und damit hilft, unsere sozialistische DDR weiter zu stärken.

Dazu schließen beide FDJ-Grundeinheiten einen Patenschaftsvertrag ab, in dem sie folgende Verpflichtungen eingehen:

I.

1. Die Diensteinheit IV/18 gibt der FDJ-Grundeinheit der Klasse 9a Hilfe und Anleitung bei der Gestaltung eines aktiven Verbandlebens, vor allem durch Unterstützung bei der klassenmäßigen Erziehung.

Das geschieht u.a.

- durch die Hilfe bei der Ausarbeitung und inhaltlichen Gestaltung der Arbeitspläne der Grundeinheit,
- durch die Teilnahme an den Beratungen der Leitung der FDJ-Grundeinheit,
- durch die Teilnahme an Mitgliederversammlungen der FDJ-Grundeinheit.
  Diese Form der Hilfe konzentriert sich gegenwärtig auf die Bestimmung und Präzisierung der Aufgaben im Leninaufgebot des sozialistischen Jugendverbandes.

2. Die Diensteinheit IV/18 nimmt aktiven Einfluß auf die Gestaltung und Durchführung des Politunterrichtes. (Wöchentlich 1 Schulstunde)
   Diese Arbeit erfolgt in enger Zusammenarbeit und Abstimmung mit dem Klassenleiter.

3. Die Diensteinheit IV/18 unterstützt die Klasse 9a in den Fragen der sozialistischen Wehrerziehung.
   Das geschieht u. a.
   - in der Vorbereitung und Durchführung von 2 Vorträgen mit folgender Thematik:
     1. Rolle und Bedeutung der bewaffneten Organe der DDR
     2. Wie kann ich mich schon jetzt auf den Wehrdienst vorbereiten?
        Geht das nur Jungen an?

   - durch eine Führung der Klasse 9a im Wachregiment „Feliks Dzierzynski“ und die Besichtigung eines Teils der Technik,
   - durch die Unterstützung der Klasse 9a, damit diese im Hans Beimler – Wettbewerb mit guten und sehr guten Leistungen die Bedingungen erfüllt (z. B. Schießunterricht usw.).

4. Die Diensteinheit IV/18 unterstützt die Klasse 9a im außerschulischen Sport, wenn in Vorbereitung von Wettkämpfen und Vergleichen die Notwendigkeit eines zusätzlichen Trainings und der Betreuung erforderlich wird.

II.

1. Die FDJ-Grundeinheit der Klasse 9a verpflichtet sich durch vorbildliches Lernen und eine gute Disziplin zu hohen schulischen und gesellschaftlichen Leistungen.
   Zu diesem Zwecke
   - organisiert sie die Gemeinschaftsarbeit durch Bildung von Lernkollektiven, bei gegenseitiger Notwendigkeit werden Patenschaften, Förderzirkel und ähnlich geeignete Formen der sozialistischen Hilfe angewandt;
   - verhält sie sich kritisch gegenüber mangelndem Lerneifer, schlechter Disziplin und anderen störenden Erscheinungen, die obige Zielstellung in Frage stellen bzw. mindern.

Die FDJ-Grundeinheit legt darüber zum Abschluß des Schuljahres vor dem Patenschaftspartner Rechenschaft ab.

2. Die FDJ-Grundeinheit nimmt Einfluß darauf, aus ihren Reihen Mitglieder für den späteren Dienst als Offizier in den bewaffneten Organen unserer Republik zu gewinnen.

3. Die FDJ-Grundeinheit erklärt sich gern bereit, zu bestimmten Anlässen oder Feierlichkeiten bei der Gestaltung von Veranstaltungen ihrer Pateneinheit im Wachregiment „Feliks Dzierzynski" zu helfen.

Der Patenschaftsvertrag hat Gültigkeit bis zum Abschluß der 10. Klasse der jetzigen Klasse 9a der Peter-Florin-Oberschule Berlin-Buchholz.

gez. *Michael Schulte*
FDJ-Sekretär
der Klasse 9a

gez. *Krämer*
FDJ-Sekretär der
Diensteinheit IV/18

gez. *Franke*
der Klassenleiter

(*FDJ-Gruppenbuch.* Berlin 1970)

---

b) Brief einer Brigade an „ihren" Soldaten (Aus einem Brigadetagebuch, Halle 1986)

Soldat
Frank Stein
5800 Gotha
PF 812/13

17.01.1986

Werter Koll. Stein!

Seit der Aufnahme Ihres Ehrendienstes bei der NVA sind nun schon mehrere Wochen vergangen ohne daß es uns möglich war, mit Ihnen Kontakt aufzunehmen. Wie Sie unserem beiliegenden Brief, der uns zurückgesandt wurde, entnehmen können, kam eine Kontaktaufnahme leider nicht zustande. Und da wir von Ihnen auch nichts gehört haben, brachten wir Ihre Anschrift über Ihre Eltern in Erfahrung. Hoffentlich erreichen Sie nun diesmal unsere Zeilen.

Wir hoffen, daß Sie gut in das Jahr 1986 hereingekommen sind und wir möchten es nicht versäumen, Ihnen für das neue Jahr alles Gute, vor allem aber Gesundheit, Glück und Zufriedenheit zu wünschen.

Aus unserem Betrieb kann ich Ihnen berichten, daß wir unsere Planaufgaben des Jahres 1985 entsprechend des Vorlaufes mit 106,0% erfüllt haben. Berücksichtigen wir dabei, daß uns rund 5 Arbeitskräfte fehlen, so ist das ein hervorragendes Ergebnis. Im übrigen hat sich seit Ihrem Weggang nichts besonderes ereignet. Lediglich in der Sägerei sind wir dabei eine weitere kleine Säge aufzustellen, um dafür eine der großen Bausägen auszusondern. Aus Anlaß und in Vorbereitung des IX. Parteitages haben wir uns vorgenommen am 25.1.; 22.2. und 22.3. je eine Initiativschicht zu leisten.

So, lieber Kollege Stein das soll für heute genügen und ich will hoffen, daß Sie diese Zeilen bei guter Gesundheit erreichen und wir von Ihnen bei Gelegenheit ein Lebenszeichen bekommen. Weiterhin würden wir uns freuen, wenn Sie recht bald einmal Urlaub bekommen und Sie uns dann einen Besuch abstatten würden. Von Ihrer Verabschiedung und von Weihnachten liegen für Sie anstelle eines Päckchens 55,- M bereit, die Sie dann empfangen können.

Mit den besten Wünschen und herzlichen Grüßen

Ihr *Hans Scharf*

---

c) Brief eines Soldaten an „seine" Brigade (Aus einem Brigadetagebuch, Halle 1986)

Gotha, den 21.01.86

Werter Koll. Scharf !

Mit Freuden erhielt ich gestern Ihren Brief. Ich muß zugeben, daß mich meine Schreibfaulheit überwunden hat. Ich habe mich hier ganz gut eingelebt, und bis jetzt noch nichts auszustehen gehabt. Zuerst wurde ich in Erfurt eingezogen, da man dort aber keine Verwendung für mich hatte, wurde ich am 11.11.85 nach Gotha versetzt, wo ich als Verkehrsregulierer eingesetzt bin. (Ein sehr wichtiger Posten)

Über das Wetter kann man sich eigentlich nicht beklagen. In das neue Jahr bin ich auch gut reingekommen, da ich vom 30.12. – 3.1.86 zu Hause war. Im Nachhinein möchte ich Ihnen noch, auch allen anderen Kollegen, ein gesundes neues Jahr wünschen.

Was die 55,- M betrifft, das überlasse ich der Phantasie des Kollektives, mir ein Päckchen zu schicken.

Wenn alles klappt, dann bekomme ich einen Urlaub vom 24.1. – 28.1. und ich kann mal vorbeikommen. Bei dieser kurzen Faktenübermittlung möchte ich es erstmal belassen.

Es grüßt Sie ganz herzlich, und auch alle anderen Kollegen

Frank

Mitglieder unseres Kollektivs in der ZV
(Aus einem Brigadetagebuch, Halle 1988)

Unser Brigademitglied Hans Hilger ist Mitglied der Zivilverteidigung.

In Anerkennung seiner gezeigten Leistungen bei der Realisierung des Wettbewerbsprogramms 1988

„ZV Initiative XI. Parteitag der SED –
Jederzeit einsatzbereit für Frieden und
Sozialismus"

wurde ihm anläßlich des Jahresabschlusses eine Geldprämie überreicht.

Unser Kollektiv ist stolz auf den Kollegen Hilger und gleichzeitig überzeugt, daß er sich auch weiterhin für die Erfüllung der ihm gestellten Aufgaben einsetzen wird.

Nov. 1988 *F. Funk*

GELÖBNIS der Kampfgruppen

Ich bin bereit, als Kämpfer der Arbeiterklasse die Weisungen der Partei zu erfüllen, die Deutsche Demokratische Republik, ihre sozialistischen Errungenschaften jederzeit mit der Waffe in der Hand zu schützen und mein Leben für sie einzusetzen.

Das gelobe ich!

Der Volksmund

Frage: Wann wird der Sozialismus in der DDR erreicht sein?

Antwort: Wenn der Parteisekretär zum Pfarrer kommt und ihn daran erinnert: „Vergiß nicht, heute zur Parteiversammlung zu kommen.", und der Geistliche darauf antwortet: „Ich muß mich leider entschuldigen, habe heute abend Kampfgruppenübung."

VI. „Die Partei, die Partei, die hat immer recht ...“

1. Parteien

DIE SED

a) Louis Fürnberg: „Die Partei" (1950)

Sie hat uns alles gegeben,
Sonne und Wind, und sie geizte nie
und wo sie war, war das Leben,
und was wir sind, sind wir durch sie.

Sie hat uns niemals verlassen,
wenn die Welt fast erfror, war uns warm.
Uns führte die Mutter der Massen,
es trug uns ihr mächtiger Arm.

Die Partei
die Partei
die hat immer recht,
Genossen, es bleibt dabei!
Denn wer
für das Recht kämpft,
hat immer recht,
gegen Lüge und Heuchelei!

Wer das Leben beleidigt,
ist immer schlecht.
Wer die Menschheit verteidigt,
hat immer recht,
denn aus Leninschem Geist
wächst von Lenin geschweißt
die Partei
die Partei
die Partei!

Sie hat uns niemals geschmeichelt.
Sank uns im Kampf aber einmal der Mut,
so hat sie uns leis nur gestreichelt:
Zagt nicht! – und gleich war uns gut.

Zählt denn auch Schmerz und Beschwerde,
wenn uns das Gute gelingt,
wenn man den Ärmsten der Erde
Freiheit und Frieden bringt?

Die Partei [...]

Sie hat uns alles gegeben,
Ziegel zum Bau und den großen Plan,
und sprach: Jetzt baut euch das Leben!
Vorwärts, Genossen! Packt an!

Hetzen Hyänen zum Kriege,
bricht euer Bau ihre Macht!
Zimmert das Haus und die Wiege!
Bauleute, seid auf der Wacht!

Die Partei [...]

(Louis Fürnberg: *Gedichte 1946–1957.* Berlin und Weimar 1965)

---

b) Aus dem Statut der SED, 1976

Die Sozialistische Einheitspartei Deutschlands ist der bewußte und organisierte Vortrupp der Arbeiterklasse und des werktätigen Volkes der Deutschen Demokratischen Republik. Als freiwilliger Kampfbund Gleichgesinnter vereinigt sie in ihren Reihen die fortschrittlichsten Angehörigen der Arbeiterklasse, der Klasse der Genossenschaftsbauern, der Intelligenz und der anderen Werktätigen. [...]

Stärke und Unbesiegbarkeit der Sozialistischen Einheitspartei Deutschlands liegen in der ideologischen und organisatorischen Einheit und Geschlossenheit ihrer Reihen, der freiwilligen und bewußten Disziplin, der aktiven und selbstlosen Arbeit aller Kommunisten, in ihren engen und vertrauensvollen Beziehungen zu den Werktätigen und im sozialistischen Patriotismus und proletarischen Internationalismus. In der Aneignung und Verbreitung des Marxismus-Leninismus sieht die Partei eine ihrer grundlegenden Aufgaben zur Vertiefung des sozialistischen Bewußtseins der Massen und der allseitigen Entwicklung der sozialistischen Persönlichkeit. [...]

---

c) Aus dem Programm der SED, 1976

V. Der Kommunismus – unser Ziel

K o m m u n i s m u s – das ist die klassenlose Gesellschaftsordnung, in der die Produktionsmittel einheitliches Volkseigentum und alle Mitglieder der Gesellschaft sozial gleichgestellt sein werden, in der alle Mitglieder der Gesellschaft ihre geistigen und körperlichen Fähigkeiten allseitig entwickeln und zum Wohle der Gemeinschaft einsetzen.

K o m m u n i s m u s – das ist die Gesellschaft, in der auf der Grundlage der ständig fortschreitenden Erkenntnisse in Wissenschaft und Technik die Produktivkräfte, die Springquellen des gesellschaftlichen Reichtums, planmäßig entwickelt und mit höchster Effektivität im Interesse des Wohls der Menschen genutzt werden.

K o m m u n i s m u s – das ist die Gesellschaft, die die Menschen in die Lage versetzen wird, kraft ihrer wissenschaftlichen Weltanschauung und ihrer geistigen Potenzen die Produktivkräfte, die Produktionsverhältnisse und das geistig-kulturelle Leben planmäßig zu entwickeln und in zunehmendem Maße zu Beherrschern der Natur und ihrer eigenen gesellschaftlichen Entwicklung zu werden.

K o m m u n i s m u s – das ist die Gesellschaft allseitig gebildeter Menschen von hohem Bewußtsein, die die gesellschaftlichen Angelegenheiten bewußt und rationell regeln und die Produktion der Güter und Leistungen mit hoher Effektivität lenken.

K o m m u n i s m u s – das ist die Gesellschaft, für deren Mitglieder die Arbeit zum Wohle der Gesellschaft das erste Lebensbedürfnis ist, eine Gesellschaft, in der jeder Werktätige seine Fähigkeiten mit dem größten Nutzen für das Volk anwendet.

K o m m u n i s m u s – das ist die Gesellschaft, in der das Prinzip herrschen wird: „Jeder nach seinen Fähigkeiten, jedem nach seinen Bedürfnissen."

---

d) Aufruf zu einer Initiativschicht (Aus einem Brigadetagebuch, Halle 1986)

B e k a n n t m a c h u n g

In Vorbereitung des XI. Parteitages der SED im April sowie zur Absicherung der Planerfüllung in unserem Kombinat ist vorgesehen, am

22. Februar und am 22. März 1986

je eine Initiativschicht zu leisten.

In Anbetracht der Bedeutung dieses Vorhabens wird um eine weitestgehende Beteiligung gebeten.

Damit die finanziellen Mittel, wie Schichtprämie usw. rechtzeitig beantragt werden können, wollen die Kolleginnen und Kollegen ihre Teilnahme bitte dem Koll. Saubt melden.

S t e i n
BT-Leiter

e) Grußadresse an die Delegiertenkonferenz der BPO des VEB Kabelwerk Oberspree, Berlin 1976

Die Kolleginnen und Kollegen der sozialistischen Kollektive:

„Helene Weigel"
„Anne Frank"
„Bertha von Suttner"
„Lev Landau"
„Elektronik"
„Ernst Schneller"
„Ernst Abbe"
„Werner Seelenbinder"

des Bereichs II grüßen die Delegierten und wünschen der Delegiertenkonferenz einen konstruktiven Verlauf!

Die Kollektive des Bereichs II haben in der vergangenen Zeit innerhalb der sozialistischen Gemeinschaftsarbeit, im soz. Wettbewerb, alle Anstrengungen unternommen, um die übertragenen volkswirtschaftlichen Aufgaben zu erfüllen und gezielt überzuerfüllen. Auch die Arbeit auf dem Gebiet der politisch-ideologischen Arbeit wurde weiter verbessert, was die Auswertung der Erfüllungen der Verpflichtungen unserer sozialistischen Kollektive ergab.

Die Kollektive des Bereichs II versichern der Delegiertenkonferenz, daß sie mit den erreichten guten Ergebnissen im Jahr 1975 und der guten Ausgangsbasis für 1976 alle Aktivitäten entwickeln werden, um unter der Losung: „Zu Ehren des IX. Parteitages der SED! Aus jeder Mark, jeder Stunde Arbeitszeit, jedem Gramm Material einen größeren Nutzeffekt!" die Aufgaben im Jahre 1976 sowie im Fünfjahrzeitraum 1976–1980 zu lösen und durch Entwicklung neuer Initiativen innerhalb unserer Kollektive und weitere Verbesserung der politisch-ideologischen Arbeit, alles unternehmen werden, um unseren soz. Staat zu stärken.

Für die Kolleginnen und Kollegen
der soz. Kollektive des Bereichs II — *Mathäus*

Bereichs-Beauftragter der AGL — *Frosch*

f) Weiterbildung

Genossin / ~~Genosse~~

.... Irma ...... K ü b l e r ....

hat

vom .... Oktober 1974 ....

bis ..... Juni 1975 ....

am Lehrgang der

Kreisschule des Marxismus-Leninismus

teilgenommen und ihn mit

Sehr gut

abgeschlossen.

.... Berlin ....., den 15.06.75.........

Sozialistische Einheitspartei Deutschlands

Kreisleitung .... Mitte ....

.... *Volkert* .... *Beißner* ....

1. Sekretär Schulleiter

---

g) Frauen in der Partei

Wolfgang Schaller: „Das Küchenwunder"

Meine Ruh ist hin. Mein Herz ist schwer:
Meine Ehefrau ist Parteisekretär.
Ich muß gestehn, auch schon vordem
war die Ehe mit ihr schrecklich unbequem.
Denn tausend Probleme und Tausende Fragen,
die sie nach der Arbeit noch weiterplagen.
Mit der Gemütlichkeit ists da vorbei.
Ja, ja, meine Frau ist in der Partei.

Im Betrieb alles Männer – und sie als Frau.
Wie sie das bloß schafft, ich weiß nicht genau.
Manchmal steht ein Kollege vor unserer Tür,
hat Sorgen, braucht Hilfe. Und kommt zu ihr.
Dann spricht sie mit ihm, sucht nach einem Rat.
Und hat sie mal keine Antwort parat,
dann sagt sie: komm morgen nochmal vorbei.
Ja, ja, meine Frau ist in der Partei.

Und krieg ich mich einmal mit ihr in die Wolle –
zwecklos, sie hat ja die führende Rolle.
So muß ich es mir schon seit Jahren ansehn,
ideologisch unterm Pantoffel zu stehn.
Auf Schule schickte man sie für ein Jahr,
und nun saß ich mit zwei Kindern da.
Machte dudu, kochte Windeln und Brei.
Ja, ja, meine Frau ist in der Partei.

Doch heute, da hatte sie mal für mich Zeit
und sich für mich von der Sitzung befreit.
Da kam meine Rache als Ehemann,
denn als sie so zu schmusen begann,
da sagte ich: Leider, wärs gestern gewesen,
doch heute studier ich die Feuerbachthesen.
Mit deiner führenden Rolle ists nun vorbei –
denn ich bin seit gestern in der Partei.

(Schaller, Wolfgang / Zobel, Wolfgang: *Herkuleskeulereien. Kabarett-Texte.* Berlin 1976)

h) Glückwünsche

Jena, den 13.8.86

Lieber Genosse Prof. Dr. Rudolph Stiehler !

Zu Deinem 50. Geburtstag übermitteln Dir das Sekretariat der Kreisleitung der Friedrich-Schiller-Universität Jena der SED und die Genossen Deiner Grundorganisation herzliche Grüße und Glückwünsche.

Fast auf den Monat 25 Jahre Mitglied der Partei, hast Du Dich als ein Genosse erwiesen, der unserer gemeinsamen Sache verbunden ist und übertragene Aufgaben stets gewissenhaft und mit großem Engagement löst. Dies war so bei der Ausübung von Wahlfunktionen unserer Partei, als Mitglied der GO-Leitung und stellvertretender GO-Sekretär, und auch in der Funktion des stellvertretenden Sektionsdirektors für Erziehung, Aus- und Weiterbildung.

Immer hast Du in Deiner Arbeit der Ausbildung und Erziehung fachlich hochqualifizierter und zugleich parteiverbundener Studenten besondere Aufmerksamkeit gewidmet. Dies findet nicht zuletzt auch in der Preisverleihung an von Dir betreute Diplomarbeiten und Dissertationen seinen Ausdruck.

In Anerkennung Deiner Leistungen wurdest Du 1980 zum Hochschuldozenten und 1985 zum Ordentlichen Professor berufen und mit staatlichen Auszeichnungen geehrt.

An Deinem Ehrentag, lieber Genosse Rudolph, sprechen wir Dir unseren Dank für die von Dir als Kommunist und Hochschullehrer geleistete Arbeit aus. Wir verbinden diesen Dank mit den besten Wünschen für Schaffenskraft und Gesundheit, persönliches Wohlergehen und viel Erfolg bei der gemeinsamen Verwirklichung der Beschlüsse des XI. Parteitages der SED.

Mit sozialistischem Gruß

Klaus Dunge
1. Sekretär der Kreisleitung

Dr. Martin Reiche
Sekretär der Grundorganisation

i) Ferienplatz

Kreisleitung der SED
Rostock-Stadt

Rostock, 01. April 1976
Zimmer-Nr.: 33

Genossin / Genosse

.... Richard Frische ....
.... Fontanestr. 7c ....

Werte Genossin / Werter Genosse !

Die Kreisleitung der Sozialistischen Einheitspartei Deutschlands Rostock-Stadt hat Deinen Antrag auf ... 2 ... Plätze / Platz im Ferienheim des VEB Schiffswerft „Neptun" in Kühlungsborn in der Zeit vom 24.4. bis 7.5.1976 befürwortet.

Die Hin- und Rückfahrt erfolgt mit Bussen.

Stellplatz der Busse am 24. April 1976 um 9.40 Uhr bei der SED-Kreisleitung Rostock-Stadt, Fr.-Engels-Str. 109.

Abfahrt:	9.45 Uhr	ab SED-Kreisleitung
	9.50 Uhr	Doberaner Straße / Volkstheater
	10.00 Uhr	Tschaikowskistr. / Ecke Beethovenstr.
	10.10 Uhr	Reutershagen, Markt – Bushaltestelle

Die Rückreise erfolgt am Freitag, dem 7.5.76 gegen 13.00 Uhr.

Die Ferienplätze sind kostenlos.

Wir bitten Dich, die Voranmeldung des Einweisungsscheines auszufüllen, zu unterschreiben und sofort an die Kreisleitung der SED, Fr.-Engels-Str., Veteranenkommission, zu senden.

Sollltest Du aus irgendwelchen Gründen verhindert sein, den Ferienplatz in Anspruch zu nehmen, bitten wir Dich, den Ferienscheck unausgefüllt sofort an die obige Adresse zu senden.

Einweisungsschein und Versicherungsausweis bitte nicht vergessen!

Wir wünschen Dir eine recht gute Erholung und angenehme Ferientage.

Mit sozialistischem Gruß
Zage
2. Sekretär

DIE SED IM KONFLIKT

a) Selbstkritik des Genossen Dr. ök. Ingmar Löwenson, 1959

Politisch-ideologische und theoretische Auseinandersetzungen, besonders aber die gesellschaftliche Praxis haben mich davon überzeugt, daß Auffassungen, die ich vertrat und 1956 veröffentlichen wollte, eine revisionistische Konzeption darstellten.

Die Ausarbeitung dieser Konzeption erfolgte zu einer Zeit, als der Klassengegner den Versuch unternahm, die Ergebnisse des 20. Parteitages zu verfälschen und die Einheit der Kommunistischen und Arbeiterparteien und des sozialistischen Lagers zu untergraben, um auf diese Weise den Boden für eine konterrevolutionäre Offensive zu bereiten. Wäre die Broschüre, in der meine Auffassungen niedergelegt waren, wie vorgesehen im Herbst 1956 erschienen, so hätten die Auffassungen zur ideologischen Plattform für konterrevolutionäre Kräfte und Bestrebungen, wie z. B. die Harich-Gruppe, werden und damit die Existenz der DDR gefährden können. Kritik und entschiedene Zurückweisung der Konzeption durch die Partei haben das verhindert. In den kritischen Wochen und Monaten des Jahres 1956 habe ich somit - was ich nicht gewollt und damals nicht gewußt habe - den Interessen der Arbeiterklasse Schaden zugefügt.

Meine damaligen Auffassungen konnten diese Rolle spielen, weil sie der Theorie und der Politik der Partei widersprachen, eine Kritik an der Politik der Partei darstellten und der Konzeption der Partei eine andere Konzeption entgegenstellten. Diese Konzeption beinhaltete eine Revision von Grundfragen der Politik der Partei in der Übergangsperiode vom Kapitalismus zum Sozialismus. Dadurch wurde ich faktisch zum Sprachrohr schwankender Elemente innerhalb und außerhalb der Partei. Infolgedessen konnten meine Auffassungen zu einer Gefahr für die ideologisch-politische Einheit der Partei werden und die Durchsetzung ihrer führenden Rolle behindern.

Der revisionistische Charakter dieser Auffassungen kam vor allem in Folgendem zum Ausdruck:

1. Ich habe die beiden Hauptfaktoren der Überlegenheit des Sozialismus über den Kapitalismus - die Initiative der Werktätigen und die planmäßige Wirtschaftsführung - als Einheit von Gegensätzen aufgefaßt, während es in Wirklichkeit darauf ankommt, die planmäßige Leitung der Produktion zum Gegenstand der Masseninitiative zu machen.
2. Ich habe eine der Lenin'schen widersprechende, von Lukács stammende Auffassung des Begriffes der Spontaneität vertreten, die Bedeutung des wachsenden sozialistischen Bewußtseins der Werktätigen für die planmäßige Wirtschaftsführung unterschätzt, die Wirtschaftsführung auf die Spontaneität der Massen orientieren wollen und damit faktisch die führende Rolle der Partei negiert.
3. Ich habe die staatliche Leitung der Wirtschaft durch die sogenannte Selbstverwaltung der Wirtschaft ersetzen wollen und damit faktisch die wirtschaftlich-organisatorische Funktion des Staates negiert. Den Prozeß des Absterbens des Staates sah ich nicht darin, daß der Staat nach Liquidierung der Ausbeuterklassen, mit dem wachsenden Bewußtsein der Werktätigen und ihrer zunehmenden Beteiligung an der Leitung des gesellschaftlichen

Lebens allmählich seinen Charakter als Zwangsinstrument verlieren wird; ich hatte vielmehr die Vorstellung, nichtstaatliche Selbstverwaltungsorgane der Wirtschaft würden bereits in der Übergangsperiode an die Stelle der staatlichen Wirtschaftsleitungsorgane treten und diese überflüssig machen.

4. Die Ablehnung der Leitung der Wirtschaft durch staatliche Organe und die Forderung nach sogenannten ökonomischen Methoden in Verbindung mit der »Selbstverwaltung der Wirtschaft« bedeutete in der Konsequenz, das Wertgesetz zum Regulator der Produktion zu machen und die Politik der Partei und des Staates dem Ablauf ökonomischer Gesetze unterzuordnen.

In der Praxis würde diese Konzeption die Hauptfaktoren der Überlegenheit des Sozialismus abschwächen, weil sie die Masseninitiative der organisierten Führung und die planmäßige Wirtschaftsführung der wirksamen Instrumente beraubt; sie würde die politische Macht der Arbeiterklasse untergraben, weil sie das System der Diktatur des Proletariats durchlöchert; sie würde aus diesem Grunde den Gegnern des Sozialismus innerhalb und außerhalb unserer Republik ein Operationsfeld liefern.

Abgesehen von Einzelfragen deckte sich diese Konzeption als ganze weitgehend mit jugoslawischen Auffassungen; in der Zeit der Ausarbeitung meiner Auffassungen - im Frühjahr 1956 - wurde ich von der »Osloer Rede« Kardeljs stark beeinflußt.

Die Ursache dafür, daß ich diese Konzeption ausarbeitete und vertrat, sehe ich darin, daß ich reale Widersprüche der Übergangsperiode nicht auf ihre wirklichen Ursachen, sondern auf vermeintliche Fehler in der Konzeption der Partei zurückführte. Anstatt meine damaligen Meinungsverschiedenheiten mit der Politik der Partei innerhalb des Parteikollektivs zur Diskussion zu stellen und zu bereinigen, glaubte ich, die Partei zu einer öffentlichen Diskussion veranlassen zu müssen. Darin kommt zum Ausdruck, daß ich das Verhältnis zwischen Partei der Arbeiterklasse und Wissenschaft der Arbeiterklasse, die Einheit von Politik und Wissenschaft, von politischer Wirksamkeit und wissenschaftlicher Arbeit verletzt hatte.

Dafür ist von Bedeutung,

1. daß ich mit dem Kampf der Partei in den Betrieben ungenügend verbunden war und die konkreten „alltäglichen" Erscheinungsformen des Klassenkampfes in unserer Republik nur in geringem Maße praktisch kennen gelernt hatte;
2. daß ich auf dem Weg über die intellektuelle Anerkennung des Marxismus zur Partei gekommen bin, fast ausschließlich auf theoretischem Gebiet gearbeitet hatte, nur geringe praktische Kenntnisse von der Wirtschaft besaß und ihre Bedeutung für die theoretische Verallgemeinerung unterschätzte.

Unter diesen Bedingungen bedurfte es der praktischen Mitarbeit im Parteikollektiv eines Betriebes, damit ich die Richtigkeit des Weges, den wir unter Führung der Partei gehen, und die Fehlerhaftigkeit meiner eigenen damaligen Position in vollem Umfang erkannte. Die Politik, die in den Dokumenten des 5. Parteitages und des 7-Jahrplanes niedergelegt ist, bestimmt heute vorbehaltlos mein politisches und fachliches Wollen und Handeln. Nachdem ich mit Hilfe der Genossen die revisionistischen Auffassungen überwunden habe, will ich gemeinsam mit ihnen den Sozialismus in unserer Republik vollenden helfen.

Berlin, Dezember 1959 *Dr. ök. Ingmar Löwenson*

b) Die Liebknecht-Luxemburg-Demonstration 1988

Ulrich Klaasen
Bahnhofstr. 17
Eisenach
5900

Eisenach, 5.2.1988

Redaktion »Neues Deutschland«
Abt. Lesermeinungen
Franz-Mehring-Platz 1
Berlin
1017

Anlaß Ihnen zu schreiben geben mir die am 2.2.1988 in Ihrer Zeitung veröffentlichten Leserzuschriften und der Artikel von Professor Kamnitzer.

Ich bin sehr erschrocken über die abgedruckten Stellungnahmen zu den Ereignissen am 17. Januar 1988 in Berlin im Zusammenhang mit der Demonstration zum Gedenken an Rosa Luxemburg und Karl Liebknecht, wo Bürger unseres Staates festgenommen wurden, die der »Herzlichen Einladung« zu dieser Demonstration gefolgt waren und sich mit Plakaten, auf denen Worte von Rosa Luxemburg standen, an dieser Demonstration beteiligen wollten, um die von Rosa Luxemburg geforderten und in unserer Verfassung auch verankerten Freiheiten einzuklagen. – Ich bin empört über das Vorgehen unserer Sicherheitsorgane. – Dies als eine Provokation gegen die Rechtsordnung unseres Staates, als eine »Besudelung« des Andenkens an Rosa Luxemburg und Karl Liebknecht zu bezeichnen, wie es in Artikeln Ihrer Zeitung geschehen ist, ist für mich gezielte Verstellung der Anliegen dieser Demonstration. Solche Berichterstattung soll schlechtes Licht werfen auf die sich in verschiedenen Gruppen politisch engagierten Bürger, die kritisch der Politik der SED gegenüberstehen. Bezeichnend dafür ist auch, daß im gleichen Atemzug die neofaschistischen Rowdies genannt werden.

Die Antworten aus der Bevölkerung zeigen, daß Ihre verschleiernden und unvollständigen Berichte zu diesen Ereignissen Erfolg hatten und sich nun eine richtige »Hetzjagd« gegen politisch engagierte Andersdenkende entfacht hat. Diskriminierende Äußerungen, wie

> »Solche Leute ... und Konsorten ...« und
>
> »Diese Elemente sollten einer ordentlichen Arbeit nachgehen, ...«

zeigen gefährliche Tendenzen.

Der Gipfel dieser »Hetzjagd« sind die beiden Beiträge von Professor Kamnitzer. Seine Absicht wird offensichtlich in seinem 2. Beitrag, in welchem er, um seinem Artikel eine Grundlage zu geben, das Zitat von Rosa Luxemburg

> »Freiheit für die Anhänger der Regierung, nur für die Mitglieder einer Partei – mögen sie noch so zahlreich sein – ist keine Freiheit. Freiheit ist immer die Freiheit der Andersdenkenden.
>
> Nicht wegen des Fanatismus der Gerechtigkeit, sondern weil all das Belebende, Heilsame und Reinigende der politischen Freiheit an diesem Wesen hängt und seine Wirkung versagt, wenn die Freiheit zum Privilegium wird.« (Rosa Luxemburg: Gesammelte Werke, Band 4, 1. Auflage Berlin 1974)

pervertiert.

Ich erwarte von Ihnen einen sachlichen und vollständigen Bericht zu diesen Ereignissen und eine öffentliche Entschuldigung bei den betroffenen Personen.

Warum strebt man denn keinen Dialog mit Andersdenkenden an? Ich denke, dies ist notwendig und sehr nützlich für unsere Gesellschaft.

Ulrich Klaasen

c) Die Losungen zum 1. Mai 1988

Katrin Schüler
Ernst-Thälmann-Str. 17
Jena
6900

23.7.88

An das
Politbüro
des Zentralkomitees
der SED

Berlin
1020

Betrifft: Eingabe bezüglich der Formulierung der 1. Mai-Losungen 1988

Beim Lesen der diesjährigen 1. Mai-Losungen fallen mir sprachliche und inhaltliche Formulierungen auf, die ich als Frau so nicht akzeptieren kann. Da sind zunächst sprachliche Unkorrektheiten. Wo bleiben bei den Angesprochenen der Aufrufe die Bürgerinnen, Forscherinnen, Konstrukteurinnen, Technologinnen, Genossenschaftsbäuerinnen und Arbeiterinnen, die Mitarbeiterinnen des Gesundheitswesens, Hochschullehrerinnen und Studentinnen, Pädagoginnen und Künstlerinnen? Und wie wäre's, wenn wir einmal schwesterliche oder doch besser geschwisterliche Kampfesgrüße in alle Welt senden würden?

Zum anderen ist die Losung 35 eine Provokation für mich: „Frauen und Mädchen! Weiterhin alle Kraft für die Stärkung der DDR – Für das Glück der Familien!". Da werde ich schon mal in meinem Geschlecht wahrgenommen, aber auch gleich wieder auf meine Doppelrolle hingewiesen, verwiesen. Warum werden nicht auch die Männer ausdrücklich aufgerufen, für das Glück der Familien zu sorgen?

Und dazu die Infantilisierung der Frau, man denke sich eine Losung, die begänne „Männer und Jungs ...".

Vielleicht wäre es doch ratsam, bei der Formulierung der Losungen für das nächste Jahr eine oder mehrere Frauen zu Rate zu ziehen.

Mit freundlichen Grüßen

Katrin Schüler

d) Antwort des ZK der SED

SOZIALISTISCHE EINHEITSPARTEI DEUTSCHLANDS
Zentralkomitee

HAUS DES ZENTRALKOMITEES AM MARX-ENGELS-PLATZ•BERLIN 1020•RUF 202–0

Abteilung: Agitation

Berlin, den 9. August 1988

Frau
Katrin Schüler
Ernst-Thälmann-Str. 17
Jena
6 9 0 0

Werte Frau Schüler !

Wir danken Ihnen für Ihren Brief zu den diesjährigen Mai-Losungen und freuen uns über Ihr Interesse an der weiteren Verbesserung der Aussagen.

Diese Losungen sind für uns in erster Linie als Orientierung der Mitglieder der SED auf politisch-ideologische Schwerpunkte gedacht. Gleichzeitig geben die Losungen Grundzüge der Politik der SED wieder und sind Appell an die Bürger, diese Politik zu unterstützen. Ausgewogene Formulierungen werden also immer angestrebt.

In Ihren Überlegungen zum Thema „Frau und Familie“ sehen wir Ansatzpunkte, die bei der Formulierung neuer Losungen mit berücksichtigt werden.

Mit sozialistischem Gruß

Roland Franzke
Stellvertretender
Abteilungsleiter

---

e) Die Losungen zum 1. Mai 1989

Übergabe folgender Eingabe an den Wahlhelfer bei Überbringung der Wahlbenachrichtigung am 7.4.89

7.4.1989

Eingabe betreffs sprachlicher Unkorrektheiten bei der Formulierung der Mailosungen.

Am 9.8.1988 hatte ich auf eine Eingabe hin von Herrn Roland Franzke, Stellvertretendem Abteilungsleiter der Abteilung Agitation des ZK der SED, die Zusage erhalten, daß Ansatzpunkte meiner Überlegungen bei der neuen Formulierung von 1. Mai-Losungen berücksichtigt werden würden. Dies sehe ich in diesem Jahr nun in keiner Weise realisiert. Losung 32: „Frauen und Mädchen! Alle Kraft für die Stärkung unseres sozialistischen Vaterlandes, für das Glück unserer Kinder!“

Die Anrede Mädchen im Sinne von Fräulein halte ich schlicht für antiquiert (die damit formulierte Anzeige an die Männer „ich kann noch geheiratet werden“ scheint mir in unserem Gesellschaftssystem überholt).

Die Ermunterung zum positiven Engagement im Beruf und in der Familie ergeht wieder nur an uns Frauen. Ein ausdrücklicher Appell an die Männer, sich für das Wohl der Kinder einzusetzen, scheint mir nach meinen Beobachtungen dringender notwendig.

Und schließlich hätte ich wenigstens in Losung 26 („Mitarbeiter des Gesundheits- und Sozialwesens! Gute Betreuung der Bürger – Grundanliegen unserer sozialistischen Gesellschaft!“) berücksichtigt gesehen, daß das Gros der im Gesundheitswesen Beschäftigten Mitarbeiterinnen sind.

Übrigens wird jede / r Germanist / in bestätigen können: die Partei ist ein weibliches Wort, befreundete Parteien sind also Schwesterparteien, nicht Bruderparteien (Losung 15: „Unser Gruß den Bruderparteien, den Werktätigen aller sozialistischen Länder! Gemeinsam für Frieden und Sozialismus!“).

Ich bitte darum, daß dieses Anliegen, das das vieler Frauen aus meinem Bekanntenkreis ist, in Form einer Eingabe weitergeleitet wird an:

ZK der SED
Abteilung: Agitation
Marx-Engels-Platz
Berlin
1020

Katrin Schüler

---

f) Ein Parteisekretär an den 1. Sekretär der SED-Kreisleitung, Leipzig, 23.10.1989

Lieber Walther!

Vielleicht scheint es etwas merkwürdig, in Zeiten so großer Entscheidungen mit kleinen Dingen zu kommen. Aber die Akkumulation kleiner Unzulänglichkeiten hat uns ja schließlich in die Große Situation gebracht. Wir sollten kleine Probleme also nicht mißachten.

Seit dieser Woche gibt es im Kaffee im Hörsaalgebäude keine Pfannkuchen und Spritzkuchen mehr, nur mehr Torten. Die Begründung: Dieses Lokal sei keine Patisserie und dafür seien Pfann- und Spritzkuchen nicht angemessen. Diese Entscheidung von Gen. Krüger geht über die Bedürfnisse aller Kunden hinweg, erregt ungemeinen Unmut. Bei der ohnehin angespannten Situation waren diese Kuchen eine gern genommene Zwischenversorgung, die auch Hunger stillte. Das kann man von ungesunden, gräßlich-cremigen Kuchen nicht sagen.

Es ist doch ziemlich egal, wie das Lokal heißt, entscheidend sollten die Wünsche der Gäste sein. Die wurden von Gen. Krüger wieder einmal mit Füßen getreten. So werden wir kaum weiterkommen. Wir erwarten eine schnelle Revision dieser Entscheidung.

Klaus Richter

---

g) Entgegnung

Zentralmensa

Leipzig, 6.11.89

An den SED-GO Sekretär der Sektion Physik

Werter Genosse Prof. Dr. Richter!

Ihre Information betreffs des Angebotes in der Mokka-Milch-Eisbar an den 1. Sekretär der SED-Kreisleitung vom 23. 10. 89 wurde mir über den Verwaltungsdirektor am 31. 10. 89 zugeleitet.

Nach Prüfung des Sachverhaltes möchte ich Ihnen dazu folgendes mitteilen:

– die MMEB hat den Namen seit Inbetriebnahme und wurde auch von mir noch nie anders benannt
– das Angebot ist im vorgeschriebenen Versorgungsauftrag geregelt
– der Leiter dieser Einrichtung bestellt schriftlich an den Küchenleiter den Bedarf für den nächsten Tag
– der Küchenleiter veranlaßt die Produktion nach den täglichen Möglichkeiten.

An jedem Tag werden 8 – 10 Sorten Gebäck aus eigener Produktion geliefert, davon an jedem Tag Spritzkuchen und Pfannkuchen.

Daß der Bedarf an Pfann- und Spritzkuchen nicht gedeckt werden kann, ist uns bekannt.

Wir sind bemüht, mit den beiden Konditorinnen alle Produktionsgeräte und Möglichkeiten in der zur Verfügung stehenden Zeit zu nutzen, damit der Versorgungsauftrag gesichert werden kann.

Leider ist es seit langer Zeit nicht mehr möglich, beim Backwarenkombinat diese Artikel dazu zu bestellen und somit auch im Studentenspeisesaal anzubieten, um den erhöhten Bedarf zu sichern.

Aus Gründen des sehr hohen Ausfalls von Arbeitskräften, besonders durch eigene Krankheit oder Krankheit der Kinder von rd. 1/3 unserer Mitarbeiter, müssen wir alle uns zur Verfügung stehenden Arbeitskräfte, die 5.30 Uhr die Arbeit aufnehmen können, für die Pausen- und Zwischenversorgung einsetzen, besonders zur Produktion der belegten Brötchen, Salate etc., wo auch beide Konditorinnen täglich die ersten 2 Stunden mit helfen.

Danach produziert die Konditorei auftragsgemäß. Der Sicherung der warmen Hauptmahlzeit wird unsere ganze Kraft gewidmet. Mittags müssen alle zur Verfügung stehenden Mitarbeiter in erster Linie den Absatz der Produktion sichern, d. h. sie werden an den Essenausgaben eingesetzt.

Ich versichere Ihnen, daß wir den an uns gestellten Versorgungsauftrag sehr ernst nehmen und verantwortungsbewußt täglich schwerpunktmäßig die uns zur Verfügung stehenden Mitarbeiter einsetzen. Trotzdem sind wir nicht in der Lage, wunschgemäß zu versorgen.

Ihre Anschuldigung mir gegenüber, daß ich die Wünsche der Gäste wieder einmal mit Füßen getreten habe, weise ich entschieden zurück.

Ich bin gern bereit, die täglichen Lieferungen lt. Lieferscheine zu belegen und den Dialog zu Ihrer Schilderung weiter zu führen.

Ich halte derzeit eine sofortige persönliche Klärung bei Kritik an den Versorgungsleistungen für wirksamer und angebrachter.

Bitte übermitteln Sie mir einen Terminvorschlag, damit wir persönlich ins Gespräch kommen.

Mit freundlichen Grüßen

Kraft
Küchenleiter ZM

Krüger
Abt.-Leiter ZM

---

h) Aus einer Austrittserklärung aus der SED

Dr. Eberhardt Bungenhagen
z. Z. am Deutschlektorat beim
KIZ der DDR in Budapest

Budapest, den 24.2.1990

An den
Kreisvorstand der PDS der
Humboldt-Universität Berlin
Unter den Linden 6
Berlin 1 0 8 0

Seit langem schon ringe ich um die Entscheidung über meine Mitgliedschaft in der ehemaligen SED-PDS, die sich inzwischen nun endlich von ihrer unrühmlichen Vergangenheit als stalinistische Partei getrennt zu haben scheint. Nach reichlichem Überlegen und (vielleicht zu langem) Zögern komme ich zu dem Entschluß, jetzt den Schritt des Austritts aus der PDS aus folgenden Gründen gehen zu müssen.

1. Die tiefe Enttäuschung über den Verrat der ehemaligen Partei- und Staatsführung an der Idee des Sozialismus sowie durch meine Mitgliedschaft in dieser Partei von mir objektiv zu tragende Mitschuld an der tiefen Krise in unserem Land, von der ich mich trotz meines Engagements für Wandlungen in Partei und Gesellschaft innerhalb des mir zugebilligten Rahmens nicht lossprechen kann und will, erlauben es mir nicht, mich – gewissermaßen automatisch – wieder in den Reihen einer sozialistischen Partei für vermeintliche Ideale und Ziele einzusetzen. Damit würde ich mich wieder in die Gefahr begeben, als politisch denkendes und handelndes Subjekt mißbraucht zu werden.

2. Es braucht eines gewissen längeren Zeitraumes der politischen Orientierung, den ich unabhängig von allen als noch so richtig von mir akzeptierten Zielen der PDS oder auch anderer linker Parteien oder politischer Gruppie-

rungen gehen muß, um wirklich guten Gewissens sagen zu können: Ich muß Mitglied dieser einen Partei sein.

3. Daß ich diesen Schritt nicht schon eher getan habe, ist dem Glauben geschuldet, mit der Stärkung der PDS durch meinen Verbleib in der Partei die eigenständige Entwicklung der DDR hin zu einer demokratischen Alternative zur Bundesrepublik unterstützen zu können. Erschüttert wurde diese Annahme nicht zuletzt auch durch den Modrow-Plan zur deutschen Einheit, der natürlich das Ergebnis nüchterner Realpolitik ist, vor allem aber durch die Entwicklung der letzten Wochen in der DDR, wie wir sie hier im Ausland verfolgen mußten. Ich bin zu der Überzeugung gekommen, daß die »sozialistische« demokratische Alternative in absehbarer Zeit keine Chance mehr haben wird, wenn nicht gar im Weltmaßstab als gescheitert betrachtet werden muß, wenn man die Entwicklung hier, in anderen sozialistischen Ländern und vor allem leider auch in der Sowjetunion betrachtet. [...]

5. Ich denke, daß die gegenwärtig zu beobachtende Aufsplitterung der linken politischen Kräfte in der DDR eine vorübergehend notwendige Erscheinung ist; politisches Engagement außerhalb der nun mal in jeder Partei vorhandenen Strukturen und Hierarchien ist z. Z. für mich die einzige Alternative. Mein politisches Handeln wird immer auf die Stärkung der linken demokratischen Kräfte orientiert bleiben, wobei ich eine spätere Mitgliedschaft in einer Partei nicht ausschließen möchte.

Eberhardt Bungenhagen

DIE DBD

a) Aus dem Statut der DBD, 1968

Die Demokratische Bauernpartei Deutschlands ist die erste demokratische Bauernpartei in der deutschen Geschichte. Ihre Gründung wurde möglich, nachdem im Ergebnis des Sieges der Sowjetarmee über den Hitlerfaschismus unter Führung der Arbeiterklasse im Bündnis mit den werktätigen Bauern die Bodenreform durchgeführt und die Junker und Monopolisten auf dem Gebiet der Deutschen Demokratischen Republik entmachtet wurden. Die Demokratische Bauernpartei Deutschlands stellte sich vom ersten Tag ihres Bestehens an das Ziel, die politische, ökonomische und kulturelle Rückständigkeit des Dorfes überwinden zu helfen und unter Führung der Arbeiterklasse gemeinsam mit allen demokratischen Kräften eine solche Gesellschaftsordnung zu errichten, in der die Arbeiter, die Bauern und alle Werktätigen befreit von Unterdrückung und Ausbeutung ihr eigenes Leben und ihre Zukunft in Frieden und Wohlstand selbst gestalten. [...]

Das auf dem VI. Parteitag der SED beschlossene Programm des Sozialismus ist das Programm unseres ganzen Volkes. Es ist auch unser Programm, das Programm der Demokratischen Bauernpartei Deutschlands. [...]

Die Demokratische Bauernpartei Deutschlands wird mit Schöpferkraft und Initiative in der Gemeinschaft der in der Nationalen Front unter Führung der SED vereinten Parteien und Organisationen an der begeisternden Aufgabe der Vollendung des Sozialismus in der DDR mitwirken und betrachtet es als ehrenvolle Verpflichtung, damit ihren Beitrag zur weiteren politischen, ökonomischen, kulturellen und militärischen Stärkung unseres Vaterlandes, der DDR, des ersten sozialistischen Staates deutscher Nation, zu leisten. [...]

---

b) Einladung

Kreisverband der DBD
S t r a l s u n d

Stralsund, den 7.1.85

E i n l a d u n g

Liebe Kollegin, lieber Kollege ...... *Schuchardt*

Am Donnerstag, dem 17. Januar führen wir unsere erweiterte Kreisvorstandssitzung in Vorbereitung der Parteiwahlen durch. Hierzu laden wir Dich recht herzlich ein.

Beginn: 9 Uhr
Ort: Stralsund – Konsumgaststätte „Stadtkoppel", Bartherstraße.

Tagesordnung:

1. Vortrag zu aktuellen Fragen der Innen- und Außenpolitik und der ökonomischen Aufgaben des Kreises im Jahr 1985.
   Es spricht Genosse Lüttgers, Sekretär für Landwirtschaft bei der SED-Kreisleitung
2. Pause
3. Aussprache zum Vortrag und Anfragen
4. Mittagspause
5. Bericht des Kreissekretariats an die erweiterte Tagung des Kreisvorstandes zur Auswertung der 8. Parteivorstandssitzung sowie zur Vorbereitung und Durchführung der Parteiwahlen. (Koll. Kurz)
6. Aussprache zum Bericht
7. Beschlußfassung

Wir erwarten unbedingt Deine Teilnahme.
Ende der Beratung gegen 15.30 Uhr.

Mit sozialistischem Gruß!
Ertel
1. Kreissekretär

c) Aus einer Rede im Parteischuljahr, 1985 (nach dem Manuskript)

Liebe Kolleginnen und Kollegen!

Es soll heute unsere Aufgabe sein, Schwerpunkte für die Gestaltung des 3. Themas im PSJ 84/85 zu erarbeiten und Fragen dazu auszudiskutieren.

Folgende zwei Problemkreise sollen dazu abgearbeitet werden:

1. Warum ist die sozialistische Lebensweise Ergebnis und Erfordernis unserer gesellschaftlichen Entwicklung? und
2. Wodurch erhält die sozialistische Lebensweise auf dem Lande ihre besondere Spezifik? [...]

Nun zum zweiten Schwerpunkt:

[...] Heute geht es vor allem darum, das Dorf als Heimstadt der Bauern mit der landwirtschaftlichen Produktion enger zu verbinden und den Einfluß der LPG auf das gesamte dörfliche Leben weiter zu erhöhen.

Eine Grundvoraussetzung dafür ist die enge, kameradschaftliche Zusammenarbeit zwischen den örtlichen Volksvertretungen, den LPG und VEG, der VdgB, dem VKSK und allen anderen gesellschaftlichen Kräften des Dorfes.

Hervorzuheben ist insbesondere, daß dank der modernen technischen Ausrüstung und der gewachsenen Qualifikation der Genossenschaftsbauern die Arbeit in der Landwirtschaft aufgehört hat, Inbegriff körperlich schwerster und geistig anspruchsloser Arbeit zu sein.

Das hat nicht wenig dazu beigetragen, daß die Arbeitszufriedenheit der Bauern stark entwickelt ist und in den Arbeitskollektiven gegenseitige Hilfe und vertrauensvolles Miteinander das Klima bestimmen. Natürlich bleibt noch vieles zu tun, um physisch schwere oder einseitige Arbeit im Zuge der Rationalisierung weiter zu verringern. [...]

Welche kulturpolitischen Aufgaben stehen nun derzeit im Vordergrund?

Das Hauptanliegen ist die immer bessere Gestaltung der Lebensbedingungen auf dem Lande. Die Teilnehmer an der zentralen Beratung mit Leitungskadern und Praktikern der sozialistischen Landwirtschaft vom 9. bis 11. Januar 1985 in Leipzig-Markkleeberg führten dazu in ihrem Brief an Gen. Honecker aus: „Die bewährte Politik unserer Partei zur immer besseren Gestaltung der Lebensbedingungen auf dem Lande unterstützen wir im Wettbewerb „Schöner unsere Städte und Gemeinden“ durch bessere Wohnbedingungen, erweiterte Kindergärten und Kinderkrippen sowie Möglichkeiten für sportliche und kulturelle Betätigung.“ Für Genossenschaftsbauern und Arbeiter werden auf dem Lande bis zum XI. Parteitag der SED mindestens 13.500 Wohnungen neu-, um- und ausgebaut. Die Voraussetzungen für schönere Dörfer schaffen wir durch steigende Produktion und Effektivität.

Weitere wichtige Aufgaben sind stabile Dorfklubs, die kontinuierlich arbeiten, den Kampf um hohe ökonomische Ergebnisse wirkungsvoll mit der allseitigen Entwicklung sozialistischer Persönlichkeiten zu verbinden, ein möglichst reichhaltiges kulturelles Angebot zu sichern, und eine besondere Unterstützung der Jugend bei der Entfaltung ihres geistig-kulturellen und sportlichen Lebens. [...]

d) Grußadresse der Christlich-Demokratischen Union Deutschlands zum 30. Jahrestag der DBD, 1978

Sehr geehrter Kollege Goldenbaum!

Aus Anlaß des 30. Jahrestages der Gründung der Demokratischen Bauernpartei Deutschlands übermittle ich Ihnen, dem Parteivorstand und allen Mitgliedern Ihrer Partei im Namen des Hauptvorstandes der Christlich-Demokratischen Union Deutschlands sowie in meinem eigenen Namen die herzlichsten Grüße und Glückwünsche. Seit ihrer Gründung hat die Demokratische Bauernpartei Deutschlands in den zurückliegenden drei Jahrzehnten einen bedeutenden Beitrag zur Herausbildung und Festigung der politisch-moralischen Einheit des Volkes, zur allseitigen Stärkung unseres sozialistischen Staates, zur Vertiefung der unverbrüchlichen Freundschaft mit der Sowjetunion und den anderen Ländern der sozialistischen Staatengemeinschaft geleistet. So hat auch Ihre Partei Anteil daran, daß unsere Deutsche Demokratische Republik zu einer sicheren Heimstatt für Frieden und Sozialismus, für Demokratie und sozialen Fortschritt, für Humanismus und Menschenwürde geworden ist. Insbesondere hat sie beispielgebend und zielstrebig mitgearbeitet an der sozialistischen Umgestaltung unserer Landwirtschaft, an der Weiterentwicklung der sozialistischen Produktionsverhältnisse auf dem Lande, an der breiten Anwendung des wissenschaftlich-technischen Fortschritts und an der weiteren sozialistischen Intensivierung der landwirtschaftlichen Produktion durch kluge Nutzung der Vorzüge vielfältiger Kooperationsbeziehungen.

Ein vordringliches Anliegen sah Ihre Partei in der politisch-ideologischen Arbeit stets darin, daß die Klasse der Genossenschaftsbauern ihre Verpflichtungen aus dem Bündnis mit der Arbeiterklasse immer bewußter wahrnimmt.

Die der Christlich-Demokratischen Union Deutschlands angehörenden Genossenschaftsbauern vereinen gegenwärtig ihre Anstrengungen mit denen der Mitglieder der Demokratischen Bauernpartei Deutschlands und der anderen gesellschaftlichen Kräfte, um in der Land- und Nahrungsgüterwirtschaft die Produktion und deren Effektivität systematisch zu erhöhen und durch die Verbesserung der Lebensbedingungen des Dorfes die wesentlichen Unterschiede zwischen Stadt und Land allmählich zu überwinden.

In Verwirklichung der Beschlüsse des IX. Parteitages der Sozialistischen Einheitspartei Deutschlands werden wir unter der Führung der Partei der Arbeiterklasse im Demokratischen Block und in der Nationalen Front der DDR die bewährte Zusammenarbeit bei der weiteren Ausgestaltung der entwickelten sozialistischen Gesellschaft, bei der Durchführung unseres Programms des Wachstums, des Wohlstandes und der Stabilität fortsetzen.

In dieser Gemeinsamkeit des Wirkens für die weitere allseitige Stärkung unserer Republik, für das Wohl ihrer Bürger und die Verwirklichung ihrer Friedenspolitik wissen wir uns Ihnen auch in Zukunft freundschaftlich verbunden.

Wir wünschen Ihnen, sehr geehrter Kollege Goldenbaum, den Mitgliedern des Parteivorstandes sowie allen Ihren Parteifreunden in Ihrer darauf gerichteten Arbeit weitere Erfolge, reiche Schaffenskraft und beste Gesundheit.

Mit sozialistischem Gruß

Gerald Götting

(*30 Jahre Demokratische Bauernpartei Deutschlands.* o. O., o. J.)

2. Gesellschaftliche Organisationen

FDJ

Jugend erwach

(*Leben, singen, kämpfen.* Berlin o.J.)

a) FDJ und SED

Eine Frage, Genossen!

Hat die Jugendorganisation in der Volkspolizei keine Bedeutung mehr?

Diesen Eindruck muß man gewinnen, wenn man hört, daß auf der zweitägigen Tagung der Parteisekretäre der Deutschen Volkspolizei in Berlin die Aufgaben der Partei gegenüber der FDJ kaum behandelt wurden. Man hält es beinahe nicht für möglich, daß in einem Seminar nur 10 bis 15 Minuten ‚Jugendfragen' diskutiert wurden und es auch in den anderen Seminaren nicht viel anders gewesen ist.

Sind die für die Tagung verantwortlichen Genossen der Meinung, daß zur Lösung der polizeilichen Aufgaben die Jugend nicht benötigt wird, oder soll bei der sozialistischen Erziehung der Jugend auf die FDJ verzichtet werden?

Wir führen in unserem Bezirk täglich den Kampf darum, daß die Parteiorganisationen ihre Verantwortung für die Jugendorganisation erkennen, aber einige Genossen unterschätzen wahrscheinlich diese Fragen und erschweren so unsere Arbeit. Man kann doch nicht einfach den Beschluß des Politbüros des Zentralkomitees der SED vom 3. September 1957, der nicht nur für uns im Bezirk Cottbus Gültigkeit hat, übergehen.

Ich möchte fragen, wie konnte eine solche Unterschätzung der Jugendarbeit zugelassen werden? Bei der Auswertung dieser Tagung der Parteisekretäre in der Leitung der Parteigrundorganisation der BDVP Cottbus kam das Kollektiv der Leitung zu der Ansicht, daß wir eine solche Unterschätzung der FDJ nicht dulden dürfen. Wir bitten die verantwortlichen Genossen um eine Stellungnahme in unserer Zeitschrift.

(*Die Volkspolizei. Zeitschrift für alle Angehörigen der Deutschen Volkspolizei.* Berlin 11. Jg., 1958, 2. Januarheft)

---

b) Aus dem Statut der FDJ, 1976

I. Ziele und Aufgaben der Freien Deutschen Jugend

Die Freie Deutsche Jugend ist die einheitliche sozialistische Massenorganisation der Jugend der Deutschen Demokratischen Republik. Sie vereint auf freiwilliger Grundlage in ihren Reihen junge Menschen, die gemeinsam mit allen Werktätigen die entwickelte sozialistische Gesellschaft weiter gestalten und so grundlegende Voraussetzungen für den allmählichen Übergang zum Kommunismus schaffen. Sie verkörpert die politische Einheit der jungen Generation der DDR. Die in ihr organisierte Arbeiterjugend bildet den Kern der Freien Deutschen Jugend.

Die Freie Deutsche Jugend arbeitet unter Führung der Sozialistischen Einheitspartei Deutschlands und betrachtet sich als deren aktiver Helfer und Kampfreserve. Grundlage für ihre gesamte Tätigkeit sind das Programm und die Beschlüsse der SED.

FDJ-Aufgebot DDR 30
Wir kämpfen
um ein
Ehrenbanner
der SED

c) Aus dem Aufruf von Flora und Jolanthe an alle jungen Viehzüchter, 1960

Flora und Jolanthe rufen alle jungen Viehzüchter: Macht die Monate Oktober, November, Dezember zu Höchstleistungsmonaten für die Steigerung der Marktproduktion. Meßt, rechnet, wiegt, kommt mit vollen Kannen nach Rostock.

Dieser Tage wurde die „Junge-Welt"-Milchbank eröffnet.

Diese Kannen – die weiße und die rote – sind das Symbol für den großen Wettbewerb der Jugend in der sozialistischen Landwirtschaft zur Vorbereitung des VI. Deutschen Bauernkongresses in Rostock. Wozu dienen diese Kannen? Die erste fordert euch auf, dort eure Verpflichtungen zu notieren und an die Redaktion „Junge Welt" zu senden. Die Eintragungen in der zweiten jedoch dienen euch zur Kontrolle. Am 30. November aber tragt ihr ein, wie ihr eure Verpflichtung erfüllt habt, und schickt sie ebenfalls an die Redaktion. Dort – auf der „Junge-Welt"-Milchbank – werden alle Kannen zusammentreffen. Es geht dabei nicht nur um Milch. Nein, auch Schwein muß man haben, denn es geht um die Wurst.

Darum sollen sich nicht nur junge Melker am Wettbewerb beteiligen, sondern auch alle Jungen und Mädchen in der Schweinehaltung. Wie ihre Freunde aus den Rinderställen sollen auch hier junge Schweinepfleger, Jugendbrigaden, Jugendobjekte und die Jugendlichen ihre Verpflichtungen abgeben, die in der individuellen Viehwirtschaft die Marktproduktion steigern wollen. Doch von dem Ei im Korb zum Ei im Glas ist kein weiter Weg. Deshalb sind auch die Freunde aufgerufen, die uns dieses bekömmliche Gericht „servieren", die Mädchen und Jungen in der Geflügelhaltung. Ihre Verpflichtungen und Ergebnisse gehören ebenfalls in die Kanne.

Also: Mehr Milch, mehr Schweinefleisch, mehr Eier – *das ist unsere Antwort auf die Worte des Genossen Walter Ulbricht.*

(*Dokumente zur Geschichte der Freien Deutschen Jugend.* Bd. 4, Berlin 1963)

---

d) Junge Bauleute in Berlin, 1976

Zündende Lieder, schmetternde Fanfarentöne und Hochrufe sind am Nachmittag des 22. September 1976 in der Leipziger Straße unserer Hauptstadt zu hören. An diesem Tag geht es um ein Vorhaben, das auf dem X. Parlament der FDJ von allen Delegierten beschlossen worden war.

Mitglieder des Jugendverbandes, junge Bauarbeiter aus allen Teilen der Republik, Schüler und Studenten sind anwesend, als der amtierende Wohnkomplexleiter der Leipziger Straße aus den Händen des Ministers für Bauwesen eine Urkunde entgegennimmt. Damit ist besiegelt: Der Wohnkomplex Leipziger Straße ist Jugendobjekt, Teil der „FDJ-Initiative Berlin".

Hunderte Jugendlicher nehmen an diesem Tag eine neue Arbeit auf – fern von ihren Heimatorten. Sie wollen mithelfen, unsere Hauptstadt noch wohnlicher und attraktiver zu machen. Über vielen Berliner Baustellen weht das blaue FDJ-Banner.

Die „FDJ-Initiative Berlin" ist das bisher größte zentrale Jugendobjekt in der Geschichte des sozialistischen Jugendverbandes. Die Jugend hat sich die Aufgabe gestellt, das Wohnungsbauprogramm zu erfüllen – damit sind auch die Zulieferungen aus den nicht unmittelbar zum Bauwesen gehörenden Wirtschaftszweigen gemeint: aus den Stahlwerken, der Glasindustrie, der chemischen Industrie, aus dem Transportwesen.

Die FDJ-Kollektive, aus denen ein „Berlinfahrer" hervorgeht, übernehmen dessen Arbeit. [...]

(Jahnke und Autorenkollektiv: *Geschichte der FDJ.* Berlin 1983)

X. WELTFESTSPIELE DER JUGEND UND STUDENTEN · BERLIN HAUPTSTADT DER DDR · 1973

---

e) Achim Fröhlich: „Nischt mehr los“

Personen: »Puppe«, junges Mädchen in hot pants und mit »heißem« Pulli; »Ricky«, junger Mann mit Vollbart, langen Haaren, engen Hosen und Danyel-Gérard-Hut; »Piepe«, ziemlich normaler junger Mann.
Puppe und Ricky lehnen an einer Häuserwand. Beide unterhalten sich betont gelangweilt.

Puppe: Langweilig, wa, Ricky?
Ricky: Jenau, Puppe . . . ist echt komprimierend, wa?
Puppe: Nischt mehr, wat mal einfetzt!
Ricky: Jenau, Puppe . . . nischt fetzt mehr ein!
Puppe: Sag ich doch. Seit die da oben alles erlaubt haben, enge Pullis . . .
Ricky: Lange Haare . . .
Puppe: Und Beat.
Ricky: Und Bart.
Puppe: Und det Schärfste: Hot pants gibs im Konsum. Is doch jar keen richtiger Andergraund mehr.
Ricky: Jenau. Alles is erlaubt, keen Abevauer, der sich mal richtig uffreecht.
Puppe: Die Ollen meckern nich mehr. Det reecht mir uff.
Ricky: Keener dreht sich nach uns um. Nich mal 'ne Töle. Macht nun alles kein Spaß mehr.
Puppe: Wat hat man denn noch von seine schwere Jugend, wenn man nich mal uffällt!

Ricky: Unsere alten Herrschaften hatten det noch jut.
Puppe: Ay, ay, Sir. Früher war ebend alles besser, weil alles verboten war.
Ricky: Wenn mein Kollege Erzeuger so erzählt: Wie der det erste mal in die fünfziger Jahre mit Hochwasserhosen, Ringelsocken und Sambalatschen uffkreuzte, det war ne Einbrenne. Sechs Versammlungen hamse wegen ihm gemacht, wo er als Outsider im Mittelpunkt stand.
Puppe: Isser eigentlich noch inne FDJ?
Ricky: Nee! Is im vorijen Jahr ausjetreten. Zu alt!
Puppe: Hätta doch noch inne Kreisleitung jehn können, wa? Oder in Zentralrat!
Ricky: Na, so alt isser ja nun ooch wieder nich, wa? Is fünfunddreißig mein alter Herr!
Puppe: Fünfziger Jahre waren ooch noch besser. Mein Daddy mußte sich ganz schön durchsetzen mit seine scharfen Niethosen, buntet Hemde drüber und dann Boogie-Woogie. Det waren noch Zeiten für unsere Ahnen, als det Roll-Kommando geholt wurde, wenn die mal auseinandertanzten.
Ricky: Oda die ersten Langhaarigen vor Jahren, det waren noch maximale Einfetzer! Det waren echte Vorkämpfer ! Wir sind ebend nur noch zu spät geborene Helden. Jibt nischt, womit de uffallen kannst.
Puppe: Ick fühl mir schon wie Ästablischment.
Ricky: Jenau. Uns hamse die Jugend gestohln.
Puppe: Nischt is mehr dekadent.
Ricky: Nischt mehr 'n Superwirker.
Puppe: Is emt allet langweilich.

Piepe tritt zu den beiden. Er ist normal gekleidet und trägt ein FDJ-Hemd.

Piepe: Hello, Puppe ! Servus, Ricky ! Wat kiekt ihr denn so?
Puppe: Mensch, Piepe, mir stockt die Milch . . . du im Blauhemd? ? ?
Ricky: Und wo sind deine langen Haare, dein Bart, deine Lederkombination, hä?
Puppe: Wie kommstn bloß uff FDJ-Look, Piepe?
Piepe: Janz einfach, wa? Ick will mal wieda richtich uffallen!

(*Disteleien. Kabarett-Szenen.* Berlin 1976)

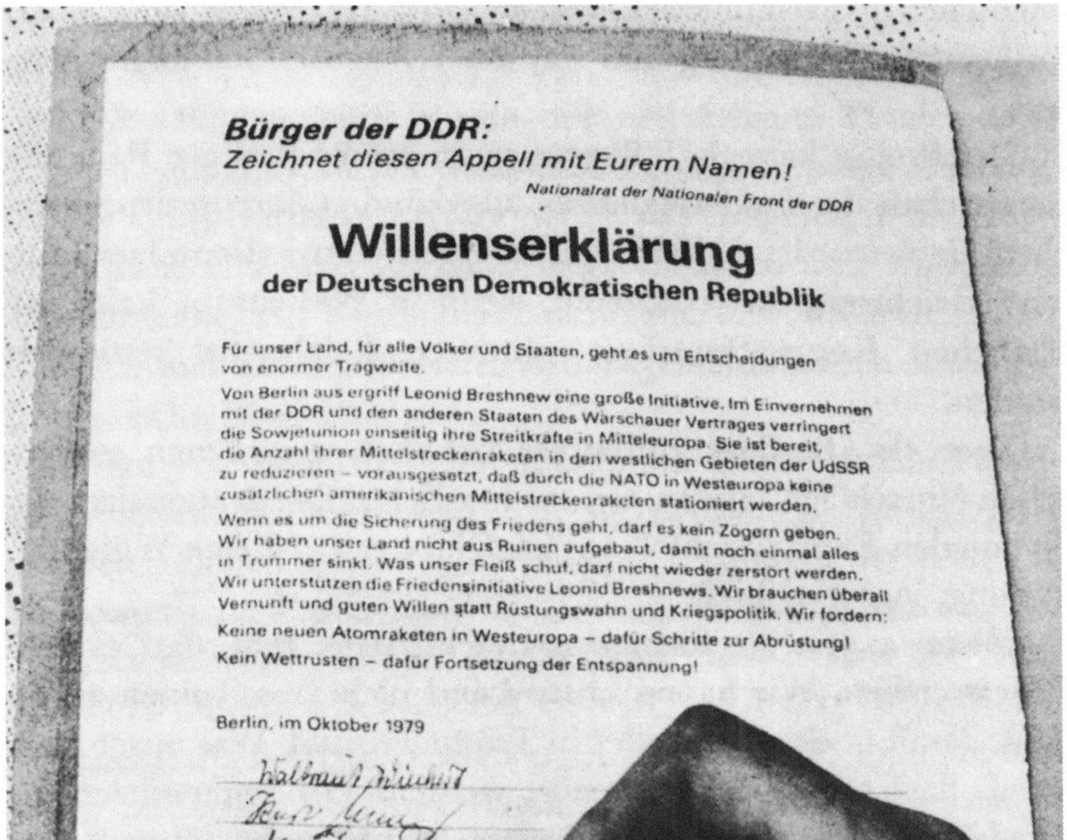

Bürger der DDR:
Zeichnet diesen Appell mit Eurem Namen!
Nationalrat der Nationalen Front der DDR

Willenserklärung
der Deutschen Demokratischen Republik

Fur unser Land, fur alle Volker und Staaten, geht es um Entscheidungen von enormer Tragweite.

Von Berlin aus ergriff Leonid Breshnew eine große Initiative. Im Einvernehmen mit der DDR und den anderen Staaten des Warschauer Vertrages verringert die Sowjetunion einseitig ihre Streitkrafte in Mitteleuropa. Sie ist bereit, die Anzahl ihrer Mittelstreckenraketen in den westlichen Gebieten der UdSSR zu reduzieren – vorausgesetzt, daß durch die NATO in Westeuropa keine zusatzlichen amerikanischen Mittelstreckenraketen stationiert werden.

Wenn es um die Sicherung des Friedens geht, darf es kein Zögern geben. Wir haben unser Land nicht aus Ruinen aufgebaut, damit noch einmal alles in Trummer sinkt. Was unser Fleiß schuf, darf nicht wieder zerstört werden. Wir unterstutzen die Friedensinitiative Leonid Breshnews. Wir brauchen überall Vernunft und guten Willen statt Rustungswahn und Kriegspolitik. Wir fordern:

Keine neuen Atomraketen in Westeuropa – dafür Schritte zur Abrüstung!

Kein Wettrusten – dafur Fortsetzung der Entspannung!

Berlin, im Oktober 1979

(Keiderling, Gerhard: *Berlin 1945 – 1986. Geschichte der Hauptstadt der DDR.* Berlin 1987)

Stellungnahme einer sowjetischen Studentin zur Willenserklärung der Nationalen Front

Wie alle sowjetischen Menschen will ich Frieden für alle Völker der Erde. Aus den Erinnerungen meiner Großmutter habe ich erfahren, wie es unseren Menschen während des II. Weltkrieges zumute war. Fast jede sowjetische Familie hat ihren Angehörigen im Krieg verloren. Meine Großväter sind von der Front auch nicht zurückgekehrt. Ich habe keinen Großvater gehabt. Ich habe seine Herzensgüte und Freundlichkeit nicht gespürt. Meine Mutter und mein Vater haben ihre Väter auch nicht gekannt. Deshalb ist die Willenserklärung kein abstraktes, unnützes Dokument für mich. Ich fordere Frieden voll von Überzeugung, daß alle Bürger der DDR diese Willenserklärung unterstreichen werden.

Kalsikowa, Olga

DFD

Buch der guten Taten des DFD – Kreisvorstand Meißen

Zu Ehren des 50. Jahrestages der Großen Sozialistischen Oktoberrevolution brachten die Frauen des Kreises Meissen ihre Verbundenheit mit den Völkern der ruhmreichen Sowjetunion in vielfältiger Weise zum Ausdruck.

In einer Vielzahl von differenzierten Aussprachen, Versammlungen und Veranstaltungen jeglicher Art wurden folgende Ergebnisse erzielt:

***15** Zirkel der lernenden Frau werden dazu beitragen, das Wissen der Frauen und Mädchen zu erhöhen.*
***5** Zirkel des künstlerischen Volksschaffens tragen zur sinnvollen Freizeitgestaltung unserer Bürger bei.*
***20** Gymnastikgruppen sorgen für Pflege und Gesunderhaltung des Körpers.*

Die Hausfrauen bewiesen täglich ihre Bereitschaft zur Hilfe in der Landwirtschaft und leisteten zur verlustlosen Einbringung der Ernte und Pflegearbeiten

45.000 Std.

Die unverbrüchliche Freundschaft zur Sowjetunion, die Solidarität mit dem um seine Freiheit kämpfenden vietnamesischen Volk und die Liebe zur Deutschen Demokratischen Republik drückt sich in dieser abgegebenen Verpflichtung aus.

DFD-Kreisvorstand Meissen

Meissen, im Oktober 1967

(Bundesvorstand des DFD [Hrsg.]: *Geschichte des DFD.* Leipzig 1989)

Frdn. Klose

DFD ***Einladung***

Wir laden Sie recht herzlich ein zu unserer Veranstaltung
am .... 2.2.89 ....19.30.............................. Uhr
im .... Franz-Lenzner-Heim ....
zum Thema: ...... Vorstandsitzung ....
.... Vorb. Frauentagsfeier ....
Wir würden uns freuen, Sie begrüßen zu können.

DFD-Gruppenvorstand

FDGB

a) Ziele und Aufgaben der freien deutschen Gewerkschaften (Auszug aus den Satzungen des FDGB 1951)

Die freien deutschen Gewerkschaften bauen sich einheitlich nach demokratischen Grundsätzen auf. Sie stehen auf dem Boden des Klassenkampfes. Sie erstreben die Einheit der Arbeiterklasse und setzen sich entschlossen für die Demokratisierung ganz Deutschlands ein. Die freien Gewerkschaften führen mit allen Kräften den Kampf um den Weltfrieden. Sie erziehen ihre Mitglieder zur Völkerverständigung und zur internationalen Solidarität. Der FDGB ist Mitglied des Weltgewerkschaftsbundes und erkennt seine Beschlüsse für sich als bindend an. Der FDGB vertritt im Weltgewerkschaftsbund die Interessen der Gewerkschaftsmitglieder ganz Deutschlands. Er führt seine Beschlüsse in dem Bewußtsein durch, daß auf den deutschen Gewerkschaften eine besondere Verantwortung ruht im Kampf um den Frieden und Fortschritt. Die freien deutschen Gewerkschaften setzen sich ein für eine feste Freundschaft mit der Sowjetunion, den Volksdemokratien und allen fortschrittlichen Menschen in der Welt.

Die freien Gewerkschaften kämpfen in den vordersten Reihen der Nationalen Front des demokratischen Deutschland für Einheit, Unabhängigkeit und für ein friedliebendes deutsches Vaterland und einen gerechten Friedensvertrag. Sie betrachten die Deutsche Demokratische Republik als Grundlage für eine fortschrittliche demokratische Entwicklung für ganz Deutschland im Interesse der Werktätigen.

b) Das Brigadetagebuch

KLUBHAUS DER GEWERKSCHAFTEN „HERMANN DUNKER" HALLE

VEB Maschinen- und Metallwarenfabrik
BT VII
Halle

Liebe Kolleginnen und Kollegen!

Wir erhielten Euer Brigadetagebuch zur Einschätzung und danken Euch dafür. Um Euch bei der Verbesserung der Qualität Eures Buches behilflich zu sein, möchten wir Euch einige Hinweise geben.

Euer Tagebuch wird ziemlich fleißig geführt und ist sauber, übersichtlich und bunt gestaltet und läßt auch Euer gesellschaftliches Engagement erkennen. Das alles gehört in ein solches Buch, doch erscheint uns vieles zu protokollhaft. Trotzdem bemüht Ihr Euch um Auflockerung durch Berichte über gemeinsame Erlebnisse. Das Tagebuch einer Brigade soll das Spiegelbild der Entwicklung eines Kollektivs sein, soll also alles das festhalten, was erkennen läßt, ob und in welchem Maße dieses Kollektiv wächst und sich festigt. Und das wiederum zeigt sich am ehesten in der gemeinsamen Erreichung guter Ergebnisse in der Arbeit, aber auch in der gemeinsamen Überwindung von Schwierigkeiten. Die treten überall dort auf, wo Menschen zusammen arbeiten. Die zwischenmenschlichen Beziehungen und die Arbeitsatmosphäre werden nicht selten durch Reibereien und Fehlverhalten gestört. Dies sollte kritisch aufgegriffen und im Buch angesprochen werden, und es sollte auch zu lesen sein, was in solchen Fällen unternommen wurde, ob man sich mit den betreffenden Kollegen auseinandersetzt und mit welchem Ergebnis. Dieser Erziehungs- und Entwicklungsprozeß muß sich im Buch niederschlagen.

Wenn Ihr diese Gedanken in der weiteren Arbeit mit dem Brigadetagebuch beachtet, wird es in seinem Wert für Euch spürbar steigen und ein rundum gutes Buch werden, und wir wünschen Euch dabei viel Erfolg.

Mit gewerkschaftlichem Gruß

Rittmeister
Leiterin der Bibliothek

Halle, 24. Nov. 1987

---

c) Feriendienst

Willkommen im Gebiet um Bad Schandau

Liebe Kollegin, lieber Kollege! Sicherlich haben Sie diesen Prospekt in der Absicht gekauft, ein wenig Vorfreude für den Urlaub oder auch Anregungen für ein erholsames Wochenende zu erhalten. Die sächsische Schweiz mit ihren Sandsteinfelsen, mit ihren Kur- und Erholungsorten wie Bad Schandau,

Altendorf, Mittelndorf, Saupsdorf, Kleingießhübel, Krippen und vielen anderen, die in diesem Prospekt beschrieben werden, ist eines der schönsten – manche sagen sogar das schönste – Urlaubsgebiet der Deutschen Demokratischen Republik. Gerade deshalb hat der Feriendienst der Gewerkschaften in diesem Gebiet komfortable Erholungsheime für in- und ausländische Urlauber und gute Vertragshäuser sowie schöne Privatunterkünfte für unsere Gewerkschaftsmitglieder und ihre Angehörigen vertraglich gebunden.

Ein Ferienscheck der Gewerkschaften, der es Ihnen ermöglicht, gerade hier Ihren Urlaub zu verbringen, ist darum besonders gefragt. Sagen Sie selbst: Wo anders als in der Sächsischen Schweiz finden Sie noch in unserer Republik romantische Felsen, Berge, stille Täler, Bäche, Waldbäder und einen so großen schiffbaren Strom wie die Elbe? Wenn Sie von Bord eines der vielen modernen Schiffe der Weißen Flotte die hochaufragenden Felsen des Liliensteins, des Königsteins oder der Bastei grüßen, dann werden auch Sie spüren, daß Sie sich eine der schönsten Gegenden für Ihren Urlaub und für Ihre Erholung ausgesucht haben. In der Sächsischen Schweiz kommt jeder zu seinem Recht: der Urlauber, der als Naturfreund stille Pfade bevorzugt, der Klettersportler, der sich auf Grund seiner Erfahrungen schon an einige Felsen heranwagen darf, und derjenige, der im Urlaub auch vergnügte und unterhaltende Stunden verleben möchte.

Für die kulturelle Betreuung während Ihres Urlaubs haben die Dorfklubs bzw. Klubs der Werktätigen interessante Programme vorbereitet. Sie werden mit Berufs- und Laienkünstlern bzw. Volkskunstgruppen und nicht zuletzt mit den Einwohnern schnell Freundschaft schließen.

Einen angenehmen Erholungsaufenthalt in den Kur- und Ferienorten bei Wanderungen, Sport und Spiel sowie bei gesellschaftlichen Veranstaltungen wünscht Ihnen

Ihr Feriendienst der Gewerkschaften

(*FDGB-Feriendienst.* Nr. 28, Berlin 1968)

KULTURBUND

a) Ferien

KULTURBUND DER DEUTSCHEN DEMOKRATISCHEN REPUBLIK
Träger des Vaterländischen Verdienstordens in Gold
BUNDESSEKRETARIAT/ Geschäftsbereich

1080 Berlin • Otto-Nuschke-Straße 1

An alle
Vorsitzenden
der Ortsgruppen des
Kulturbundes der DDR

Berlin, den 05.12.1986

Betr.: Ferienplatzangebot in der Vor- und Nachsaison

Werte Bundesfreunde!

Erfahrungswerte über Jahre hinaus zeigen, daß unsere vorhandenen Ferienplätze in Ahrenshoop und Born/ Darß in den Monaten Mai und September und in unserem Gästehaus »Essigmühle« in Hermsdorf/ Osterzg. in den Monaten Januar, März und April freie Kapazitäten aufweisen.

Nachfragen bei unseren Ortsbeauftragten in Ahrenshoop, Born und Hermsdorf bestätigen immer wieder, daß viele Bundesfreunde darüber nicht informiert sind, in den oben genannten Orten und Monaten Ferienplätze zu erwerben.

Wir möchten deshalb auf diese Möglichkeiten aufmerksam machen und Sie bitten, Ihre Mitglieder hiervon zu informieren.

Interessenten mögen einen formlosen Antrag mit den nachstehenden Angaben an ihr Kreissekretariat senden:

- gewünschter Urlaubsort
- Urlaubstermin (wenn möglich mit Ausweichtermin)
- Name, Vorname, Geburtsdatum, Beruf, Anschrift, Tel.-Nr.
- Mitglied im Kulturbund seit:

Die bei uns eingehenden Anträge werden in der Reihenfolge des Posteinganges termingerecht bearbeitet. Sollten alle zur Verfügung stehenden Plätze vergeben sein, erhält der Antragsteller umgehend Nachricht.

Selbstverständlich sollten aktiv tätige Mitglieder der Ortsgruppen an erster Stelle bei der Vergabe dieser Plätze Berücksichtigung finden. In Ausnahmefällen, vor allem, wenn es sich zeigt, daß noch ausreichend Plätze zur Verfügung stehen, sind wir bereit, auch Anträge von Freunden von Bundesfreunden entgegen zu nehmen.

Wir danken für Ihre Unterstützung und verbleiben

mit freundlichem Gruß

Franzen	*Hörig*	*Läser*
Kreissekretär	Bundes-geschäftsführer	Feriendienst

---

b) Bericht der Ortsgruppe Hagenow des Kulturbundes an die Ständige Kommission Kultur Hagenow, 2. Hälfte der 80er Jahre (Nach dem Manuskript)

Die Ortsgruppe des KB hat z. Z. 65 Mitglieder. Zur OG gehören die Arbeitsgruppe Natur und Umwelt unter Leitung des Bundesfreundes Dr. Manfred Schüler, die IG Niederdeutsch „De Klönklub" unter der Leitung des Bfr. Hermann Hörtzel und die IG „Handarbeit" unter Leitung der Bfr. Inge Stephan. Diese Gruppen arbeiten sehr aktiv, selbständig und regelmäßig. Die OG bemüht sich, jeden Monat eine Veranstaltung zu organisieren, die für jeden interessierten Bürger offensteht. Ich möchte hier nur die Veranstaltungen aufzählen, die wir im zurückliegenden Jahr hatten:

– 2 Abende mit dem „Klönklub“, Chor u. Mandolinengr. „Platt möt sin und blieben“ u. „Platt von hüt“

– Theatervorstellung der Plattdütsch Späldäl „Wohen mit all dat Geld?“

– 3 literarisch-musik. Programme:
- „Greife wacker nach der Sünde“
- „Mein Herz, mein Alles, mein Ich ...“
- Weihnachtskonzert mit Lehrern und Schülern der MS Stralsund

– 1 Farb-Dia-Vortrag mit Siegfried Schärze „Hagenow – gestern und heute“

– 1 Mitgliederversammlung mit kurzem Programm des „Klönklubs“ u. einer Ausstellung d. IG „Handarbeit“ sowie mit einer Gesprächsrunde, die bei uns schon Tradition hat „Was gibt's Neues, Herr Abgeordneter?“, diesmal mit Volkskammerabg. Wilhelm Sünderling.

An diesen genannten KB-Veranstaltungen nahmen 420 Personen teil. Für fast alle unsere Vorhaben können wir unentgeltlich den Rathaussaal nutzen, wofür wir natürlich dankbar sind.

Geplant sind bis Ende dieses Jahres noch 4 Veranstaltungen:

– „Rosen aus dem Süden“, lit.-musik. am 2.11.
– Fahrt nach Güstrow mit Besichtigung des Schlosses u. der Barlach-Gedenkstätte am 12.11.
– Farb-Dia-Vortrag „Fischlandimpressionen“ am 21.11.
– und das Weihnachtskonzert der MS wenige Tage vor Weihnachten.

Wir würden uns natürlich sehr freuen, wenn wir auch einmal Mitglieder dieser Kommission unter unseren Zuschauern begrüßen könnten.

Finanzielle Unterstützung erhalten wir von unserer Kreisleitung des KB, aber da fast alle unsere Veranstaltungen öffentlich für alle Bürger der Stadt Hagenow sind, u. da Programme mit Künstlern meistens ziemlich teuer sind, würden wir uns auch mal über eine Zuwendung von der Stadt freuen.

---

c) Entschließung der Kreisdelegiertenkonferenz des Kulturbundes Greifswald, 1987

Gestützt auf die Erkenntnis, daß die Erhaltung des Friedens die wichtigste Aufgabe der Gegenwart ist, gilt es, das Wissen über die Friedenspolitik der sozialistischen Staaten zu vertiefen, den Antikommunismus und Antisowjetismus als Ursache für die verschärfte Weltlage zu entlarven und die Erkenntnis vom untrennbaren Zusammenhang zwischen starkem Sozialismus und sicherem Frieden im Denken und Handeln der Mitglieder weiter zu vertiefen.

Die geistigen Fragen unserer Zeit sind noch stärker in den Mittelpunkt des kulturellen Lebens in allen Grundeinheiten zu rücken. Vor allem ist eine vertrauensvolle Atmosphäre zu fördern, in der Parteilichkeit, staatsbürgerliches Bewußtsein, Leistungsbereitschaft und Schöpfertum gedeihen. Der Beitrag des Kulturbundes zur Herausbildung des sozialistischen Geschichts- und Traditionsbewußtseins, zur Erschließung und Verbreitung des Kulturerbes, zur sozialistischen Umweltpolitik, zur kunst- und literaturpropagandistischen Tätigkeit sowie zur sinnvollen Freizeitgestaltung ist zielstrebig zu erhöhen.

Die Zielstellungen des Aktionsprogramms vom 24. 11. 1984 bleiben, wie beschlossen, bis zum 30. 6. 1987 gültig und bilden eine der wesentlichen Grundlagen unserer Arbeit.

Zur Vorbereitung des XI. Bundeskongresses wollen wir außerdem:

- bis zum 31. März 1987 effektiv 25 Mitglieder gewinnen;
- bis zum 30. 6. 1987 1000,- Mark dem Solidaritätsfonds zur Verfügung stellen;
- bis zum 30. 6. 1987 in der Ortsgruppe Kandelin eine Klubgemeinschaft bilden und arbeitsfähig machen;
- bis zum 30. 6. 1987 in der Gemeinde Weitenhagen eine Ortsgruppe bilden.

Beraten und beschlossen während der Kreisdelegiertenkonferenz am 7. 2. 1987.

Tagungsleitung

---

d) Information der Kreisleitung Stralsund

Der Kartenverkauf für die Veranstaltungen Januar/Februar 1990 beginnt am
Dienstag, dem 2. 1. 1990, von 14.00 bis 18.00 Uhr
im Foyer des Scheele-Hauses.

Am Montag, dem 8. 1. 1990, und
am Montag, dem 12. 2. 1990,
bleibt das Scheele-Haus geschlossen.

Am 1. Dezember 1989 wurde das
Komitee „Rettet die Stralsunder Altstadt!“
unter großer Beteiligung interessierter Bürger gegründet.
Wir brauchen aber noch mehr engagierte und einsatzbereite Mitstreiter!
Interessenten melden sich bitte im Sekretariat der Kreisleitung im Scheele-Haus.

Wir wünschen unseren Bundesfreunden für 1990
Erfolg, Gesundheit, Glück und die Erfüllung
aller Hoffnungen!

Die Kreisleitung des Kulturbundes

VII. „Der Mensch lebt nicht vom Brot allein ...“

1. Literatur

Bericht über die Kulturkonferenz am 22.6.60 im Kultursaal des BGW für den Stadtbezirk Friedrichshain für die Jahre 1959/60
(Aus einem Brigadetagebuch, Berlin 1960)

Die kulturelle Grundaufgabe im Siebenjahrplan besteht darin, die wachsenden und manigfachen Bedürfnisse unseres Volkes vielseitig zu befriedigen.

Immer deutlicher und zielklarer orientiert sich unsere gesamte Kulturarbeit darauf, einen neuen, von hoher Kultur und Kunst getragenen Lebensstiel der soz. Gesellschaft bilden zu helfen.

Die Revolution auf dem Gebiete der Ideologie und Kunst ist eine Gesetzmäßigkeit zum Sieg des Sozialismus.

Besondere Beachtung finden in diesem Zusammenhang die Brigaden die um den Titel „Brigade der soz. Arbeit" kämpfen.

Bei der Auswertung des Wettbewerbes ist folgendes zu berücksichtigen und zu bewerten:

Führung des Brigadetagebuches
Vorbereitung und Durchführung von Betriebsfestspielen u. a. m.
„Das Volksfest v. Stralauer Fischzug – Treptow in Flammen" soll zu einem sozialistischen Volksfest werden.

ERIK NEUTSCH: „SPUR DER STEINE"

a) Der Autor zum Vorabdruck des Romans im FORUM, 1963

Erik Neutsch

den 14.7.1963

Lieber H ...! Anbei schicke ich Dir die restlichen Kapitel des zweiten Teiles meines Romans, wie es der unerbittliche Vertrag vorsieht. Ich überlege nun doch immer mehr, ob es richtig war, bereits das Manuskript abzudrucken. Manche Leute beginnen, mir Schwierigkeiten zu machen. Sie ereifern sich über etwas, was sie noch gar nicht überblicken können und, wie ich weiß, sehr oberflächlich beurteilen. Aber sie wollen recht haben, und deshalb möchten sie meine Geschichte umbiegen, als hätten sie es nicht mit Menschen hier und heute zu tun, sondern mit einem Stück unempfindsamen Eisens, das man beliebig hämmern kann. Es wird schwer, weiterzuschreiben. [...]

(*FORUM. Organ des Zentralrats der FDJ. Zeitung der Studenten und der jungen Intelligenz.* Berlin, 17. Jg., 14/1963)

b) Ein Leserbrief, 1963

Harri Hirndorf — Obermaßfeld (Krs. Meiningen)

Liebe Genossen! Lieber Erik Neutsch!

Als begeisterter Leser des FORUM bin ich ein genauso begeisterter Leser Ihres Romans „Spur der Steine". Ich lese sehr viel und es gibt sehr viele gute Bücher, die mir viel gaben, aber Ihrem Roman fiebere ich mit besonderer Spannung entgegen. Das liegt wohl mit daran, weil ich als Maurer selbst auf Großbaustellen arbeitete und jetzt auf Grund meiner Funktion (Kulturoffizier der Volkspolizei) mit dazu beitragen muß, Menschen zu erziehen. Der Erziehungsprozeß der Menschen geht bekanntlich bei der Arbeit am wirkungsvollsten vor sich. Und das haben Sie nach meiner Meinung in Ihrem Roman nicht nur gut, sondern sehr gut gezeigt. Ich habe Ihren Roman in einer Dienstbesprechung als ein Lehrbuch propagiert, in dem gezeigt wird, wie der Mensch durch die Arbeit wächst. Daran erkennen Sie, wie ich ihn einschätze. Ich muß Ihnen aber auch etwas anderes sagen.

Solche Menschen wie Balla gibt es, auch bei uns noch. Sie sind oft nicht die schlechtesten. Gibt es aber bei uns noch Menschen, die g i e r i g nach einer Schachtel Zigaretten sehen? Selbstverständlich reizt manchen eine Schachtel Zigaretten, aber ist er g i e r i g nach geschenkten Zigaretten? Das sollten Sie sich einmal überlegen.

Aber noch etwas hat mir gar nicht gefallen. Lieber Erik Neutsch, wir haben keine Dorfpolizisten, sondern Abschnittsbevollmächtigte der Volkspolizei. Unter diesen gibt es auch noch solche, wie Sie Ihren Dorfpolizisten zeichnen: etwas vertrottelt – eben Dorfpolizist. Aber warum zeigen Sie uns in Ihrem Roman gerade so einen? Ich war selbst 6 Jahre Abschnittsbevollmächtigter auf dem Dorf. Aber solch eine unbedeutende Rolle wie Ihr Dorfpolizist habe ich nicht gespielt. Ich stand auch nicht vor dem Gasthof, als 1960 alle Bauern für die LPG gewonnen wurden, sondern ich war mitten unter ihnen und all denen, die zur Aufklärung der Bauern in die Dörfer kamen. Die Abschnittsbevollmächtigten sind doch nicht Polizisten schlechthin, die irgendwelchen strafbaren Handlungen nachjagen. Sie gehören mit zum politischen Mittelpunkt des Dorfes. Da und dort ist das noch nicht so. Aber wenn Sie in Ihrem Roman den neuen Helden unserer Zeit zeigen, dann bitte nicht den ABV in einer untergeordneten vertrottelten Rolle.

Noch etwas. [...] Trotzdem ich Balla langsam schätzen lerne, möchte ich nicht, daß Sie ihn mit Kati zusammenbringen. Sie ist mir für ihn zu sauber. Ich weiß noch gar nicht, ob Sie diese Absicht überhaupt haben; es ist sicher sehr schwer, eine Lösung zu finden, weil beide Frauen so sauber gezeigt werden, daß man sie lieben muß, beide lieben muß. Gleich, welche Lösung Sie finden, aber bitte nicht Kati mit Balla vereinen. Gucken Sie bitte auch nicht die von „Schlacht unterwegs" ab.

Zu Horrath. [...] Wissen Sie, was ich von der Parteiversammlung erwarte, in der über Kati gesprochen werden soll? Daß Horrath gegen die Schuftigkeit des Oberbauleiters auftritt und seine Liebe zu Kati bekennt. So und nicht anders möchte ich ihn sehen.

Lieber E. N.! Ich wünsche, daß Ihnen noch viele Leser ihre Gedanken zu Ihrem Roman sagen. Das beweist Ihnen dann, daß sie mit ihm ins Schwarze getroffen haben.

(*FORUM. Organ des Zentralrats der FDJ. Zeitung der Studenten und der jungen Intelligenz.* Berlin, 17. Jg., 14/1963)

c) Waschzettel „Spur der Steine“

Geld, Frauen und das Gefühl, ein Herrscher zu sein auf dem Bau: Das vor allem gehört zum Bild vom angenehmen Leben für den unruhig von Baustelle zu Baustelle streunenden Glückssucher Hannes Balla. Er rebelliert, trumpft auf, wehrt sich: gegen die Anweisungen der Bauleitung, die Forderungen der Partei, gegen sein Gefühl für Katrin Klee, die junge Diplomingenieurin, gegen Horrath, den neuen Parteisekretär von Schkona. Und doch beginnt er zugleich an der Gültigkeit der lange gehegten Glücksideale zu zweifeln. Mehr und mehr ist er vor allem von Horrath und der Konsequenz seiner Haltung beeindruckt, von Horrath, der für ihn dem Bezirkssekretär gegenüber eintritt und sich nicht scheut, für das einmal als richtig Erkannte sogar eine Parteistrafe auf sich zu nehmen. So sind Ballas Rebellionen, ja sogar sein Schkonaer Streik nur Stationen der konsequent und mit all ihren Widersprüchen gezeichneten Entwicklung eines Menschen, der zur Erkenntnis seiner selbst und seiner Position in der Republik kommt. Und doch ist das keimende Freundschaftsverhältnis zwischen Horrath und Balla bedroht: Horrath scheint ein Doppelleben zu führen. Er weiß in seine persönlichen Beziehungen keine Ordnung zu bringen. Er vermag sich weder für Katrin Klee, die von ihm ein Kind erwartet, noch für seine Frau Marianne zu entscheiden. Wie wird sich Balla verhalten, wie Horrath? Wie entscheidet die Partei, nachdem bekannt wird, daß Horrath sie bewußt irregeführt, daß er geheuchelt, kein Vertrauen zu den eigenen Genossen gehabt hat? Erik Neutschs Buch führt mitten hinein in unsere Diskussionen um die Normen unseres gesellschaftlichen Zusammenlebens, um Moral, Ökonomie, Kultur. Es stellt Fragen und zwingt den Leser zur ständigen Auseinandersetzung. Mit seinem großen Komplex von Konflikten und überzeugend gestalteten Charakteren wird es zugleich zur erregenden Widerspiegelung unserer gegenwärtigen Entwicklungsetappe und zum Beweis: Der Spur der Steine, der Wirkung unseres Aufbaues, unseres ökonomischen, geistigen und moralischen Wachstums vermag sich letztlich niemand zu entziehen. Erik Neutsch erhielt für dieses Buch den Nationalpreis für Kunst und Literatur der DDR.

(Neutsch, Erik: *Spur der Steine*. Halle 1964)

Fassadengestaltung zum „Tag des Künstlers"

(*Ausstellungsjournal Karigraphie '87)*

2. Bildende Kunst und Denkmalpflege

Vorwort zum Katalog der VIII. Kunstausstellung, 1977/78

Zum Geleit

Die VIII. Kunstausstellung der Deutschen Demokratischen Republik vereint in sich Werke von Künstlern aller Gattungen der bildenden Kunst. Malerei, Grafik, Plastik, architekturbezogene Kunst, Gebrauchsgrafik, Formgestaltung, Kunsthandwerk und Bühnenbild wollen einen Einblick in die Möglichkeiten und das Wirken der Gegenwart geben. Immer offensichtlicher wird die Komplexität der bildenden Kunst und ihre feste Verwurzelung in allen Bereichen des gesellschaftlichen Lebens. Viele Kunstwerke entstanden durch die vielfältigen Beziehungen der Künstler zur Arbeiterklasse und den anderen Werktätigen.

Die Beschlüsse des VIII. und IX. Parteitages der Sozialistischen Einheitspartei Deutschlands sind von vielen Künstlern schöpferisch aufgegriffen worden. Deutlich zeigt sich ihr Bestreben, die künstlerische Verantwortung im Sozialismus als künstlerische Verantwortung für den Sozialismus wahrzunehmen. So haben bildende Künstler unseres Landes bei der künstlerischen Gestaltung der Umwelt, der Wohngebiete, der Arbeitsplätze und Wohnungen der Werktätigen wesentlichen Anteil. Zahlreich sind auch die Ergebnisse ihres Wirkens für die sozialistische Landesverteidigung, für die Volksbildung, für den Sport und die Erholung in unserem Staat. Gesellschaftliche Erwartungen zur Gestaltung bedeutender thematischer Bereiche werden zugleich als Anforderungen an die bildenden Künstler verstanden, die moralischen und geistigen Werte der sozialistischen Gesellschaft zu bereichern. Die vielfältigen Möglichkeiten und das günstige Klima für das Wirken der Künstler sind mit einem festen Vertrauensverhältnis zur Arbeiterklasse und ihrer marxistisch-leninistischen Partei verbunden.

Das tiefe und differenzierte Erfassen menschlicher Größe durch treffende Bildideen und ästhetisch wirkungsvolle Gestaltungsweise ist das Anliegen der hier ausgestellten Werke, wobei nötig zu bemerken ist, daß die Zahl der eingesandten Werke von hohem künstlerischem Rang um ein vielfaches höher ist. Das sozialistisch-realistische Kunstschaffen, Parteilichkeit, Volksverbundenheit und sozialistischer Ideengehalt erfährt in unserer Zeit einen neuen Aufschwung und auch seine Bewährung in der Auseinandersetzung mit den verschiedenartigen Erscheinungen des bürgerlichen Kunstzerfalls.

Wir möchten vor allem wünschen, daß die Besucher dieser Ausstellung viel Freude und Genuß empfinden. Möge sie zur fruchtbaren und schöpferischen öffentlichen Kunstdiskussion beitragen.

Die Vorsitzenden des Komitees

Hans-Joachim Hoffmann
Minister für Kultur

Professor Willi Sitte
Präsident des Verbandes
Bildender Künstler der DDR

(*Katalog der VIII. Kunstausstellung der DDR 1977/78 in Dresden*)

a) Aus dem Vorwort „Kunstführer durch die DDR"

Heute erinnert so gut wie nichts mehr an die Jahre des Krieges und die harten Zeiten unseres Neubeginns. Wir haben die Trümmer hinweggeräumt, auch die Trümmer in den Köpfen. Neue Städte sind entstanden, Dörfer haben sich verjüngt – und in ihnen wohnen Menschen, die in geistiger und moralischer Hinsicht einen völlig neuen Typ verkörpern. Diesen Menschen, welche die Deutsche Demokratische Republik ihre Heimat nennen, ist das vorliegende Buch gewidmet; ihnen will es helfen, ihr Wissen zu erweitern und ihr Auge zu schulen. Die Voraussetzungen hierfür sind gegeben. Karl Marx nannte die Verkürzung des Arbeitstages die Grundbedingung für jene „menschliche Kraftentwicklung, die sich als Selbstzweck gilt", und er setzte diese Kraftentwicklung mit dem „wahren Reich der Freiheit" gleich. Die Bürger der Deutschen Demokratischen Republik haben dieses wahre Reich der Freiheit betreten. Ihre eigene Arbeit hat ihnen die Pforte geöffnet. Dank der Tatsache, daß sie von Anfang an für sich selbst arbeiteten, besitzen sie heute einen Überschuß an Kraft und Zeit, über den sie frei verfügen können. Zum erstenmal in der deutschen Geschichte haben sie Muße, sich mit Dingen zu beschäftigen, die früher, in der Epoche der kapitalistischen Ausbeutung, außerhalb ihres Gesichtskreises lagen. Zu diesen Dingen, die sich das Volk jetzt erobert, gehört auch die Kunst. [...]

Dem Verfasser fiel bei seiner Arbeit besonders auf, welche hervorragende Arbeit die Denkmalpflege der Deutschen Demokratischen Republik in den vergangenen zwanzig Jahren geleistet hat. Die Zahl der wiederaufgebauten oder sachkundig erneuerten Denkmäler geht in die Hunderte. Unsere Regierung stellt für die Zwecke der Denkmalpflege jährlich viele Millionen Mark zur Verfügung.

(Piltz, Georg: *Kunstführer durch die DDR.* 3. Aufl., Leipzig, Jena, Berlin 1972)

---

b) Anweisung des Presseamtes vom 29.6.84 an die Medien

»Vorsicht bei der Behandlung der Denkmalpflege. Wir können nicht jede Postsäule, nicht jedes historische Bauwerk, nicht jedes technische Denkmal erhalten. Auch die Veröffentlichung von entsprechenden Forderungen ist unangebracht.«

3. Theater und Varieté

„DER GEORGSBERG" – EIN SCHAUSPIEL

a) Stellungnahme zur bisherigen Fassung

MAXIM GORKI THEATER

Januar 1983

Zu
Rainer Kerndl „Der Georgsberg" (Arbeitstitel)

Der Vorgang:

Der Journalist Sebastian, in mittlerem Alter und mit bisher mäßigen Berufserfolgen, hat zum ersten Mal einen eigenverantwortlichen großen Auftrag übernommen, der ihn zufällig in seine Heimatstadt führt, einer Kreisstadt im Süden der Republik. Anlaß sind Gerüchte über den Verkauf des Georgsbergs an valutabringende Geschäftsleute aus der BRD. Das Zusammentreffen mit der ehemaligen Jugendliebe, die Begegnung mit alten Freunden und vertrauten Plätzen erwecken in Sebastian Jugendträume und Draufgängertum. Erfahrungswerte und Mäßigung verlassen ihn, er wird zum „Revoluzzer". Verbohrt und verbissen will er die eigenmächtigen Verhandlungen des Bürgermeisters Gebert und die scheinbare Zurückhaltung des Ortsparteisekretärs Engelmann (der andere Ziele zur Verwendung des Georgsbergs verfolgt) in die Öffentlichkeit bringen. Als Journalist wird er zwar reglementiert, hat aber bereits Bewegung in die Leute gebracht, die er nun nicht mehr bremsen kann. Der Kampf um den Georgsberg „entbrennt" im wahrsten Sinn, die Öffentlichkeit ist alarmiert, es muß Farbe bekannt werden. Alle Beteiligten werden die Konsequenzen zu tragen haben, aber gewonnen hat die Sache der sozialistischen Demokratie, ohne daß eine Entscheidung über das Schicksal des Georgsbergs bereits gefällt wird.

Unsere Meinung zur Vorlage:

Schon der Umstand, daß K. ein heiteres Stück über unsere Wirklichkeit mit einem wichtigen Problem – der sozialistischen Demokratie – vorgelegt hat, findet unsere Zustimmung. Ein Vorzug ist, Figuren der Leitungsebene wie der „einfachen" Bürger mit unverwechselbaren Zügen gestaltet zu haben.

K. nennt das Genre „fast eine Farce", die ihm besonders in 2 Arbeiterfiguren und in einer Reihe von humorvollen Szenen schon gelingt. Damit erreicht er eine schöne Souveränität über den Stoff, in dem auch brisante ökonomische Fragen stecken.

Er schafft es, sozialistische Demokratie als vertrauensbildendes Instrument zwischen Staat und Volk bewußt zu machen, Lust auf Mitwirkung zu vermitteln. Ks. parteiliche Kritik transportiert sich über individuelle Figuren mit ihren Stärken und Schwächen, ihrem ungebrochenen DDR-Bewußtsein.

Hervorzuheben sind solche gelungenen Figuren:

Mohr und Bock, fast clownesk in Haltung und Dialogführung, die großen Spaß vermitteln über eine Fülle aktueller Fragen vom Kraftstoff über Wohlstandsdenken, Handhabung von Agitation und Verhalten auf Sitzungen, Umgang mit Demokratie und Mangelerscheinungen. Sie stellen einen volkstümlichen Kontrapunkt zum „Intellektuellen" dar, vertreten die frische Volksmeinung, kritisch, fordernd, eindeutig in ihrer Haltung zu ihrem Staat.

Engelmann, der Ortsparteisekretär, ein alter Kämpfer und Kommunist, mit dem Ort tief verbunden wie mit seiner Geschichte, die ein Stück DDR-Geschichte ist. Ganz unaufdringlich und liebenswert in seinem Ethos wie in seinen Grenzen. (Die Figur erinnert an den alten Pahl aus dem „Alois Fingerlein".)

Gebert, der Bürgermeister, zwar nicht ortsverbunden, sucht er aber nach Möglichkeiten, seiner Kreisstadt aus objektiven Schwierigkeiten herauszuhelfen mit Mitteln, die Kritik herausfordern.

Zum gegenwärtigen Stand:

Der Meinungsaustausch zwischen uns und dem Autor führte zur Verständigung über notwendige Veränderungen in der bisher noch unentschiedenen Figurenführung des Sebastian und des BRD-Vertreters Poldi. Darüber gibt es Übereinstimmung, und der Autor wird im Februar seine Veränderungen vorlegen.

---

b) Brief an das Ministerium

Ministerium für Kultur
Abteilung Theater
z. Hd. Genn. K.

1020 Berlin
Molkenmarkt 1 – 3

Berlin, den 30.5.1983

Liebe Maria!

Hier hast Du den KERNDL in der bisher letzten Fassung. Ich würde ihn gern noch vor den Ferien wiederhaben wollen.

Mit freundlichen Grüßen
L. M.

---

c) Information über den Arbeitsstand

An Intendant
9.6.83

Aktennotiz

Gespräch mit R. K. über »Georgsberg«
mit B. R., W. K., L. M.

Ergebnisse

1. Die von R. und K. genannten Einwände und Vorschläge wurden unter der von M. grundsätzlich benannten Bereitschaft, am Stück weiterzuarbeiten, präzise besprochen. Darauf ist K. eingegangen oder hat begründet entgegnet.

2. K. hat die Offenheit akzeptiert und Bereitschaft zur Weiterarbeit erklärt.

Er hat konkret Veränderungen über die Sommerpause zugesagt, Zusammenarbeit eingeplant und die veränderte Fassung für Ende Sept. zugesagt (weitere Arbeitsgespräche wurden für diese Zeit vereinbart.)

3. Aufgrund dieser beiderseitigen Haltung wurde ein Werkauftrag angeboten (vom Magistrat mehrfach ins Gespräch gebracht), und K. stimmte zu.

4. Bei gutem Ergebnis wurde eine Spielplanposition für den Zeitraum Nov. 83 bis Febr. 84 in Erwägung gebracht.

5. Kritische Ablehnung durch einige Kollegen wurde nicht verschwiegen wie auch die Haltung einiger Schauspieler, dabei sein zu wollen, z. B. die Rollen Bock und Mohr betreffend.

Die sehr gründliche Zu-Arbeit von B. R. hat dazu beigetragen, aus unserer kritischen Position zur schöpferischen Haltung Ks. beizutragen. W. K. förderte das Klima durch produktive Haltung des »Machers«.

L. M.

---

d) Ergebnis der Zusammenarbeit

Zwischen	dem Magistrat von Berlin, Hauptstadt der DDR, Abteilung Kultur
vertreten durch	Herrn Stadtrat Dr. J. S. 1020 Berlin, Parochialstr. 1 – 3
dem	Maxim Gorki Theater Berlin
vertreten durch	den Intendanten, Herrn A. H.
und	Herrn R. K.
wird folgender	
geschlossen:	**<u>Werkvertrag</u>**

§ 1

Der Autor verpflichtet sich, das nachstehende Bühnenwerk zu schaffen: Schauspiel „Der Georgsberg".

§ 2

Für die Zusammenarbeit zwischen Autor und Auftraggeber wird vereinbart:
Kontinuierliche schöpferisch-kritische Kontakte in den gemeinsam vereinbarten Arbeitsphasen; von seiten des Auftraggebers sind hierfür der Regisseur W. K. und die wiss. Mitarbeiterin B. R. als Partner des Autors vorgesehen.

§ 3

Der Autor übergibt die in § 1 vereinbarte Arbeit bis zum 31. Oktober 1983 an den Auftraggeber.

§ 4

Der Auftraggeber verpflichtet sich, das abgelieferte Werk zu prüfen und eine schriftliche Erklärung über Abnahme, Ablehnung oder seine Änderungswünsche innerhalb von 6 Wochen abzugeben.

§ 5

Der Auftraggeber zahlt an den Autor entsprechend der geltenden Honorarordnung für Musik- und Bühnenwerke ein Auftragshonorar von [...],-- M ([...]tausend) wie folgt:

1. Rate von [...],-- M innerhalb von 10 Tagen nach Eingang der unterzeichneten Vertragsexemplare
2. Rate von [...],-- M nach Ablieferung des Werkes
3. Rate von [...],-- M nach der Abnahme des Werkes.

Steuern zieht der Auftraggeber vor Zahlung an den Autor entsprechend den geltenden Bestimmungen ab.
Die Zahlung erfolgt aus Mitteln des Kulturfonds der DDR.

§ 6

Der Auftraggeber hat das Recht und die Pflicht, das abgenommene Werk zur Uraufführung zu bringen. Er muß dazu innerhalb eines Monats nach Abnahme des Werkes einen Bühnenaufführungsvertrag abschließen.

§ 7

Ein Rücktritt vom Vertrag ist nur unter vorhergehender schriftlicher Androhung und Fristsetzung für die Erfüllung der Vertragspflichten zulässig.

§ 8

Der Autor verpflichtet sich, das Werk ausschließlich einem Verlag der Deutschen Demokratischen Republik anzubieten. Übertragungen ins Ausland bedürfen in jedem Falle der Zustimmung der hierfür zuständigen Staatsorgane.

§ 9

Bei Streitigkeiten aus diesem Vertrag bemühen sich beide Partner um eine gütliche Einigung. Kann die Meinungsverschiedenheit nicht beseitigt werden, so steht der Rechtsweg offen.
Ausschließlicher Gerichtsstand ist das Bezirksgericht Leipzig.

§ 10

Zusätze und Änderungen des Vertrages bedürfen der schriftlichen Vereinbarung.

§ 11

Der Vertrag ist in 4 gleichlautenden Ausfertigungen zu unterzeichnen.
Jeder Vertragspartner erhält eine Ausfertigung. Die weiteren Exemplare gehen an folgende Organe:
Magistrat von Berlin, Hauptstadt der DDR, Abteilung Kultur,
Kulturfonds der DDR.

Berlin, den 31. August 1983

Magistrat von Berlin, Hauptst.		Maxim Gorki Theater Berlin
der DDR, Abteilung Kultur	R. K.	Intendant
Stadtrat Dr. J. S.	Autor	A. H.

e) Antrag auf Uraufführung

Magistrat von Berlin
Stadtrat für Kultur
Gen. Dr. J. S.

1020 Berlin
Parochialstr. 1 - 3

Berlin, den 6.10.1983

Antrag
auf Uraufführung des Stückes »Der Georgsberg« von Rainer Kerndl

Wir beabsichtigen, das Gegenwartsstück »Der Georgsberg« als einen Beitrag zum 35. Jahrestag unserer Republik zur Uraufführung zu bringen.

K. behandelt in diesem volksstückhaften Schauspiel auf heiter-nachdenkliche Weise Fragen des Miteinander, der praktischen Handhabung der sozialistischen Demokratie in einer Kreisstadt unseres Landes.

Um Ansehen und Entwicklung des Ortes bemüht, kollidieren dennoch volkswirtschaftliche Notwendigkeiten und unterschiedliche Interessen miteinander - drängen nach Übereinstimmung. Im Stadium der Unentschiedenheit und Geheimnistuerei - was die Leute in der Stadt verunsichert - drängt der Journalist Sebastian nach Öffentlichmachung als »vertrauensbildende« Lösung der Probleme. Das Leben aber spielt anders, auch in seinem privaten Bereich. Und so kommt unvorhergesehen, in der Nacht auf dem Berg, manches zur Sprache, drängen sich Entscheidungen auf.

Neben solchen Figuren wie dem Bürgermeister, dem Ortsparteisekretär, einem Valuta bietenden Geschäftsmann u. a. - sind es besonders Bock und Mohr, die sozusagen mit Volkswitz, Offenheit und Schlitzohrigkeit die kleinen Ärgernisse des Tages aufspießen und auf ihre Weise ins geschichtliche Recht rücken.

Der Produktionsplan sieht die Premiere für spätestens Anfang Februar 1984 vor, deshalb bitten wir um eine schnelle Entscheidung.

L. M.
Chefdramaturg

Anlage
1 Manuskript

f) Gespräch nach der Hauptprobe am 24.1.1984 (nach dem Protokoll)

Teilnehmer: K: Kollegen der Werkstätten, R: künstlerische Mitarbeiterin

K: Als Erstes habe ich eine ganz provokante Frage: Wie kann die Theaterleitung so ein Stück zulassen. Wie können sie, als Genossin, das verantworten? Es ist für mich ein Trümmerberg, der dort hinterlassen wird. 40 Jahre meines Lebens werden da in Frage gestellt. Ich frage, was soll da überspringen? Es wird gesagt, ihr dürft lachen, euch dabei aber nicht rühren.

R: Es werden Fragen aufgegriffen, die uns täglich beschäftigen, nicht nur die Valutafrage. Es geht um die Frage des Umgangs miteinander, um die Frage, wie wir mit Demokratie umgehen, daß man Sachen nicht nur hinnimmt, sondern sie zur Veränderung bringt. Sebastian ist einer, der sich nicht zufrieden gibt, der sich den Problemen stellt. An ihn kann man sich halten, er überträgt Impulse. Es geht darum, Probleme nicht hinzunehmen, sondern sie aufzudecken. Das ist kein Trümmerberg, sondern die Leute trauen sich etwas. Es geht darum, Ideale zu überprüfen und Verdecktes neu zu entdecken. Man darf sich nicht zufriedengeben, sondern muß seine Meinung äußern.

K: Sie sprachen von Leuten, die zu sich finden. Aber diese Leute waren schon einmal bei sich. Sie wurden niedergeknüppelt. Gut, sie gingen nicht immer die richtigen Wege. Wenn schon jemand was sagt, müssen die andern dicke da sein. Aber wenn es gefährlich wird, ziehen sie sich lieber zurück. Das kennen wir doch alle, deshalb ist doch diese Resignation da.

Ich bin gespannt, wie die Zuschauer darauf reagieren, aber ich befürchte eher, sie werden gar nicht reagieren.

R: Was sie sagten, daß Ideale »niedergeknüppelt« werden, finde ich falsch. Die Ideale, die wir 45 hatten, haben wir genügend korrigiert seitdem. Wir hatten damals sicher auch schlimme Sachen durch, aber wir fanden immer zur Realität zurück. Man muß sich selber auch korrigieren können, es sei denn man bleibt bei seinem Ziel, oder man gibt auf. Man muß Ideale nicht in die Ecke stellen, aber man darf die Realität dabei nicht vergessen. Das geht nicht über die Köpfe der Bevölkerung hinweg, sondern es wird Vertrauen gebraucht.

K: Ist es nicht schon zu spät? Wenn die Führungsschicht den Weg zu den Idealen ändert, dann möchte ich auch wissen, warum, dann möchte ich auch eine Begründung. Das wird aber schon seit Jahren gesagt.

R: K. ist zutiefst Kommunist und er glaubt, daß es nicht zu spät ist. Ein Kernsatz in diesem Stück ist, wenn's schwierig wird für alle, dann sollns auch alle wissen.

Das Problem der Informationspolitik ist eine knifflige Frage. Im Stück heißt es, »wo wir nicht reden, tuts der Feind.« Der bietet da ein breites Spektrum. Man muß sich also schulen. Es gibt aber auch viele Leute, die sich gar nicht informieren wollen. Im ND zum Beispiel, wird da sehr viel angeboten an Beschlüssen des ZK und Plenen. Es geht dabei nicht nur um die allgemeine Information, sondern um die Phantasie jedes Einzelnen, die gebraucht und gefragt ist.

K: Das ist doch ein Spiegelbild unseres Landes. Es gibt noch zu viele lakaienhafte Leute, die nicht auftrumpfen wollen. Aber das wird banalisiert, man hat Kleinigkeiten, aber nichts Grundsätzliches geändert. Dann stört mich noch, wie in diesem Stück der Bundesbürger dargestellt wird. Das ist doch Gift. Da lehnt Sebastian das Biertrinken mit Poldi ab. Da wird dem kleinen Mann doch eingeimpft, daß er mit einem Westler am Biertisch nicht reden darf. Und wir betreiben in der Politik friedliche Koexistenz. Oder das Netz, in dem Bananen und Berliner Bier sind. Sollte man da nicht etwas anderes hineintun? Das sind doch Mißstände bei uns, und da wird den Leuten durch die Bühne etwas untergeschoben, was es gar nicht zu kaufen gibt.

R: Zu dem angesprochenen Problem des Deutsch/Deutschen Verhältnisses. Man sollte das nicht verallgemeinern. Es gibt auch Punkte, wo wir mit der Figur des Sebastian nicht einverstanden sind, wo wir seine Grenzen sehen.

[...]

K: Der Grundfehler liegt doch darin, daß über die Mißstände eine Decke gelegt wird. Die Allgemeinheit wird nicht informiert. Das ist doch in der Realität so. Es hat aber auch kaum einer den Mut, z. B. in der Versammlung aufzustehen und aufzurufen, daß alle mit anpacken sollen. Über allem liegt ein riesengroßer Eierkuchen.

K: Wo ist da eigentlich der Unterschied zwischen der Reaktion im Stück »den Leser allein lassen« und in der Realität, den Zuschauer allein lassen.

R: Über das Stück kann man sich sicher die Köpfe heiß reden. Ich hoffe, daß man sich unterhält in Kreisen, die etwas ändern können ...

B. R.

g) Erklärung der Chefdramaturgin

8.2.84

E r k l ä r u n g

Ich habe als Chefdramaturg und Genossin die Aufnahme des Stücks »Georgsberg« von R. K. in den Spielplan unseres Theaters befördert, weil - trotz künstlerisch-dramaturgischer Mängel - hier ein Genosse mit heißem Herzen für die Notwendigkeit der Parteiarbeit, der Arbeit mit den Menschen, eintritt. Und diese Notwendigkeiten entsprechen den Prinzipien unserer Arbeit als Genossen. Ich war sogar überzeugt davon, daß dies ein Beitrag zu den Wahlen sein würde, Offenheit fördern müßte, Vertrauen bekräftigen.

Daß innerhalb der Dramaturgie, auch der Parteileitung Widerstände bestanden - das war äußerlich der fehlenden Kunstform geschuldet, aber tatsächlich dem Umstand, daß K. eben nicht die Schärfe angeht, die manche wünschen. Man war und ist der Meinung, daß K. »unehrlich« wäre. Was heißt das? Es paßt vielen nicht, daß die Genossen in dem Stück, die Sebastian gegenüberstehen, in ihren Argumenten recht haben. Daß alle recht haben, die Fragenden wie die Antwortgebenden - das mögen manche nicht.

Wir haben das Unternehmen als ein Beitrag zur Gegenwart angesehen und wegen seiner Unvollkommenheit als Versuch zur Verständigung. Wir wollten es normal behandeln. Und würden - wenn die Wirkung ausbliebe - notwendige Konsequenzen ziehen.

Die Inszenierung läßt Wünsche offen und betont dadurch ungewollt Sentenzen, die nicht unterstrichen sein sollten. (Der Ruf nach Stilisierung ist eine Falle!)

Aber nun wird K. unterstellt, er hätte einen »Generalangriff auf die Partei« gestartet. Das ist unglaublich!!!! Und trifft uns ebenso. Daß dies hervorgerufen wird, weil offenbar in der Westpresse entsprechend reagiert wird (wir kennen sie nicht), bedeutet dies für mich ein Zeichen von Schwäche, fehlender Souveränität. Nun sitzen beide in einem Boot, die »Ästhetiker«, die mehr Schärfe wollen und die Verleumder - und alles gegen die lauteren Absichten gestandener Genossen!

Wenn jetzt K. seine Arbeit verliert, das Stück abgesetzt wird, dann muß auch ich um meine Demission bitten. (Ich spreche nur für mich.) Die Theaterleitung, Parteisekretär, Regisseur, Genossen des Spiel-Ensembles - alle brauchen wir ein Parteiverfahren. Wer wird das führen?

DDR-Dramatik konkret - werden wir nicht mehr spielen können. Die Flucht in die Antike ist ein Ausweichen vor der Gegenwart.

L. M.

h) Brief des Intendanten an die SED-Bezirksleitung

SED Bezirksleitung Berlin
Sekretär für Kultur
Genossen Dr. H. O.

1080 Berlin
Kurstr. 36 - 51

Berlin, 16. Februar 1984

Lieber Genosse H. O.!

Hiermit setze ich Dich davon in Kenntnis, daß ich auf Grund von mir zugegangenen kritischen Einwänden gegen das Stück und die Inszenierung DER GEORGSBERG von R. K. nach eingehender gründlicher Beratung mit den zuständigen Mitarbeitern entschieden habe, diese Inszenierung mit sofortiger Wirkung aus dem Spielplan zu nehmen.

Mit sozialistischem Gruß

A. H.

---

i) Anweisung des Presseamtes vom 23.3.84 an die Medien

»Rezensionen Theaterstücke

Große Vorsicht ist bei der Besprechung der Theaterstücke ›Die wahre Geschichte des Ah Q‹ im DT sowie ›Der Georgsberg‹ im Maxim Gorki Theater geboten.

Bei dieser Gelegenheit wird nochmals die besondere Verantwortung der Chefredakteure für die Rezensionen in der Zeitung unterstrichen.«

Theaterbesuch am 3.3.1960
(Aus einem Brigadetagebuch, Berlin 1960)

Unser Betrieb ermöglichte unserem sozialistischen Kollektiv, dass acht Kollegen sich in der Volksbühne die Tragödie

„Macbeth"
Wilhelm Shakespeare

ansehen konnten.

Es war für alle Theaterbesucher ein großes Erlebnis.

Zeigte doch Shakespeare in diesem Stück klar und deutlich auf, daß eine Macht, die durch Mord und Tyrannei begründet wurde, nicht von langer Dauer sein kann. Diese Zustände erkannte Shakespeare bereits zu seiner Zeit im 16. Jahrhundert, und in der vergangenen Zeit hat es sich gezeigt, daß sich auch in unserem Vaterland ähnliches ereignete.

Ein Hitler, der seine Macht auch auf Tyrannei aufbaute, konnte das deutsche Volk nur in Not und Elend führen.

d. Schriftführer

Anweisung des Presseamtes vom 16.3.1984 an die Medien

»Friedrichstadtpalast (Berlin)

Am 27.4. wird der Friedrichstadtpalast eröffnet. Vorher ist darüber nichts zu veröffentlichen. Künstler könnten sich höchstens in Interviews darüber äußern, daß sie ›demnächst‹ im Palast auftreten ... Tabu ist die moderne Technik des Palastes.«

Und so kulturbesessen sind wir, denn schon wieder ging's ins

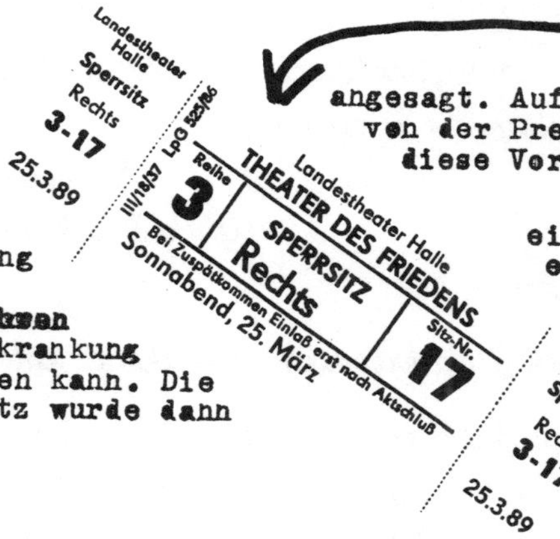

Für den 25. 3. 1989 war
"Das musikalische Himmelbett"
Grund der guten Pressekritik
freuten wir uns sehr auf
lung.

angesagt. Auf
von der Premiere
diese Vorstel-

Mit der Straßenbahn, auf die
von uns lange warten mußten, fing
Auf den letzten Drücker, Punkt
Uhr im Theater angekommen, erfuhren
daß die Aufführung wegen der Erkrankung
eines Künstlers nicht stattfinden kann. Die
Gesichter wurden lang. Als Ersatz wurde dann
das angesagt.

einige
es an.
19.30
wir,

Ja, und was
kam, war ganz einfach große Klasse,
Entschädigung
für das Aus-
So wurden wir
schönsten Melo-
perettenwelt über-
neten Franz Lehár,
Kálmánn, Eduard Künneke,
stal und und und......

dann

gefallene
mit den
dien aus der O-
rascht. Wir begeg-
Paul Abraham, Emmrich
Ralph Benatzky, Nico De-

Die einstimmige Meinung unserer Kolleginnen und Kollegen:

"g r o ß e K l a s s e"! ! !

Und das musikalische Himmelbett steht uns nun trotzdem noch bevor!

(*Aus einem Brigadetagebuch*)

FRIEDRICHSTADTPALAST BERLIN

Modell des neuen Friedrichstadtpalastes Berlin. Erstmalig vorgestellt auf der XIV. Bezirksdelegiertenkonferenz der SED im Jahre 1981

„Heute legen wir mitten im Herzen Berlins, unserer sozialistischen Hauptstadt, unweit seiner bisherigen traditionsreichen Heimstatt, den Grundstein für einen neuen FRIEDRICHSTADTPALAST, für ein sozialistisches Revuetheater.

Dieser Akt wird unmittelbar nach dem X. Parteitag der Sozialistischen Einheitspartei vollzogen.

Dieses Haus ist ein Geschenk der Arbeiterklasse und aller Werktätigen an die Freunde des Theaters und alle Liebhaber der unterhaltenden Künste. Wir bedanken uns ganz besonders bei der Sozialistischen Einheitspartei Deutschlands, dem Zentralkomitee und ihrem Generalsekretär, dem Genossen Erich Honecker persönlich für die Entscheidung, den Friedrichstadtpalast neu zu errichten.

Dieses Haus soll stets ein Ort der Erholung und Entspannung, der Heiterkeit und Schönheit, der Sinnenfreude und Besinnung sein. Alle Möglichkeiten niveauvoller Unterhaltung sollen hier entfaltet werden, alle Beziehungen zu verwandten Genres sollen hier ausgeschöpft werden, um den Berlinern und ihren Gästen Stunden der Lebensfreude zu schenken.

(Aus dem Text der Urkunde, die am 26. Juni 1981 in den Grundstein des Neubaus Friedrichstraße 107 eingemauert wurde.)

(*Aus dem Programmheft zur Premiere*)

4. Künstlerisches Volksschaffen

Gedicht eines schreibenden Arbeiters

Jürgen Frühauf (geb. 1955, Bergarbeiter in Gera)

Aktuelle Kamera

Wo
Nur
Hat
Der
Hoch
Öfner
Seinen
Spick
Zettel
Kleben
Bei
All
Diesen
Bestellten
Worten

(*TEMPERAMENTE. Blätter für junge Literatur,* 3/1988)

Gedicht eines Schreibenden Soldaten, 1989

Major d. R. Horst Redel

Der Klubratsvorsitzende

Ich buche Reisen zum Schwarzen Meer,
hole Jane Fonda zum Klubgespräch her.
Vor älteren FDJler-Fans spricht regelmäßig Egon Krenz.
Was hab' ich mir den Kopf zermartert,
wie man die "Kap Arkona" chartert
für 'ne Exkursion zu den Antillen,
oder Ozeanreisen, im großen und stillen.
Auch möchte ich das nächste Mal
nach Kuba hin zum Karneval
mit fünf bis zehn Genossen,
so habe ich's beschlossen.
Professor Manfred von Ardenne
referiert über Mißbrauch der Antenne.

Im nächsten Jahr wird's mir gelingen,
da werden hier die Alexandrows singen.
Ein Vortrag über Autos und Pferdestärke
vom Generaldirektor der Kamaswerke.
Ein General erklärt uns Punkt für Punkt,
warum so gut der Buschfunk funkt.
Dann werde ich, das ist doch nett,
einladen das ganze Fernsehballett
mit Lehrvorführung für die Wache.
Das wäre 'ne Sache!
Heike Drechsler und Kati Witt
demonstrieren im Klub: "Wie bleibt man fit?"
Bei Siegmund Jähn gibt's noch 'ne Hürde,
ob er für uns organisieren würde
einen Flug zum Mond? Dank ich ihm zollte,
weil der Hauptfeld uns dort hochschießen wollte.
Ich plane monatlich drei-viermal,
'nen Biernachmittag mit Räucheraal.
Zur Diskussion über Nackedeis
lad ich Sitte ein in unseren Kreis.
Dazu den Gerhard Vontra schnell
und Senta Berger als Modell.
Dann will ich sehen, ob es mir gelingt,
daß Professor Dathe 'ne Giraffe mitbringt.
Dranbleiben muß ich. – Ich hab's schon probiert,
damit Kurt Masur unseren Chor dirigiert.
Die "Distel" wird ein Programm gestalten
als Geburtstagsgruß für unseren Alten.
"Stern Meißen" und die Gruppe "Karat"
hab ich für unsere Genossen parat.
Ich möchte noch, ... ich hab' gedacht ...,
da bin ich plötzlich aufgewacht
und denk, was träum' ich bloß für Sachen?
Den Klubplan wollte ich doch machen!

(Politorgan beim Stellvertreter des Ministers und Chef der Rückwärtigen Dienste der NVA [Hrsg.]: *„Rührt Euch" ... für das Wohl des Volkes und für den Frieden ... 5. Anthologie.* Strausberg 1989)

14. Literaturwettbewerb der Jugend

DDR – Das sind wir

Der Zentralrat der FDJ, der Schriftstellerverband der DDR, Junge Welt und Stimme der DDR rufen auf zum 14. Literaturwettbewerb der Jugend „DDR – DAS SIND WIR".

Schreibt,
wie ihr unseren DDR-Alltag erlebt und mitgestaltet, wie ihr 35 Jahre erregter DDR-Geschichte(n) erkundet, wie ihr das Werk der Väter fortsetzt.

Schreibt
über eure Heimatstadt und euer Dorf, über das, was unser Leben lebens- und verteidigungswert macht, über den Fleiß und über die Mühen der täglichen Arbeit, über eure Freude, über Liebe und Landschaft. Kurz:

Schreibt, was euch im 35. Jahr der DDR bewegt.

Wettbewerbsbedingungen

- Teilnahmeberechtigt ist jeder Jugendliche der DDR vom 14. bis zum vollendeten 25. Lebensjahr.
- dem Manuskript sind folgende Angaben anzufügen: Name und Vorname, Alter, Beruf und Tätigkeit.
- An Gedichten können bis zehn Texte eingereicht werden. Prosaarbeiten oder dramatische Texte sollten in der Regel zehn bis zwanzig Seiten nicht überschreiten.
- Die Wettbewerbsergebnisse können bis spätestens 30.4.1984 (Datum des Poststempels) an eine der folgenden Adressen eingesandt werden:

Zentralrat der FDJ
1086 Berlin
Unter den Linden 36/38

Redaktion Junge Welt
1056 Berlin
Postfach 35

Sender Stimme der DDR
1160 Berlin
Nalepastr. 18/50

Die besten Arbeiten werden von einer Jury ausgewählt. Die begabtesten Einsender werden zum 14. Zentralen Poetenseminar der FDJ im August 1984 nach Schwerin eingeladen.

Brief einer Schülerin nach einem Bezirkspoetenseminar

Schwerin, 14.5.86

Hallo Michael!

Ich sitze in einem kleinen verstaubten Zimmerchen meines Betriebes und weiß vor Langeweile nicht, was ich tun soll. In der Spätschicht habe ich immer ab 16.00 Uhr hier in der Datenannahme zu sitzen. Zu Hause habe ich keine Zeit zum Briefe schreiben, also erledige ich das auf Arbeit. Man muß die Zeit ja irgendwie sinnvoll nutzen.

Am Sonntag kehrte ich mit frischem Mut und neuen Erkenntnissen vom V. Bezirkspoetenseminar nach Haus zurück. Die 4 Tage in Göhren waren sehr schön und interessant. Hauptsächlich hatten wir natürlich Seminare. Die 29 Leutchen wurden in 4 Gruppen aufgeteilt (Prosa, Lyrik und zweimal Prosa/Lyrik). Ich mache ja Prosa und kriegte als Seminarleiter den Schriftsteller K. B.. Ich weiß nicht, ob Dir dieser Name ein Begriff ist, ich habe noch nichts von ihm gelesen (sein 4. Buch erscheint im Sommer). Wir haben ihn natürlich ganz schön ausgefragt. Aber man konnte sich auch ganz prima mit diesem Menschen unterhalten. Die meisten Leute werden ja immer etwas hochnäsig, wenn sie berühmt sind, aber K. B. ist einigermaßen normal geblieben. Na ja, die Teilnahme an diesem Seminar hat mir viel geholfen.

Am Sonntag Abend bin ich dann gleich ins Konzert gegangen, um den „Kulturfaden" nicht abreißen zu lassen. In der Reihe „Philharmonische Konzerte" hörte ich diesmal die 8. Sinfonie von Anton Bruckner (sonst werden eigentlich immer drei kürzere Stücke gespielt).

Sie gefiel mir sehr gut, aber da ich so müde war, hatte ich Mühe, die Augen offen zu halten.

So, jetzt muß ich noch ein bißchen arbeiten.

Tschüß Uta

Bitte um Freistellung, 1988

- Abteilung Kultur- und Öffentlichkeitsarbeit -

PHS »J.H. Pestalozzi«
Direktor
Kollegen Schädlich

3. Juni 1988

Sehr geehrte Kolleginnen und Kollegen!

Die Gruppe „Pantomimosen" des Pantomime Theaters der Friedrich-Schiller-Universität Jena wurde zu den 22. Arbeiterfestspielen delegiert.

Gemeinsam mit den Sonneberger Jazzoptimisten gestalten sie ein Programm, mit dem sie bereits auf der 5. Zentralen Leistungsschau der Ensembles der Kleinen Form in Saalfeld bestehen konnten.

Der Einsatz dieses Volkskunstkollektives bei den 22. Arbeiterfestspielen im Bezirk Frankfurt/Oder erfolgt vom 24. bis 27. Juni 1988.

Aus diesem Grund bitten wir Sie, die Kollegin/~~den Kollegen~~

Petra Zuschke
....

für diesen Zeitraum, gemäß § 182, Abs. 2 AGB, freizustellen.

Mit sozialistischem Gruß

Dr. Fliege
Abteilungsleiter

Urkunde für Mitwirkung, 1959

Für Ihre hervorragende Mitarbeit zum allseitigen Erfolg der Rügenfestspiele „Klaus Störtebeker“ spreche ich Ihnen meinen herzlichen Dank aus. Die Rügenfestspiele sind ein bedeutender Schritt in der Entwicklung unserer sozialistischen Kultur und ein würdiges Geschenk zum 10. Jahrestag der Deutschen Demokratischen Republik.

Sie haben durch Ihren persönlichen Einsatz dazu beigetragen, allen Besuchern des In- und Auslandes ein großartiges Erlebnis zu vermitteln. Diese eindrucksvolle Aufführung wird nach meiner Überzeugung ihren Niederschlag bei der erfolgreichen Lösung unserer ökonomischen Hauptaufgabe finden.

Ich wünsche Ihnen Gesundheit und Erfolge in Ihrer weiteren Arbeit und spreche gleichzeitig den Wunsch aus, daß Sie Ihre ganzen Kräfte und Fähigkeiten auch für die Rügenfestspiele 1960 einsetzen werden.

Rostock, den 3. September 1959.

(Harry Tisch)
VORSITZENDER DES
RATES DES BEZIRKES ROSTOCK

VIII. „Alt wie ein Baum ...“

1. Rente

FDGB-Kreisvorstand Zwickau den 26.5.75
Verwaltung der Sozialversicherung

Herrn/Frau

Lucie Schneider
Auerbach
Lange Str. 12

Rentenbescheid

Die Verwaltung der Sozialversicherung
hat Ihren Rentenantrag geprüft und Ihren Anspruch auf Alters -Rente ab 1.8.75 anerkannt

Ihre Rente beträgt monatlich 230,- M

Die Berechnung Ihrer Rente und die Nachzahlung sind aus der Rückseite zu ersehen.
Die monatliche Rente wird Ihnen in der Rentenzahlstelle ...... 838..... ausgezahlt.

Wir wünschen Ihnen für Ihr persönliches Wohlergehen alles Gute und Gesundheit

Anlagen: 1 Erfassungsbogen
1 Ermittlungsbogen

.... *Klinger* ....
Kreisdirektor

Zur Beachtung!
Sollten Sie gegen diesen Bescheid Einwände haben, können Sie innerhalb von 14 Tagen nach Zugang des Bescheides schriftlich oder mündlich zu Protokoll Einspruch bei der Kreisbeschwerdekommission für Sozialversicherung des FDGB-Kreisvorstandes einreichen. Alle Unterlagen, die zur Klärung des Einspruches dienen, sind beizufügen.

Änderungen in den Familienverhältnissen (Geburt, Tod, Wiederverheiratung, Heirat einer Waise bzw. eines Familienangehörigen, für den Kinderzuschlag gewährt wird usw.) oder Wohnungswechsel sind sofort der für Ihre Betreuung zuständigen Verwaltung der Sozialversicherung unter Vorlage der entsprechenden Unterlagen mitzuteilen.

Empfänger von Invaliden- oder Altersrente sind von der SV-Beitragspflicht befreit. Die Bescheide dieser Rentenarten sind deshalb, wenn ein Beschäftigungsverhältnis besteht, im Lohnbüro des Betriebes vorzulegen.

Wenn eine Rente wegen Invalidität gezahlt wird, ist bei einer Arbeitsaufnahme die Höhe des monatlichen Arbeitsverdienstes der Verwaltung der Sozialversicherung mitzuteilen. Sobald eine Erhöhung des Arbeitsverdienstes eintritt und dadurch das Lohndrittel überschritten wird, ist darüber ebenfalls die Verwaltung der Sozialversicherung sofort zu benachrichtigen. Eine Mitteilung über Arbeitsaufnahme und Verdiensthöhe entfällt nach Erreichen des Rentenalters.

Bei Bergmannsrenten wegen Berufsunfähigkeit ist eine Mitteilung an die Verwaltung der Sozialversicherung notwendig, wenn eine im wesentlichen gleichartige und wirtschaftlich gleichwertige bergmännische Tätigkeit wieder aufgenommen wird.

Bei allen Zuschriften bitten wir die Nummer der Zahlstelle und Renten-Nummer ... anzugeben.

FREIER DEUTSCHER GEWERKSCHAFTSBUND
Verwaltung der Sozialversicherung

Kreisvorstand	Zahlstelle	Kontonummer	Rentennummer
16 BLN KOEPENICK	6752		

An

Herrn/Frau Amalia Quarz

Bescheid über die Erhöhung der Rente

Das Zentralkomitee der SED, der Bundesvorstand des FDGB und der Ministerrat der DDR haben am 27. 5. 1976 einen gemeinsamen Beschluß über die weitere planmäßige Verbesserung der Arbeits- und Lebensbedingungen der Werktätigen im Zeitraum 1976 – 1980 gefaßt.

Auf dieser Grundlage hat der Ministerrat der DDR zur weiteren Verbesserung der Lebenslage der Rentner entsprechende Rechtsvorschriften zur Erhöhung der Renten erlassen, die mit Wirkung vom 1. Dezember 1976 für die vor diesem Zeitpunkt festgesetzten Renten in Kraft treten.

Durch eine höhere Bewertung der bis 1945 geleisteten 13 Arbeitsjahre (einschl. Zurechnungsjahre) um 1,55 M je Jahr und von

Arbeitsjahren im Bergbau um ...... M je Jahr, erhöht sich Ihre

ALTERS -Rente ab 1. 12. 1976 um 20,50 M auf **312 M.**

Gleichzeitig wird Ihre als 2. Leistung gezahlte .... Rente um ...... M auf .... M erhöht.

Sofern Sie Kinderzuschläge, staatliches Kindergeld sowie Pflegegeldleistungen oder Zusatzrenten erhalten, laufen diese Leistungen unverändert weiter. Bei Anspruch auf **Ehegattenzuschlag** wird **dieser** um **25,-** M auf 100,- M erhöht.

Ihre Gesamtrentenleistungen erhöhen sich ab 1.12.1976 um 20,80 M auf 318 M. In diesem Betrag ist die gewerkschaftliche Veteranenunterstützung – soweit Anspruch darauf besteht – nicht enthalten.

Wir freuen uns, Ihnen diese Mitteilung geben zu können und wünschen Ihnen für Ihr persönliches Wohlergehen alles Gute.

Sollten Sie gegen diesen Bescheid Einwände haben, können Sie innerhalb von 14 Tagen nach Erhalt dieses Bescheides Einspruch bei der Kreisbeschwerdekommission für Sozialversicherung des FDGB-Kreisvorstandes erheben. Alle Unterlagen, die zur Klärung des Einspruches dienen, sind beizufügen. Die ausgedruckte Zahlstellen- und Rentennummer sind mit anzugeben.

Mit gewerkschaftlichem Gruß!

Meyenhof

Unterschrift

Aus einem Poesiealbum, Berlin 1981

Wer nach dem Licht der Schönheit strebt,
wer in dem dunklen Schacht des Lebens
den Diamant der Wahrheit gräbt,
der grub und strebte nie vergebens.

Goethe

Der einzige Weg einen Freund zu haben,
ist der, selbst einer zu sein.

(amerik. Philosoph) Emerson

Nicht zu geschwind –
Eile macht blind.

Meiner lieben Tatjana zur frdl. Erinnerung
von Omi

Bln., den 3. Juli 1981

Einladung der Veteranenkommission an einen ehemaligen Mitarbeiter, 1986

Werte Kollegin/ Kollege! *Schreiter*

Unsere diesjähr. Jahresendfeier findet am

3. Dez. 1986 im Café am Anger um 15 Uhr statt,

wozu wir Sie herzl. mit Ehepartner einladen.
Teilnahmeerklärung bitte umgehend zurück an Kolln. Mey, Rostock, Schmalstraße. Es eilt.

Mit gewerkschaftl. Gruß!
Floher

Teilnahmeerklärung

Name: *Reiter* Wohnung: *Breitestr. 12*

Anzahl: *2*

Reiter
Unterschrift

---

75. Geburtstag
(Aus einem Pausengespräch, Berlin 80er Jahre)

A: [...] und dann, was hat er nur immer noch gesagt. Ach, so ein Unikum, der Karl. So viel solche Wendungen.

B: Franz, glaube ich, hat sich allerlei aufgeschrieben, man hats ja vergessen.

A: Wir wollten zu seinem Geburtstag, hatte ich mir das überlegt. Ob man das zu seinem fünfundsiebzigsten eben, dacht ich, wenn wir da alle hingingen, daß man da so hübsche Sachen mal verwertete und mal wieder aufs Tapet brächte. Aber der da war er ja so krank. Der wollte ja keinen Menschen sehen. Und ich rief ihn an dem Tag an, und da irgendwie mußte ihm das dann plötzlich zu Bewußtsein gekommen sein. Denn selbst die Frau von der Volkssolidarität, die ihn so bissel versorgte, seine Wohnung reinemachte und so, die war hatte ne Prämienreise nach Prag gekriegt, war auch nicht da. Wußte gar nicht, daß er fünfundsiebzigsten Geburtstag hat. Und äh, jetzt muß ihm das doch plötzlich angst geworden sein. Sagte er, es wäre schön, wenn ich käme. Dann bin ich nachmittag, bin ich hier rumgerast, schnell mit Blumen und ner Flasche Sekt, und sowas alles hingeschwirrt. Und dann hab ich also wirklich ein Bild des Jammers, nichts, kein bissel Geburtstag äh, was Geburtstägliches. Dort in dem Zimmer wie eh und je.

C: Und der war ganz alleine, ja?

A: Ganz alleine, kein Mensch da. Meine Blumen, die, es war ein schöner Blumenstrauß, weiß ich noch, bin ich durch zehn Geschäfte, eh ich den hatte, die kamen in einen Zahnputzbecher, äh. Gab er mir nen Zahnputzbecher, wo ich die reinstellen konnte. Ja also, ich bin, ich mußte dann für ihn selbst noch Verschiedenes besorgen, weil ich, das hab ich auch gemacht, so n bissel, wenn Besuch käm, n bissel Kaffee. Und dann wollt er noch bissel Cognac und n Whis äh, äh, nee, was wollt er, Wodka oder was besorgt haben. Na ja, schön. Also, das hatt ich alles besorgt. Und nun auch noch ne Vase, damit die Blumen wenigstens dort standen. Denn ich dachte, die standen nicht. Ich konnte die gar nicht scharf angucken, die. Vom Angucken fiel das Glas schon um. Und ich dachte mir, wenn du äh mal dranstößt und dann alles über seine Bücher, da wird der noch sauer.

D: Ach, hat er noch, hat er noch irgendwie gelesen oder so gearbeitet?

A: Ja, der war immer wie n Bücherwurm vergraben in seine Bücher. Stapel an Büchern, Zeitungen, Zeitschriften, alles um sich rum. Alles lag kreuz und quer in seinem Zimmer. Und die Reinemachefrau, die hatte nun die Stapel von Sonderdrucken und was nun alles war, auch alles in sein Zimmer schön geräumt. Dort draußen sahs blitzblank aus. Aber bei ihm im Zimmer, da konnt keiner rin.

C: Der hatte ne Einraumwohnung, ja? Son Apartment oder so?

A: Der hatte ne Ein, ne Zweizimmerwohnung war das. Aber mit Ofenheizung, da Baumschulenweg, ganz unterm Dach juchhe, vier Treppen hoch.

D: Hat er da jeden Tag einen gehabt, der ihm geheizt hat?

A: Nö, das hat er selber gemacht. Aber der Ascheneimer stand im Zimmer, über den stolperte man fast, den Kohleneimer daneben. Aber es war warm. Also geheizt hatte er, nich. Und dann machte er sich aus sein Müsli aus ein bissel Milch. Und manchmal nicht mal Milch. Wasser und Haferflocken übergossen. Ärmlich. Er hat mir auch furchtbar leid getan. Damals hab ich nicht mal, wenn ich wenigstens ein Huhn mitgehabt hätte oder sowas, hätte ich ihm was gekocht. Ich kam doch vom Dienst nun. So überraschend konnte ich nun auch nicht mehr hinzaubern. Und er wollte andererseits auch nicht, äh, nicht so gern gestört sein. Er hatte mir die Telefonnummer gegeben und gesagt: Rufen Sie bitte nicht allzu oft an und so. Denn das störte ihn auch. Das ist schwierig dann. Es war elend. Er hatte es nicht leicht gehabt.

C: Wie alt ist er nun geworden?

A: Fünfundsiebzig.

(Nach Elstermann, Mechthild: *Vagheit und Vagheitsreduzierung. Untersuchungen zu einem grundlegenden Organisationsprinzip der sprachlichen Kommunikation.* Diss. A. Berlin 1987)

Unsere Weihnachtsfeier

Am 17.12.1982 führte unsere Brigade eine Weihnachtsfeier durch. Es nahmen fast alle Kolleginnen und Kollegen daran teil. Ebenfals waren Rentner eingeladen, die gemeinsam mit uns ein paar gemütliche Stunden verbrachten.
Für Speisen und Getränke sorgten wieder prächtig unser Betriebsteilleiter und BGL Vorsitzender.
Es wurde ein Weihnachtsbaum angeschmückt und die Tafel festlich hergerichtet.
Jeder einzelne bereitete ein kleines Päckchen, genannt Scherzpäckchen, vor und sie wurden mit der Vorbereitung unter den Weihnachtsbaum gelegt.
Die Vorbereitung klappte wunderbar und die Feier konnte beginnen.
Als erstes wurde gespeist wo alle tüchtig zulangten und anschließend kam der Höhepunkt der Feier, denn es kam zur Geschenkverteilung.
Die Spannung jedes einzelnen wurde immer größer.
Bei der Öffnung der Päckchen kamen die tollsten Ideen zum Vorschein, was ganz schön

die Stimmung hebte, die sogar die Tränen
zum Vorschein brachten.
Der Abend war auch weiterhin gemütlich
und es wurde getrunken, getanzt und
gelacht.
Es war eine gelungene Feier, an die wir heute
noch gern zurück denken.

(*Brigadetagebuch,* Halle 1982)

Lieber Genosse Dudkopf

Zu Deinem 82. Geburtstag übermitteln wir Dir unsere herzlichsten Grüße, verbunden mit den besten Wünschen für gute Gesundheit und persönliches Wohlergehen.

Parteileitung

ROSTOCK, DEN 20.11.1981

Meinung eines evangelischen Pfarrers: Feierabendheim und Kirche (Berlin, Ende der 80er Jahre)

Nach dem berühmten Gespräch vom 6. März 1978 zwischen Erich Honecker und Vertretern der evangelischen Kirche konnten in staatlichen Feierabendheimen kirchliche Veranstaltungen stattfinden. In unserer Gemeinde befanden sich drei große Feierabend- und Pflegeheime.

Dieses Angebot des Staates stellte uns vor eine große Herausforderung. Lange und intensiv diskutierten wir in der Mitarbeiterrunde unserer Gemeinde darüber, ob wir überhaupt dazu in der Lage sind, diese Arbeit zu leisten. Die alten Menschen in diesen Heimen nur »abzuspeisen« und sich nicht genügend Zeit für sie zu nehmen, das schien mir keine gute Sache zu sein. Ich sagte es: »Dieses Angebot, das wir den alten Menschen machen, ist ein Versprechen, das wir auf Dauer dann auch mit Besuchen, mit regelmäßigen Veranstaltungen auch einlösen müssen.«

Einige Bewohner der Feierabendheime, die noch rüstig waren, kamen schon zu uns in die Veranstaltungen unserer Gemeinde. Jetzt war für sie der Weg frei, in ihrem eigenen Hause das Angebot ihrer Kirchengemeinde wahrnehmen zu können. Wir als Mitarbeiter entschlossen uns, zu einer wöchentlichen Bibelstunde einzuladen. Die ersten Kontakte zur Heimleitung wurden geknüpft. Wir erhielten einmal in der Woche für ca. eine Stunde einen Raum und schickten allen, deren Namen wir kannten und deren Adressen wir hatten, von denen wir wußten, daß sie evangelisch waren, unsere Einladung.

Am Anfang wurde unsere Veranstaltung sogar durch den Lautsprecher des Hauses ausgerufen. Und es kam dann immer auch eine Anzahl von Heimbewohnern. Es ist schlimm, daß ich das so sagen muß, in dem langweiligen und grauen Alltag in diesen Heimen hätte man ohnehin jedes Angebot angenommen.

Später, im Laufe der Jahre, veränderte sich manches. Das freundliche Klima des Anfangs hielt sich nicht mehr. Wir erhielten einen kleineren Raum, der zwar meistens reichte, aber nicht bei den Feierlichkeiten, z.B. zu Weihnachten oder zu einem Sommerfest. Auch die Lautsprecheranlage durfte nicht mehr benutzt werden. Da hatten sich einige SED-Senioren beschwert, daß man für die Kirche Reklame machte. Dafür plärrte dann manchmal die Lautsprecheranlage mitten in unsere Veranstaltungen hinein: »Um 12 Uhr ist in Raum 217 Fußpflege.« »Heute ist die Friseuse da, Raum soundso...« »Frau Meier bitte an der Pforte melden.«

Aber für diese alten Menschen war diese eine Stunde unendlich wichtig. In diesem Klima, in dieser Eintönigkeit lebte man wirklich ein sehr schlimmes Leben. Und manches konnte man in diesem Heim nur unter dem Zuspruch des Wortes Gottes und im Gebet aushalten. Manchmal hörten wir davon, daß einzelne Schwestern und Pfleger sich lustig über diejenigen gemacht hatten, die zur Bibelstunde gegangen waren. Diese alten Menschen durften es dann spüren, daß sie weniger Zuwendung durch die Pfleger und Schwestern erhielten. Für uns war das schwierig, dies alles zu beurteilen und dem nachzugehen. Es hätte auch denen geschadet, die uns das gesagt hatten.

Wir, die Mitarbeiter unserer Gemeinde, die wir diese Aufgabe im Feierabendheim übernommen hatten, sind oft mit einem schlechten Gewissen in das Heim gegangen und noch mehr hinaus. Eine Stunde in der Woche, was war das schon? Wenn wir dann noch zwei oder drei Besuche nach der Bibelstunde schafften, dann war das sehr wenig, was wir für die alten Menschen getan hatten. Immer mal wieder versuchten wir, beim Konsistorium uns dafür einzusetzen, daß für die neun Feierabendheime in unserem Kirchenkreis ein gesonderter Pfarrer für diese Arbeit eingesetzt würde. Er hätte genug zu tun gehabt. Es wurde nicht genehmigt.

Mir selbst kam dann manchmal die Angst, unter solchen Umständen selbst alt sein zu müssen.

VOLKSSOLIDARITÄT

a) Was ist Volkssolidarität?

In der sozialen Betreuung der Altersrentner nimmt die Volkssolidarität einen hervorragenden Platz ein. [...] Ab 1958 wurde die Volkssolidarität immer stärker darauf orientiert, die umfassende Betreuung der älteren Bürger zu ihrem Hauptanliegen zu machen. Sie wurde zum „Vertrauten der Veteranen".

Die Bemühungen der Volkssolidarität konzentrieren sich in erster Linie auf die älteren Bürger im Wohngebiet. Die feste Basis ihres Wirkens sind über 13.500 Ortsgruppen, die von Ortsausschüssen geleitet werden, die sich ihrerseits in ihrer Arbeit auf sogenannte Volkshelfer stützen, oft selbst Bürger im höheren Lebensalter. In einem möglichst überschaubaren Wohnbereich halten die Volkshelfer den Kontakt zu den älteren Bürgern und unterstützen den Ortsausschuß bei der Lösung der Aufgaben. [...]

(*Kleine Enzyklopädie Das Alter*. Leipzig 1988)

b) Beitrittserklärung, 80er Jahre

Liebe Bürgerinnen und Bürger!

Die Deutsche Demokratische Republik ist das Werk mehrerer Generationen.

An ihrer Entwicklung haben unsere älteren Mitbürger einen großen Anteil. Sie mit Fürsorge und Aufmerksamkeit zu umgeben, ihnen durch vielseitige kulturelle Veranstaltungen und durch Ehrungen zu Geburtstagen und Jubiläen Freude zu bereiten, ist das Hauptanliegen der Volkssolidarität.

Um all diese Vorhaben zu realisieren, sind finanzielle Mittel und die tatbereite Solidarität vieler ehrenamtlicher Helfer nötig.

Bitte helfen auch Sie!

Beitrittserklärung

Hiermit erkläre ich meinen Beitritt zur Volkssolidarität. Ich bin bereit, die Aufgaben der Volkssolidarität

ab *Mai* 19*88*
durch einen Betrag von

monatlich *2,50* M
zu unterstützen.

Name *Münze*
Vorname *Hans-Joachim*
Geburtsdatum *27.05.35*
Wohnort *Berlin*
Straße *Bornholmer Str. 18*
Unterschrift *Münze*

In meinem Wohnhaus/ -gebiet möchte ich als Volkshelfer in der Ortsgruppe mitarbeiten.

Ort, Datum *Berlin, 2.5.88*

Unterschrift *Münze*

---

c) Flora und Jolanthe wollen Mais

damit die Milch fließt, die Butter wird, das Fleisch wächst.

Was wir dazu tun können?

Im Krankenhaus Berlin-Weißensee wurde kürzlich beschlossen, im Garten, um das Haus, entlang einigen Wegen Mais anzupflanzen und diese dekorativen und dabei so nützlichen Pflanzen dann an eine benachbarte LPG als zusätzliche Futterreserve abzugeben.

Wir haben Gärten um viele Veteranenklubs ... !

Unsere Volkshelfer und die Besucher unserer Veteranenklubs können auch mit Gartenbesitzern sprechen, diese Futterkönigin, die ja nur die Milchreife braucht, mit anzupflanzen.

Steckt den Mais in die Erde,
damit er Futter werde!

Helfen wir alle mit, daß Flora und Jolanthe und alle durch sie vertretenen Vierbeiner groß und stark werden!

(*Der Volkshelfer. Monatsschrift der Volkssolidarität in der DDR*, Berlin, 5/1966)

d) Protokoll einer Helfersitzung

01. Die Blumen für Geburtstage 75, 80, 85 Jahre usw. sind einen Tag vorher zwischen 17 und 18 Uhr bei Frau Schlapinski, Bornholm III abzuholen.

02. Am 14.5. von 10-12 Uhr ist Beitragskassierung im Club beim Hauptkassierer, Freund Scherpal.

03. Für die Monate Juni, Juli, August fallen die bunten Kaffee-Nachmittage aus. Sommerferien im Klub.

04. Von der Fa. Robotron werden bei 3 Mindestrentnern Malerarbeiten in ihren Wohnungen ausgeführt. Diese sind schnellstens zu melden.

05. Im September können wieder 16 Mindestrentner nach Gräbendorf ins Ferienheim Robotron zur Erholung fahren. Diese sind von den Helfern zu ermitteln und zu melden.

06. Am 12.5., 9 Uhr ist Rentnertreff zum Säubern der Räume für den Wahlsonntag.

07. Am 30.7. Dampferfahrt (Seenrundfahrt mit der »Köpenick«, 158 Plätze, von Treptow aus.)

08. Obstspende 26.8.79)
23.9.79) Bornholm III
14.10.79)

09. Die nächste Mitgliederversammlung soll im Kollektiv stattfinden.

10. Nächste Helfersitzung Anfang September

L. Steffen

Berlin, den 22.6.1979

---

e) Kurz gemeldet

Schneeberg/Erzgeb. Immer enger gestalten sich die freundschaftlichen Beziehungen zwischen den volkseigenen Betrieben und den Veteranenklubs. Dem Aufruf des Zentralausschusses folgend hat auch unser Klub Stopf- und Flickbrigaden gebildet, die die werktätigen Frauen unterstützen wollen. Zwischen dem Klub und dem VEB Lößnitz, Produktionsstätte Schneeberg, ist ein Patenvertrag abgeschlossen worden. In diesem übernehmen fünf Rentnerinnenbrigaden kostenlos Stopf- und Flickarbeiten. Die Kolleginnen der Betriebe wiederum verpflichten sich, zu Kulturveranstaltungen und Betriebsfeiern sowie bei Ausflügen und Brigadefeiern der sozialistischen Brigaden Veteranen einzuladen. Der Rat der SVK wird Kranke oder Gebrechliche mit einem kleinen Geschenk erfreuen und die Singegruppe der Betriebe wird zur Verschönerung des kulturellen Lebens im Klub beitragen.

(*Der Volkshelfer. Monatsschrift der Volkssolidarität in der DDR*, Berlin, 10/1960)

f) Aus dem Notizbuch einer Volkshelferin, Berlin, 1.7.1984 – 2.11.1988

17.12.84: Kleine Weihnachtsfeier für Rentner (ständige Klubbesucher) und Helfer. 23 Teilnehmer.

09.05.85: Dampferfahrt für 109 Rentner und Gäste. 10 Uhr ab Treptow nach „Neue Mühle". Mittagessen Gaststätte „Zur Schleuse". Ankunft Treptow gegen 18.30. 93 Teilnehmer.

17.02.86: Bunter Nachmittag mit 1 Glas Wein statt Musik. Sehr gut angekommen. Leider nur 3 Teilnehmer, durch den strengen Winter.

23.04.87: 1. Wanderung in den Frühling mit 8 Freunden. 7 km gewandert von Schmöckwitz nach Wernsdorf. Ein schöner Tag. Gegen 18.30 waren wir alle müde, aber von erlebnisreichen Stunden erfüllt.

11.03.88: Frauentagsfeier im Klub, veranstaltet vom Klubrat. 5 Freunde der Volkssolidarität waren geladen. Frdn. D. Möller erhielt eine Auszeichnung für ihre Arbeit im WBA (Kohlenkarten) und Frdn. M. Kießling „die goldene Rose".

---

g) Ein Dankeschön an die Organisatoren, Berlin 1983

Zu einem schönen, von Sonne überstrahlten Ausflug wurden wir Rentner von der Volkssolidarität Prenzlauer Berg, Gruppe I, am 2. Juli eingeladen. Per Bus ging es zum Schiffshebewerk Niederfinow, zum Kloster Chorin und nach Altenhof am Werbellinsee. Dieser Tag bleibt eine schöne Erinnerung.

Überhaupt wird in dieser Gruppe viel für uns alte Menschen getan: Dampferfahrt, Theaterbesuche, Dia-Vorträge ... Dafür der Leitung einmal ein herzliches Dankeschön in der BZA.

Besonders die Helferin Frau Konzler, selbst schon 77 Jahre alt, sei hier öffentlich genannt.

Kurt Franke, **Prenzlauer Berg**

(*BZA* vom 13. 07. 1983)

Arbeit mit alten Menschen

DAS DIAKONISCHE WERK - INNERE MISSION UND HILFSWERK-
DER EVANGELISCHEN KIRCHEN IN DER DDR · 1058 Berlin, Schönhauser Allee 59

*Es genügt nicht, dem Leben Jahre hinzuzufügen,
man muß sie auch mit Sinn erfüllen.*

Durch die Anwendung medizinischer Forschungsergebnisse und durch die Verbesserung der Lebensbedingungen ist die Lebenserwartung des Menschen ständig gestiegen. Wir möchten helfen, diese hinzugewonnenen Jahre mit Sinn, Freude und anderen guten Erfahrungen zu füllen. Das gilt besonders für die Menschen, die in unseren 273 evangelischen Feierabend- und Altenpflegeheimen den letzten Abschnitt ihres Lebens verbringen. Das gilt ebenso für die alten Menschen, die in ihren Gemeinden bleiben und dort Pflege und Begleitung benötigen.

Diese Aufgabe erfordert Mitarbeiter, die es gelernt haben, alte Menschen zu pflegen, sie bei der Pflege zu aktivieren und ihnen zur Erhaltung oder Wiedergewinnung der Selbständigkeit zu helfen.

Darüber hinaus wird von ihnen erwartet, daß sie zu einer einfühlsamen Begleitung alter Menschen durch Gespräch und Seelsorge fähig sind, daß sie gelernt haben, das Milieu unserer Heime anregend, wohnlich und altersgerecht zu gestalten, und daß sie durch reizvolle Beschäftigungen, Veranstaltungen, Gesprächsrunden, Ausflüge u.a. den alten Menschen die letzten Jahre zu einem Zeitraum machen, in dem sie Achtung, Freude und Hilfe zu einer inneren Vollendung ihres Lebens erfahren.

3. Tod

STERBEURKUNDE

Standesamt .... *Berlin-Prenzlauer Berg* .... Nr. *837/1978*

Claus Siegfried Detlef Burger ....

....

wohnhaft .... *Berlin* ....

....

ist am .....*18. Mai 1978* .... um .... *22* ...... Uhr .... *45* .... Minuten

in ..... *Berlin* ....verstorben.

D *er* ... Verstorbene war geboren am .... *22. November 1930*

in ..... *Berlin-Treptow* ....

(Standesamt .... *Berlin-Treptow* .... Nr. .... *580/1930*..

D *er* ... Verstorbene war – nicht – verheiratet .... *Helga* ....

... *Lucia Charlotte Burger geb. Maye* ....

....

Berlin ...., *den* .... *19. Mai* 19*78*

Der Standesbeamte

.... *Kleiber* ....

Plötzlich und unerwartet verschied nach einem arbeitsreichen Leben am 28. Dezember 1967 der Gründer und Inhaber der Firma Gebr. Burger OHG, Plomben- und Metallwarenfabrik in 104 Berlin, der

Dipl.-Kaufmann
Franz Burger

im 74. Lebensjahr.

Wir verlieren in ihm einen hilfsbereiten Vorgesetzten und guten Kameraden.

Wir werden in seinem Vorbild weiterarbeiten und ihm ein ehrendes Andenken bewahren.

Berlin, den 29. Dezember 1967
Die Belegschaft der Firma Gebr. Burger

(*Neues Deutschland*, 1968)

Gott, der Herr, rief am 1. Februar 1968

meinen lieben Mann, unseren treuen Vater

und liebevollen Großvater, den Pfarrer i. R.

Friedrich Klinger

Mitglied des Bundes Ev. Pfarrer in der DDR

Im 84. Lebensjahr in sein ewiges Reich.

In tiefer Trauer im Namen aller Angehörigen
Frau Pfarrer Luise Klinger geb. Fröhlich

Kalbsrieth, Kreis Artern, Berlin, Leipzig, Wansleben, Osnabrück, Kassel, Koblenz, Bremen, Wiesbaden

Die Beerdigung hat am Dienstag, dem 6. Februar 1968 in Wansleben, Kreis Neuruppin, stattgefunden.

(*Neue Zeit*, 1968)

Nachruf

Im Alter von 45 Jahren hat der Tod unseren Genossen

Ingenieur-Ökonom Wilhelm Matschke
Aktivist

aus unseren Reihen gerissen.

Unfassbar für uns alle hat sein Kämpferherz aufgehört zu schlagen. Wir verlieren in ihm einen der Sache der Partei der Arbeiterklassetreu ergebenen Kampfgefährten, der sich mit seiner ganzen Kraft für die Vollendung des Sozialismus eingesetzt hat. Als Fleischer, Lehrmeister, Betriebsleiter und stellvertretender Parteisekretär im VEB Fleischkombinat Berlin – immer war er seinen Genossen und Kollegen Vorbild und Freund.

Wir werden sein Andenken stets in Ehren halten.

VEB Fleischkombinat Berlin

BPO Kombinatsdirektor BGL

Die Urnenbeisetzung findet am 23. Januar 1968 um 14.30 Uhr im Städtischen Friedhof in Pankow-Schönholz, Leonhard-Frank-Straße, statt.

(*Neues Deutschland*, 1968)

Abkürzungsverzeichnis

A	Ausdruck (Teilzensur im Fach Deutsch)
Abt.-Ltr.	Abteilungsleiter
ABV	Abschnittsbevollmächtigter Angehöriger der Deutschen Volkspolizei, der für ein räumlich begrenztes Gebiet zuständig war
AD	hier: Ärztlicher Direktor
AG	Arbeitsgemeinschaft
AGB	Arbeitsgesetzbuch
AGL	Abteilungsgewerkschaftsleitung Leitungsgremium für die Organisation der Gewerkschaftsarbeit in der Abteilung eines Betriebes
AL	hier: Ackerland
AP	hier: Abschlußprüfung
AP	Arbeitsproduktivität
APO	Abteilungsparteiorganisation Unterorganisation der Betriebsparteiorganisation der SED in den einzelnen Abteilungen eines Betriebes
App.	Apparat
Asp.	Aspirant (in) akademische Nachwuchskraft mit Hochschulabschluß, die einen höheren akademischen Grad anstrebte und dafür eine bestimmte Anzahl von Wochenstunden an Lehrtätigkeit übernahm
Ass.	Assistent (in)
AWG	Arbeiterwohnungsbaugenossenschaft von wohnungsinteressierten Betriebsangehörigen gebildete Genossenschaft für den Bau von Wohnungen für die Genossenschaftsmitglieder
Bankkto.	Bankkonto
BBS	Betriebsberufsschule
BDVP	Bezirksbehörde der Volkspolizei
Best.-Datum	Bestelldatum
Best.-Nr.	Bestellnummer
BFL	Betriebsferienlager von Betrieben, Institutionen und Genossenschaften veranstaltetes Lager für die Kinder der Betriebsangehörigen
Bfr./ Bfrdin.	Bundesfreund/in Anredeform der Kulturbund-Mitglieder
BGL	Betriebsgewerkschaftsleitung
BGW	Berliner Glühlampenwerk (Name eines volkseigenen Betriebes)
BKV	Betriebskollektivvertrag zwischen Betriebsleitung und Betriebsgewerkschaftsleitung eines volkseigenen Betriebes jährlich abgeschlossener Vertrag zur Erfüllung der Betriebspläne und zur Verbesserung der Arbeits- und Lebensbedingungen der Betriebsangehörigen
BL	Bezirksleitung (der SED, FDJ o. ä.)
Bln.	Berlin
BMK	Bau- und Montagekombinat
BPO	Betriebsparteiorganisation der SED
BSG	Betriebssportgemeinschaft mit einem volkseigenen oder genossenschaftlichen Betrieb verbundene Sportgemeinschaft
BSO	Berliner Sinfonie-Orchester
BT	Betriebsteil
BZA	„Berliner Zeitung am Abend“

CA	hier: Chefarzt
ČSSR	Česko-slovenská socialistická republika (Tschechoslowakische Sozialistische Republik)
D/E 2/1	hier: Seminargruppe Deutsch/Englisch, 2. Studienjahr, Gruppe 1
DA	Dienstausweis
DBD	Demokratische Bauernpartei Deutschlands 1948 gegr. Partei im Demokratischen Block
DDR-EA	hier: DDR-Erstaufführung
DEFA	Deutsche Film-AG 1946 gegründeter, von der volkseigenen Filmindustrie der DDR übernommener einziger Filmproduzent des Landes
DFD	Demokratischer Frauenbund Deutschlands einzige Frauenorganisation der DDR, Mitglied im Demokratischen Block
diesjähr.	hier: diesjährig
Dimitr.str.	Dimitroffstraße
DM	Deutsche Mark
DR	Deutsche Reichsbahn staatliches Eisenbahnunternehmen und größter VEB der DDR, Bezeichnung aus der Zeit von vor 1945 übernommen
DRK	Deutsches Rotes Kreuz
Dr. sc. ...	doctor scientiae: Doktor der ...wissenschaften vergleichbar dem Dr. habil.
DSF	Gesellschaft für Deutsch-Sowjetische Freundschaft zweitgrößte Massenorganisation der DDR nach dem FDGB
DT	Deutsches Theater renommiertes Berliner Theater in der Reinhardtstraße
DTSB	Deutscher Turn- und Sportbund Dachverband der ca. 35 Sportverbände der DDR
E-Mechaniker	Elektromechaniker
E. und A.	hier: Erziehung und Ausbildung
einheitl.	hier: einheitlich
EOS	Erweiterte Oberschule Abiturstufe mit den Klassen 11 und 12, bis 1983 auch mit den Vorbereitungsklassen 9 und 10
erhebl.	hier: erhebliche
ESER	Einheitliches System der elektronischen Rechentechnik der sozialistischen Länder
EVP	Endverbraucherpreis oder Einzelhandelsverkaufspreis auf jeder Warenpackung aufgedruckter Preis, staatlich festgesetzt und kontrolliert
F:	Form (Teilzensur in der Schule)
F:	Fehler (in einem Aufsatz z. B)
FA	Facharbeiter
FA	Facharzt
fakult.	fakultativ
FDGB	Freier Deutscher Gewerkschaftsbund die gewerkschaftliche Organisation in der DDR; umfaßte 15 Einzelgewerkschaften, in denen mehr als 90 % der berufstätigen Bevölkerung organisiert waren
FDJ	Freie Deutsche Jugend einziger Jugendverband der DDR; umfaßte das gesamte offiziell organisierte Jugendleben vom 14. Lebensjahr an (Beitrittsalter)
FDJ-KL	FDJ-Kreisleitung
FGB	Familiengesetzbuch

Fo.-Student	Forschungsstudent	
		wissenschaftlich besonders befähigter Student, der nach dem zum Staatsexamen führenden Studium ein zum nächsten akademischen Grad führendes Aufbaustudium absolvierte
Frdn.	Freundin	
Frösi	„Fröhlich sein und singen“	
		Name einer Kinderzeitschrift
FSA	Fachschulabsolvent	
G	hier: Germanistik	
		Studiengang für Diplomgermanistik
GBL	Gesetzblatt	
gefl.	hier: gefliest	
Gen./ Genn.	Genosse/ Genossin	
		1. Anredeform für Mitglieder der SED
		2. Anrede der Angehörigen der bewaffneten Organe der DDR
gewerkschaftl.	hier: gewerkschaftlich	
GO	Grundorganisation	
		kleinste Organisationseinheit von Parteien und Massenorganisationen in der DDR
GOL	Grundorganisationsleitung	
gr.	hier: groß	
GST	Gesellschaft für Sport und Technik	
		Massenorganisation zur vormilitärischen und wehrsportlichen Ausbildung
gutauss.	hier: gutaussehend	
HA	Hauptabteilung	
HBL	hier: Haftungsbereichsleiter	
Heir.Reg.Nr.	Heiratsregisternummer	
herzl.	hier: herzlich	
HfÖ	Hochschule für Ökonomie	
HGL	Hausgemeinschaftsleitung	
HO	Handelsorganisation	
		volkseigene Betriebe der DDR für Einzelhandel, Gaststätten und Hotels
HS	Herbstsemester	
Hzg.	hier: Heizung	
I:	Inhalt (Teilzensur im Fach Deutsch)	
IFA	Industrieverband Fahrzeugbau der DDR	
IG	hier: Interessengemeinschaft	
IH	Ingenieurhochschule	
IHFK	Internationaler Hochschulferienkurs (für Germanistik)	
IWC	Innen-WC	
JP	Junge Pioniere	
		Einzige Kinderorganisation in der DDR
Kap.	Kapitalismus	
KB	Kulturbund der DDR	
Kennz.	Kennzeichen	
Ki-Na	Kindernahrung	
		Handelsname einer Babykost
KIM	Kombinat Industrielle Mast	
		sozialistischer Großbetrieb für die industriemäßige Mast von Nutztieren in der DDR
KIZ	Kultur- und Informationszentrum	

KK-Jugendtourist	Kreiskommission Jugendtourist
KKS	hier: Käthe-Kollwitz-Oberschule
Kl.	Klasse
Koll./ Kolln.	Kollege/ Kollegin
Komf.-Whg.	Komfortwohnung
Konterrev.	Konterrevolution
KPD	Kommunistische Partei Deutschlands
KPdSU	Kommunistische Partei der Sowjetunion
Krs.	Kreis
KWV	Kommunale Wohnungsverwaltung örtlicher Betrieb in der DDR für die Verwaltung von volkseigenem und treuhänderisch verwaltetem Wohnraum und Grundbesitz
lit.-musik.	hier: literarisch-musikalisch
LPG	Landwirtschaftliche Produktionsgenossenschaft genossenschaftlicher Großbetrieb in der Landwirtschaft der DDR, entstanden durch den Zusammenschluß von Bauern und Landarbeitern und deren landwirtschaftlichen Betrieben
LPG (P)	LPG Pflanzenproduktion (spezialisierte Form der LPG)
Ltr.	Leiter
LVZ	„Leipziger Volkszeitung“
M	Mark der DDR
M/L	Marxismus-Leninismus
Ma-Olympiade	Mathematik-Olympiade
MDN	Mark der Deutschen Notenbank
MEA	hier: Marx-Engels-Auditorium (Auditorium Maximum der Humboldt-Universität)
med.	medizinisch
MfG	Ministerium für Gesundheitswesen
MHF	Ministerium für Hoch- und Fachschulwesen
MKE	Militärische Körperertüchtigung
MLG	marxistisch-leninistisches Grundlagenstudium bestehend aus den Teilen: Dialektischer und Historischer Materialismus, Politische Ökonomie und Wissenschaftlicher Sozialismus (Bestandteil eines jeden Studiums in der DDR)
MMEB	hier: Mocca-Milch-Eisbar
MMM	Messe der Meister von morgen technische Lehr- und Leistungsschau der Jugend der DDR bis 25 Jahre
mod.	hier: modern
MR	Medizinalrat
MS	hier: Musikschule
MTS	Maschinen- [und] Traktoren-Station Landmaschinenausleihstation ab 1952 für Klein- und Genossenschaftsbauern (ab 1959 Reparatur-Technische Station [RTS], ab ca. 1963 Kreisbetrieb für Landtechnik [KfL])
MV	Mitgliederversammlung
NAW	Nationales Aufbauwerk von der Nationalen Front in den 50er und 60er Jahren organisierte freiwillige Arbeitseinsätze der Bevölkerung zum Wiederaufbau der Städte und Gemeinden
ND	„Neues Deutschland“, Zentralorgan der SED (Auflage ca. 1 Mio.)
NF	Nationale Front Dachorganisation der Parteien und Massenorganisationen der DDR
NSW	nichtsozialistisches Wirtschaftsgebiet
NVA	Nationale Volksarmee der DDR

o. g.	obengenannt
OA	hier: Oberarzt
Offz.	Offizier
OG	hier: Ortsgruppe
OS	hier: Oberschule
Osterzg.	Osterzgebirge
OT	hier: Ortsteil
PA	Personalausweis
PA	„Produktive Arbeit der Schüler in der sozialistischen Produktion" Unterrichtsfach: praktischer Teil des polytechnischen Unterrichts
Pat.	Patient
PDS	Partei des Demokratischen Sozialismus
PH oder PHS	Pädagogische Hochschule
PKZ	Personenkennzahl 12stellige Kennzahl in Personalausweisen der DDR, deren erste sechs Stellen das Geburtsdatum anzeigten
PÖ bzw. Pol. Ök.	Politische Ökonomie Teil des marxistisch-leninistischen Grundlagenstudiums (MLG)
pol.	polizeilich
POS	Polytechnische Oberschule zehnklassige allgemeinbildende polytechnische Oberschule; grundlegender Schultyp des einheitlichen sozialistischen Bildungssystems
Postsch.kto.	Postscheckkonto
PSF	Postschließfach
PSJ	hier: Parteischuljahr
PT	hier: Parteitag
R:	Rechtschreibung (Teilzensur in der Schule)
RGW	Rat für Gegenseitige Wirtschaftshilfe 1949 in Moskau gegr. Wirtschaftsorganisation der europäischen soz. Staaten sowie Kubas, Vietnams und der Mongolei; in westlichen Ländern unter COMECON bekannt
RQ	hier: Reservistenqualifizierung
RSFSR	Russische Sozialistische Föderative Sowjetrepublik
S	Seminar
S	Satzzeichenfehler (in einem Aufsatz z. B.)
SD	hier: Sektionsdirektor
SED	Sozialistische Einheitspartei Deutschlands Partei in der DDR, Mitglied im Demokratischen Block
SG-Sprecher	hier: Seminargruppensprecher
SoFd	Sozialer Friedensdienst
sowj.	sowjetisch
Soz.	Sozialismus
soz./sozial.	sozialistisch
SPD	Sozialdemokratische Partei Deutschlands
SPÜ	Schulpraktische Übungen praktischer Teil des DDR-Lehrerstudiums
Städt.	Städtisches
Stdj.	Studienjahr
Stud.	Student
StVO	Straßenverkehrsordnung
SU	Sowjetunion
SV	Sozialversicherung
SVK	Sozialversicherungskasse

SWH	Studentenwohnheim
T	hier: Termin
TH	Technische Hochschule
TM	Tausend Mark
Tr./ Trp.	Treppe
UdL	hier: (Autosalon) Unter den Linden
UdSSR	Union der Sozialistischen Sowjetrepubliken
Uffz.	Unteroffizier
V	hier: Vorlesung
V:	hier: Verantwortliche(r)
VBK	(eigentl. VBK-DDR) Verband Bildender Künstler der DDR
VdgB	Vereinigung der gegenseitigen Bauernhilfe Massenorganisation der Bauern und Gärtner
VDJ	Verband der Journalisten der DDR (bis 1972 Verband der Deutschen Journalisten)
VEB	Volkseigener Betrieb
VEB (B)	Volkseigener Betrieb (bezirksgeleitet)
VEB (K)	Volkseigener Betrieb (kreisgeleitet)
VEG	Volkseigenes Gut volkseigener landwirtschaftlicher Großbetrieb
verkehrsg.	hier: verkehrsgünstig
verw.	hier: verwitwet
VH	hier: Vorderhaus
VKSK	Verband der Kleingärtner, Siedler und Kleintierzüchter der DDR
Volkskammerabg.	hier: Volkskammerabgeordneter
Vorb.	hier: Vorbereitung
VP	Volkspolizei
VR	Volksrepublik
WBA	Wohnbezirksausschuß der Nationalen Front
WF	Werk für Fernsehelektronik (Name eines volkseigenen Betriebes)
Whg.	hier: Wohnung
wiss.-prakt.	hier: wissenschaftlich-praktisch
WOA	Wahlweise-obligatorische Ausbildung
WS	Wintersemester
WS	Wissenschaftlicher Sozialismus Fach im marxistisch-leninistischen Grundlagenstudium
WTO	Wissenschaftlich-Technische Organisation
WV	Wohnungsverwaltung
ZGB	Zivilgesetzbuch Kodifikation des Zivilrechts; trat 1975 an die Stelle des Bürgerlichen Gesetzbuches von 1900
ZK	Zentralkomitee vom Parteitag gewähltes höchstes Leitungsgremium der SED mit ca. 200 Mitgliedern und Kandidaten
ZM	Zentralmensa
ZP	Zwischenprüfung
ZV	Zivilverteidigung staatliche Organisation, die für den zivilen Katastrophenschutz, Luftschutz und die Erste Hilfe für die Bevölkerung im Kriegsfall zuständig war